現　代
マーケティング研究の
潮　流

東洋大学経営学部マーケティング学科 編

中央経済社

東洋大学経営学部開設50周年記念出版にあたって

　東洋大学経営学部は，1966（昭和41）年4月に開設され，2016（平成28）年に開設50周年を迎えました。本学は2017（平成29）年に創立130周年を迎え，その長さに比べると短いものの，半世紀が経過したことになります。当初は，第1部経営学科，商学科，第2部経営学科の3学科体制でありましたが，2001（平成13）年に商学科を日本初のマーケティング学科に学科名称を変更，2006（平成18）年には会計ファイナンス学科を開設し，現在は4学科で収容定員3,168名へと拡大してきました。

　開設50周年に際して，経営学部の研究内容を学科ごとにまとめて，広く各方面の方にお伝えすることを企画いたしました。経営学部と一言でいっても多様な研究が行われています。その先端の視点により研究をまとめることによって，現在の経営学の研究領域の広がりや多様性を示すことが可能となるはずです。それらによって，現実の課題への解決の糸口を提示できるものと信じております。

　今後，経営学はさらに広範な問題を取り扱い，発展を遂げていくものと思います。その道標となることを期待するとともに，我々の手で次の道標を構築していきたいと思っております。

　最後に，本書の刊行に当たって学校法人東洋大学，東洋大学第1部経営学会のお力添えがあったことに感謝いたします。また，本書の出版を引き受けて下さった中央経済社に衷心より感謝申し上げます。

2016年9月吉日

東洋大学経営学部長

長島　広太

まえがき

　2015年に販売予測が大きくはずれて一時的に販売中止になった商品が目立った。サントリー食品の清涼飲料水「レモンジーナ」は3月31日に発売されたが，土の味に近いのではないかとネット上で話題になり，年間販売目標が100万ケースだったのに，2日間で100万ケース以上の注文を受注したため安定供給ができないという理由で販売中止になった。その時のサントリー食品インターナショナル社の販売中止のコメントは，「予想を上回る注文を頂戴した上に，発売初日の販売実績も予想をはるかに超える数量となったため」というものであった。さらに，「サントリー南アルプスの天然水＆ヨーグリーナ」も4月14日に発売されたが，4月中に120万ケースの販売を予想していたものの発売3日で受注量がこれを大きく上回り，安定供給ができないという理由で販売を休止した。また，ハーゲンダッツのミニカップ「華もち」も2月24日に発売されたが，予測を大幅に上回る売れ行きとなり，安定供給ができないという理由で販売を休止した。この「華もち」は販売再開を目指して，夏場も継続的に生産していた。そして，1ヶ月以上は販売できるという予測のもとで，ついに12月8日から発売を再開した。しかし，大量に購入する人が多く，予測よりも短期間で消費者の目の前から消えた。

　いずれもネット上で話題になり情報が拡散し，あっという間に多くの人に情報が共有され，さらに話題になり，メーカーが持っている過去の需要予測モデルではまったく対応できなかったようだ。つまり，現在のような高度なネット社会では，過去のマーケティング・モデルの幾つかは有効ではなくなってきているということである。そのため，これからの需要予測モデルには，新たにネット上の口コミ効果変数のようなものを組み入れていく必要があるのかもしれない。

　ところで，われわれが日常行っている流通・マーケティング研究は，理論的研究と規範的研究に分類することができる。「理論的研究（実証的研究，positive approach）は流通を説明し，予測する法則ないし理論の発見を目的として行われる」（久保村，2014，p.12）ものである。流通分野におけるハフ・モデルやライリーの小売吸引力モデルあるいは L.P. バックリンの説を新たに展開した矢作敏行の延期・投機の原理などが理論的研究の例として挙げられる。またマーケティング分野では，イノベーションの採用モデル，ハワード＝シェス・モデル，情報処理モデル，最近の AISAS モデルなどは理論的研究といえるのではないだろうか。他方，「規範的研究（normative approach）は，流通の効率をあげ，望ましい流通を実現するにはどうすべきかの方策を考察して，その指針を作成することを目的とする」（久保村，2014，p.13）ものである。望ましい流通の姿の研究あるいは流通生産性研究や流通に関する公共政策に関する研究などがこれに該当する。マーケティングについては，マーケティング活動を効果的・効率的に行って，組織の目的・目標を達成するための方策を考察することを目的としている。1つの例は，製品ライフサイクルの各段階における適切なマーケティング戦略の考察だろう。そのほか，多くのマーケティング・マネジメントの各領域に関してあるべき論を論じているのが規範的研究に入る。例えば，商品特性によって望ましいコミュニケーション・ミックスが異なるとか適切なマーケティング・チャネルが異なるという研究などもこの分野に入る。

図表1．流通・マーケティング研究の体系

	理論的研究	規範的研究
流　通	流通理論 ・峰尾美也子	流通政策 ・菊池　宏之
マーケティング	マーケティング理論 ・李　炅泰　　・石田　実 ・大瀬良 伸　・小川 純生 ・鈴木　寛　　・長島 広太 ・長島 直樹	マーケティング管理 ・住谷　宏 ・塚田　朋子

（出所）この図表は，久保村（2014）14頁の図表に11名の教員の名前を記入したものである。

現在，高度なネット社会の到来や人口減少・少子高齢化の進展という大きな環境変化の中で，ローカル産業といわれた流通業がグローバル化したり，国内の総合スーパー事業が赤字からなかなか脱却できなかったり，既述したような需要予測モデルが有効でなくなったり，消費者行動が大きく変化したりしており，それらを説明できるような新たな流通・マーケティング研究が必要になってきている。まさに多様なビッグデータを活用した新たな実証研究も必要になってきているのである。図表1の「流通・マーケティング研究の体系」でいえば，「理論的研究」が現在，新たに重要になってきていると言えるだろう。

　本書の論文でいえば，李炅泰・石田実・大瀬良伸・小川純生・鈴木寛・長島広太・長島直樹・峰尾美也子の研究が該当する。11人のうち，7人が理論的・実証的研究をしているのは，大きな環境変化の中で，多くの教員が理論的研究をして，そこから新たな理論を構築する必要性があると認識しているからだろう。

　また，規範的研究の基礎は，理論にあるといわれているが，他方では，規範的研究が新しい実証研究を導いて，それが流通・マーケティングの理論構築に有益な時もある。規範的研究は，この本の論文でいえば，塚田朋子・菊池宏之および筆者の論文が該当するだろう。

　そのため，本書は，既述の図表を念頭に置きながら，執筆者の論文がどの種類の研究に属するかなどを検討して，第Ⅰ部「マーケティングの理論的研究」，第Ⅱ部「マーケティングの規範的研究」，第Ⅲ部「流通の理論的・規範的研究」という章建てにした。

2016年9月吉日

東洋大学経営学部マーケティング学科長

住谷　宏

参考文献

久保村隆祐（2014）「商学の学び方」（久保村隆祐編『商学通論〔八訂版〕』同文舘出版）

目　次

東洋大学経営学部開設50周年記念出版にあたって／i
まえがき／iii

第Ⅰ部　マーケティングの理論的研究

第1章　負の対日感情は不買意欲を高めるのか？
―中国を例に―……………………………………………………………… 2
1．はじめに　2
2．先行研究のレビュー　4
3．仮説の構築　7
4．調査と分析　9
5．おわりに　14

第2章　自発的なコンテンツ制作コミュニティの支援サービス
―コラボの効果と限界―……………………………………………… 21
1．はじめに　21
2．メディアとコンテンツ制作について　23
3．仮説と調査設計　36
4．分析結果　39
5．おわりに　41

第3章　マルチチャネル顧客の優良性
―複数チャネルの利用頻度に基づく比較―…………………… 46
1．はじめに　46
2．既存研究のレビューと仮説の導出　48
3．仮説の検証　54

4．考察およびインプリケーション　59

　5．おわりに　62

第4章　遊び，祭祀，そして日常の空間比較
　　　　―遊び概念の視点から―………………………………………… 65

　1．はじめに　65

　2．ホイジンガの遊び概念（遊びと日常の概念比較）　65

　3．遊び，祭祀，そして日常の概念比較　66

　4．遊び，祭祀，そして日常の空間比較　71

　5．まとめと結論　78

　6．おわりに　82

第5章　サービス商品におけるバラエティ・シーキングの
　　　　適用可能性…………………………………………………… 85

　1．はじめに　85

　2．消費財の購買行動としてのバラエティ・シーキング　86

　3．物質的な豊かさの進展とサービス経済化　87

　4．サービス・マーケティングとは　88

　5．サービス・マーケティングと関係性　93

　6．サービスにおける多様性選好　95

　7．おわりに　95

第6章　電子モール・ロイヤルティに関する実証的研究
　　　　―電子モールとショップの品質とロイヤルティ―……………… 100

　1．はじめに　100

　2．研究目的　102

　3．既存研究について　103

　4．仮　説　107

　5．構成概念　109

　6．調査結果　110

7．議　論　113
　　8．おわりに　115

第7章　顧客満足とロイヤルティによる消費者理解
　　　　―コーヒー・チェーン店利用客の日印比較から―………………119
　　1．はじめに　119
　　2．先行研究　120
　　3．分析方針と調査データ　123
　　4．分析結果　125
　　5．おわりに　136

　　　　　　　　第Ⅱ部　マーケティングの規範的研究

第8章　シェアNo.1メーカーはPBを供給すべきか？…………142
　　1．はじめに　142
　　2．PB供給のメリットとデメリット　143
　　3．NBメーカーがPBを供給することについてのチャネル戦略の視点からの評価　149
　　4．日本のシェアNo.1のメーカーはなぜPBを供給するのか？　153
　　5．おわりに　159

第9章　ラグジュアリー・ファッションと
　　　　ブランド・レゾナンス……………………………………………161
　　1．はじめに　161
　　2．オートクチュール確立期と顕示的消費に関する経済学者の描写　163
　　3．オートクチュール市場拡大期と顕示的消費を対象とする研究　165
　　4．ラグジュアリー・ファッションの「経営者の時代」　168
　　5．ブランド・レゾナンス（BR）のピラミッドから考える

オートクチュールの存在意義 170
6．おわりに 174

第Ⅲ部　流通の理論的・規範的研究

第10章　食料品購買における消費者の業態選択行動 …………… 180
1．はじめに 180
2．消費者の業態選択行動と店舗選択行動に関する諸理論 180
3．消費者の業態選択行動に関する分析枠組および調査仮説 181
4．消費者の業態選択行動に関する分析と考察 186
5．おわりに 196

第11章　食品供給システムと価値共創
　　　　―買い物難民対応としての継続性を主体に― …………… 201
1．はじめに 201
2．価値共創研究と示唆 203
3．買い物難民問題への対応策に関する分析と考察 208
4．おわりに 215

第 I 部

マーケティングの理論的研究

第1章　負の対日感情は不買意欲を高めるのか？
第2章　自発的なコンテンツ制作コミュニティの支援サービス
第3章　マルチチャネル顧客の優良性
第4章　遊び，祭祀，そして日常の空間比較
第5章　サービス商品におけるバラエティ・シーキングの
　　　　適用可能性
第6章　電子モール・ロイヤルティに関する実証的研究
第7章　顧客満足とロイヤルティによる消費者理解

第1章

負の対日感情は不買意欲を高めるのか？
―中国を例に―

◆

1．はじめに

　国同士が対立関係にあると，相手国の商品に対する消費者の購買意欲が低下することがある。このような事象について，Klein, Ettenson & Morris（1998）は消費者の「アニモシティ（animosity）」という概念を提起し実証分析を行った。それを皮切りにアニモシティに対する学術的な関心が高まって，多くの研究成果が生まれた（Riefler & Diamantopoulos, 2007のレビュー参照）。Klein et al.（1998）はアニモシティを「以前の，または進行中の軍事，政治，あるいは経済の事柄と関連して生じた反感の残物（the remnants of antipathy related to previous or ongoing military, political, or economic events）」（p.90）と定義する。同稿では，中国南京の消費者が日本に対して抱くアニモシティが製品判断と購買意欲に与える影響を分析した。その結果，アニモシティは製品判断とは有意に関係せず，購買意欲とだけ負の因果関係を示した。言い換えれば，アニモシティの度合いにかかわらず製品そのものは中立的に評価するものの，購買意欲はアニモシティによって低下することがわかったのである。それ以降，アニモシティの研究は文脈と設定を多様化しながら発展を遂げてきた。そのなかで近年の研究にみられる特徴の1つは，社会的な影響要因を取り入れてアニモシティ効果を検証する試みである（Huang, Phau & Lin, 2010；金，2007, 2011；Maher & Mady, 2010）。社会心理学や消費者行動論の研究成果は，個人の意図と行動が準拠集団や内集団（in-group）によって影響されやすいことを

示している（e.g., Cialdini, Reno & Kallgren, 1990；Lee & Green, 1991；李・李，2014；Park & Lessig, 1977；清水，1999などを参照）。そのような対人的影響をアニモシティ研究に取り入れることで，個人のアニモシティ感情が購買意思決定に及ぼす影響を社会的な文脈と関連して捉えることができる。さらに，金（2011）では，実際の消費現場でみられる複雑な心理や行動を十分に解釈するためにも，アニモシティ研究に社会的な文脈要因を取り入れる必要があると指摘する。これらの点から，社会的影響を考慮したアニモシティ研究は，当該分野の比較的新しいアプローチとして，いっそうの深化が望まれると考えられる。

　そこで，本稿では社会的な影響要因として「主観的規範（subjective norm）」を取り入れ，アニモシティの効果を分析する。主観的規範は「ある行動を取るか否かに関連して知覚される社会的プレッシャー」（Ajzen, 1991, p.188）を指す。それは内集団に属する個々人がどう行動するべきか（許容される行動とされない行動）に関する社会的な価値観やスタンダードとも理解できる（Rhodes & Courneya, 2003）。簡単にいえば，主観的規範は人の意図や行動に働く社会的なプレッシャーといえる。

　一方，アニモシティの効果を巡っては，調査の設定が相似する研究間でも，分析結果は必ずしも一致していない。前述のKlein et al.（1998）では，アニモシティが日本製品に対する中国消費者の購買意欲に有意な負の影響を及ぼしたと報告している。しかし，同じく中国消費者の対日アニモシティを調査した金（2007）では，アニモシティと購買意欲との間で有意な因果関係を見出せなかった。ちなみに，金（2007）ではKlein et al.（1998）の測定項目の一部が使われ，調査地の1つにKleinらがデータを収集した南京が含まれていた。

　アニモシティ効果の分析結果に不一致が生じる理由は，少なくとも2つあると考えられる。ひとつは，対立を巡る2国間関係の文脈が当事国ごとに異なることから，アニモシティの働きが固有の両国間関係に左右された可能性である。この不一致は調査国と相手国の設定が異なる研究間でみられやすいと思われる。いま1つは，アニモシティのタイプと効果が生成要因の視点から十分に考慮されなかったことが考えられる。アニモシティは戦争・経済・政治など，種々の要因によって形成される（e.g., Ettenson & Klein, 2005；Klein et al., 1998；Nakos & Hajidimitriou, 2007；Nijssen & Douglas, 2004）。多様な生成要因はアニ

モシティ効果の変動性を生み出す原因になり得る。しかし，これまでの研究でアニモシティは，（複数次元に捉えられた場合でも）購買意欲との関係を検証する段階で単一変数として操作されることが多かった。そのアニモシティ変数には異質の事柄に由来する項目が混在し，どの生成要因がどれほど有効に働くか（または，働かないか）明確に識別されなかった。しかし，例えば，70年前の戦争に起因するアニモシティと，近年の貿易摩擦に起因するアニモシティとでは，消費者に与える影響も異なり得るのではないだろうか。もしそうであれば，アニモシティを複数次元に捉えて各々の働きを精査するほうが，既存研究の不一致を解消するのに役立つはずである。そこで本研究では，アニモシティを多次元の構成概念として捉えて購買意欲との関係を分析する。

以上の問題意識をもとに，本稿では社会的要因としての主観的規範と複数次元のアニモシティが対立国の商品に対する購買意欲に与える影響を追究する。調査では中国消費者の日本製品に対する反応を調べる。日本と中国の間には協力と対立が複雑に共存する。また，中国は日本の最大貿易相手国（2012年）[注1]であり，ビジネスの視点で重要な市場である。中国経済が世界規模に成長し日系のブランドと商品も多数進出しているなか，それらに対する現地消費者の反応を理解することは顧客とのコミュニケーションにおいて不可欠と考えられる。

次節以降では，アニモシティと主観的規範に関する先行研究をレビューして仮説を構築する。その後，2段階アプローチの共分散構造分析によって仮説を検証する。最後には，分析結果と本稿の成果を考察したうえで，限界と展望を示す。

2．先行研究のレビュー

2-1．アニモシティの概念と要因

Klein et al.（1998）と類似の視点から，アニモシティは「ナショナル・アウト・グループに向けられた敵対的な態度」（Jung, Ang, Leong, Tan, Pornpitakpan & Kau, 2002, p.526）や「ある外国の商品に対して消費者が抱く負の感情」（Nakos & Hajidimitriou, 2007, p.57）とも定義される。多くのアニモシティ研究では，特定国と関連した種々の負の出来事が敵対心を促し，それが往々にし

て相手国商品の購買意思決定に影響を及ぼすと説明する（e.g., Ettenson & Klein, 2005；Huang et al., 2010；Jung et al., 2002；Klein et al., 1998；李, 2011；Maher & Mady, 2010；Nijssen & Douglas, 2004；Russell & Russell, 2010；Shin, 2001；Shoham, Davidow, Klein & Ruvio, 2006）。また，アニモシティを招く負の出来事については，現代的な事柄だけでなく，歴史上の事件も含まれると考えられている（Nakos & Hajidimitriou, 2007）。

アニモシティを引き起こす要因として先行研究で最も注目されたのは戦争と経済である。これまで中国人の対日アニモシティ（Klein et al., 1998），米国人の対日アニモシティ（Klein, 2002），オランダ人のドイツに対するアニモシティ（Nijssen & Douglas, 2004），イスラエル人（ユダヤ系とアラブ系）のイギリスおよびイタリアに対するアニモシティ（Rose, Rose & Shoham, 2009）などが戦争と経済から捉えられてきた。その他には，社会文化（Russell & Russell, 2010：米国に対するフランス人のアニモシティ），宗教（Maher & Mady, 2010：デンマークに対するクウェート人のアニモシティ），核実験（Ettenson & Klein, 2005：フランスに対するオーストラリア人のアニモシティ）などがアニモシティの形成にかかわるとされる。

2-2．社会的影響（social influence）としての主観的規範

Ajzen & Fishbein（1980）の「合理的行為理論（Theory of Reasoned Action：TRA）」およびAjzen（1991）の「計画的行動理論（Theory of Planned Behavior：TPB）」では，行動要因を規定する要因の1つとして，主観的規範（subjective norm）を取り上げている。主観的規範は内集団の個々人がどう行動するべきかに関する社会的な価値観やスタンダードを表す（Rhodes & Courneya, 2003）。規範に従うと重要な他者（important others）から賞賛されるが，違反すると罰せられるという賞罰への知覚が規範に従わせる動機づけとなる（White, Smith, Terry, Greenslade & McKimmie, 2009）。

TRAとTPB以降，主観的規範はさまざまな分野に取り入れられ，個人の行動に内在する社会的影響の解明に用いられた。消費者行動論でも主観的規範（社会的プレッシャーや周りからの期待など）が消費者の意思決定に与える影響を検討してきた。例えば，Tarkiainen & Sundqvist（2005）はTPBの修正

モデルを提示し，フィンランドの消費者がオーガニック・フードを購入する際に，主観的規範が態度を経由して購買意図に間接的に影響することを示した。また，Yang & Jolly（2009）は，米国人と韓国人の消費者を対象に，知覚価値と主観的規範がモバイル・データ・サービスの選択に及ぼす影響を分析した。その結果，米国人消費者の態度と行動意図が主観的規範の影響を受けたのに対して，韓国人消費者からはそのような関係がみられなかった。その一方，Lee & Green（1991）は米国人と韓国人を対象にした分析で，Yang & Jolly（2009）とは多少異なる結果を得ている。同稿ではFishbeinの行動モデルに基づき，スニーカーの新ブランドに対する両国学生の購買意図を調べた。その結果，集団主義文化の韓国で主観的規範の影響が相対的に目立っていた。

以上のように，主観的規範の働きについては調査の文脈や設計によって若干の相違はみられるものの，行動意図への影響が概ね認められているといえる。

2-3．社会的影響を取り入れたアニモシティ研究

社会的な影響を取り込んだアニモシティの研究は比較的新しいアプローチのため，先行研究の数は少なく，Maher & Mady（2010），Huang et al.（2010），金（2007, 2011）などが代表的である。

Maher & Mady（2010）は，クウェートの大学生を対象に，デンマーク製品の評価にアニモシティと主観的規範が及ぼす影響を調べた。同稿では，デンマークの新聞「ユランズ・ポステン（*Jyllands-Posten*）」が2005年9月30日付の紙面にムハンマドを風刺した漫画を掲載し，イスラム諸国との外交問題に発展した出来事を調査の題材にしている。分析の結果，アニモシティと主観的規範は購買意欲に有意な負の影響を与えていた。製品判断については，主観的規範との関係は分析せず，アニモシティとの関係だけを検討している。その結果，Klein et al.（1998）と同様に，アニモシティと製品判断との間に有意な関係はみられなかった。

Huang et al.（2010）は，日本製品と中国製品に対する台湾消費者の反応を，アニモシティ，規範的影響（normative influence），経済的困窮（economic hardship）の視点で調査した。同稿の分析では，規範的影響がアニモシティの先行要因として位置づけられ，前者が後者に正の影響を与えるという結果が見

出された。この発見はアニモシティが社会的プレッシャーによって促進されることを示唆しており，アニモシティの強度の変化に関する新たな知見を提起したと評価できよう。ただし同稿では，規範的影響が購買意欲と製品判断に与える影響については調べなかった。その一方で，アニモシティについては，購買意欲および製品判断（同稿では quality judgements）との間に負の因果関係が認められたと報告している。

金（2007）は，日系の自動車と化粧品に対する中国消費者の購買意欲（同稿では，購買意図）について，アニモシティ，主観的規範，製品判断（同稿では，製品評価）の視点から分析した。その結果，主観的規範と製品判断が購買意欲に直接的な影響を与えたのに対して，アニモシティと購買意欲との間には有意な因果関係が認められなかった。先述のように，この結果は同様の調査国と相手国を設定した Klein et al.（1998）と異なるものであり，また，社会的な影響要因を取り入れた Maher & Mady（2010）や Huang et al.（2010）とも相違している。後に金（2011）では，韓国消費者とフランス消費者からも金（2007）と類似な結果が得られたと報告している。さらに，金（2007）の分析で，購買意欲の先行要因とされたアニモシティ・主観的規範・製品判断の間には有意な相関関係が認められた。

以上の考察のように，社会的な影響を取り入れたアニモシティ研究は，主観的規範と購買意欲との関係について見解が一致している半面（金，2007, 2011；Maher & Mady, 2010），アニモシティと購買意欲の関係については相違がみられている。また，アニモシティと製品判断の関係については，Maher & Mady（2010）と Huang et al.（2010）の間で異なる結果が示されている。

3．仮説の構築

3-1．アニモシティの多次元性と購買意欲

前節でレビューしたように，中国における対日アニモシティを扱った研究間では，設定の類似性にもかかわらず，分析結果に不一致がみられる。その一因としては，アニモシティが多次元の構成概念である点を検証段階で十分に考慮しなかったことが考えられる。戦争，経済，政治など異質の事柄から生まれた

アニモシティは，生成の背景や経緯が互いに違うがゆえに，そのインパクトも相違すると予想される。そのため，アニモシティはタイプによって購買意欲に異なる影響を与えるとみたほうが妥当ではないだろうか。

先行研究では，Nijssen & Douglas（2004）と Lee & Lee（2013）がアニモシティ効果をタイプごとに分析している。前者によると，ドイツとの国境に近いナイメーヘン（Nijmegen）に住むオランダ人の消費者は，第二次世界大戦中にドイツに占領され苦難を強いられた経験から，ドイツの車とテレビに対する購買意欲が低いという。その占領と逼迫の経験から生まれたアニモシティは，ドイツの経済力を警戒して生まれるアニモシティより，購買意欲と強く関連していた。他方，Lee & Lee（2013）では，日本人の中国に対するアニモシティが購買意欲に与える効果を経時的に分析した。その結果，とくに対立が強まっている時期において，経済や社会などの今日的な背景をもつアニモシティが，過去の事柄に起因するアニモシティに比べて，購買意欲と強い因果関係を示していた。その理由について，同稿では雇用や仕事の安定などといった消費者の現日常の生活との関連性を挙げている。

本稿とは文脈が異なるとはいえ，上記2論文の分析結果はアニモシティのタイプによる異なった効果を示唆する。中国人を対象にした研究には，筆者の知る限り，タイプによってアニモシティ効果を解明した研究は見当たらない。しかし，二国間関係の特有な文脈から生じる差異を勘案しても，アニモシティが生成要因によって異なる結果をもたらすと予測することは可能であろう。そして，Lee & Lee（2013）ではアニモシティ効果の強度がタイプ間で異なった理由を，消費者の現日常の生活との関連性に注目して解釈している。それを参考に類推すれば，消費者が現在埋め込まれているコンテクストと高い関連性をもつアニモシティほど，購買意欲と相対的に強い因果関係を示すと予想される。したがって，次の仮説を立てる。

H1：(1) アニモシティのタイプによって購買意欲への影響は異なる。
　　(2) とりわけ，消費者が現在埋め込まれているコンテクストと関連性の高いアニモシティが，相対的に購買意欲と強い因果関係をもつ。

3-2. 主観的規範と購買意欲

社会的プレッシャーである主観的規範は，個人の意図や行動を規定する要因の1つに数えられる（Ajzen & Fishbein, 1980；Ajzen, 1991；Rhodes & Courneya, 2003）。その上に，本研究の調査国である中国は，集団主義文化の社会として知られる（Oyserman, Coon & Kemmelmeier, 2002）。Hofstede（1983）によると，集団主義文化では集団的な価値観，例えば，集団への忠誠や帰属感などが重視され，それと引き換えに個人は集団から庇護される。そのため，集団的な情緒や考え方が個人の意図や行動を左右しやすい。このような集団主義文化では，Lee & Green（1991）が示唆するように，主観的規範が行動意図にいっそう強い影響を及ぼすと考えられる。したがって，中国消費者の購買意欲は，主観的規範（とくに，日本製品を購入するか否かと関連して知覚される社会的プレッシャー）から有意な影響を受けると予想される。対立の文脈を想定すれば，その影響は負の方向に働くであろう。中国消費者を対象にした既存研究（金，2007）でも，主観的規範と購買意欲との間で負の因果関係を見出している。また，中国以外で行われた調査（Maher & Mady, 2010）でも同様の結果が報告されている。

以上のように，中国社会の文化的な特性ならびに先行研究の結果を踏まえ，次の仮説を立てる。

> H2：対立国の商品を購入することに否定的な主観的規範は，購買意欲に負の影響を与える。

4．調査と分析

4-1．調査の概要

尺度は次のように設定した（具体的な測定項目は＜付録＞を参照）。アニモシティは生成要因の多様性を考慮して，Klein et al.（1998）と Russell & Russell（2010）を参考に，日中関係にかかわる種々の項目を設定した。主観的規範は Maher & Mady（2010）から採用した。この尺度は対立国の商品を購入

する場合に予想される，周りの重要な他者（準拠集団）の反応について測定する。購買意欲は Klein et al.（1998）から採用した。ただし，Klein らの論文で購買意欲は「willingness to buy」と命名されているが，実際に測るのは相手国の商品を購入することに対する抵抗感の度合いである。そのため，Nijssen & Douglas（2004）や李（2012）では同尺度を用いながら，「reluctance to buy (RTB)」という名称を使っている。こちらのほうが混同を避けやすいと考えられるため，本稿でも「不買意欲」を表す RTB を使う。一方，製品の評価を測るため，Klein et al.（1998）から製品判断の尺度を採用した。製品判断は本稿の主たる関心事ではないものの，既存研究で測定されることが度々あったことから，先行研究との適切な比較のために分析に取り込むことにした。

　製品カテゴリーは特定せず，日本製品一般のイメージで調査した。既存研究には，製品カテゴリーを設定したものもあれば（e.g., Funk, Arthurs, Treviño & Joireman, 2010；金，2007, 2011；Nijssen & Douglas, 2004），製品一般で調査したものもある（e.g., Huang et al., 2010；Klein, 2002；李，2011；Lee & Lee, 2013；Maher & Mady, 2010；Nakos & Hajidimitriou, 2007；Rose et al., 2009）。製品カテゴリーを特定すれば，当該カテゴリーに係る現実的な知見を得る可能性が高くなる（Funk et al., 2010）。一方，製品一般のイメージを用いれば，偏りが少なく一般化の可能性が高い知見が得られ，全体的な傾向性を捉えるのに役立つ（Elliot, Papadopoulos & Kim, 2011）。本研究では複数次元のアニモシティと主観的規範による複合的な関係を分析するため，全般的な傾向性の解明を重視し，製品一般を採択した。また，仮に，対立する国の商品やブランドに対してボイコットが発生した場合，その矛先が特定のカテゴリーだけに向けられるとは考え難い。広範囲の商品やブランドがボイコットの対象になるのではないだろうか。このような推察も全般的な傾向性の理解に主眼を置く一因となった。

　質問項目は翻訳・逆翻訳の手順で原文の英語から中国語に翻訳された。英語と中国語が堪能な2名の中国人と，1名のオーストラリア人が翻訳作業に参加した。翻訳後には50名の中国人に予備調査を行い，質問の内容・意味・語感において原文と齟齬がないかを検討した。調査票の質問はランダムに配置され，7段階のリッカート法で測定された。

データは，中国の広州と武漢でモール・インターセプト方式によって集められた。調査地は省都として行政と経済の主要な機能を担っており，日系の企業・商品・ブランドにも接しやすいという点で選ばれた。収集されたデータの有効回答は327であった。回答者の性別は，男49.8％（n=163）・女50.2％（n=164）とほぼ半数ずつであった。年齢は18〜60歳にかけて分布し，平均年齢は33歳であった。教育水準については，7割を超える回答者（n=235）が大学以上と答えた。

4-2．メジャーメント・モデル

構造モデルの分析に先立って，データを主因子法・プロマックス回転による探索的因子分析，ならびに最尤法による確認的因子分析にかけた。その結果，主観的規範（subjective norm：SN, n=3），製品判断（product judgement：PJ, n=5），不買意欲（reluctance to buy：RTB, n=4）において因子の1次元性が確認された。一方，アニモシティは2因子構造を示し，過去の戦争についての認識と報償問題に関する2項目と，主に経済と社会の事柄に関連した5項目に分かれた（＜付録＞参照）。そこで，前者の因子を「戦争のアニモシティ（war animosity：WA）」，後者の因子を「社会経済のアニモシティ（socio-economic animosity：SEA）」と命名した。モデルの適合度は，Hair, Black, Babin & Anderson（2010）に従って，χ^2(df), χ^2/df, CFI, RMSEA で判断した。メジャーメント・モデルの適合度は，χ^2(141)=288.75, p<.001, χ^2/df=2.048, CFI=.903, RMSEA=.057と，良好な当てはまりを示した。標準化推定値は0.50〜0.85の範囲で分布した。全ての係数が0.5以上であり（Campbell & Fiske, 1959；Hair et al., 2010），かつ0.1％（p<.001）の水準で有意であったため（Anderson & Gerbing, 1998），収束妥当性があると判断された。Cronbach の α は，WAが0.76，SEAが0.71，SNが0.71，PJが0.72，RTBが0.71と，安定した内的整合性がみられた。弁別妥当性は Anderson & Gerbing（1998）に従って，相関係数の95％の信頼区間に±1.0が含まれるか否かで検討した。WAとSEAとの間には，相関係数（r）0.69，信頼区間の下限値0.46・上限値0.93と，1.0が含まれず，弁別妥当性が認められた。同様に，WAとSN（r=0.18, 下限−0.03・上限0.40），SEAとSN（r=0.37, 下限0.20・上限0.54），WAとPJ（r=0.19,

下限0.01・上限0.36), WAとRTB ($r=0.37$, 下限0.11・上限0.62), SEAとPJ ($r=0.14$, 下限0.02・上限0.27), SEAとRTB ($r=0.66$, 下限0.43・上限0.89), SNとPJ ($r=-0.19$, 下限-0.35・上限-0.04), SNとRTB ($r=0.67$, 下限0.40・上限0.94), PJとRTB ($r=-0.28$, 下限-0.45・上限-0.10) の間でも弁別性が認められた。

メジャーメント・モデルの分析からモデル適合度, ならびに構成概念の信頼性と妥当性が確認されたので, 因果関係を検証するために構造モデルの分析に進んだ (Anderson & Gerbing 1998 ; Hair et al. 2010)。

4-3. 構造モデル分析と仮説検証

構造モデルの分析にあたり, まず性別と年齢が潜在変数に影響を与えるか否かについて検討した[注2]。性別はt検定によって男女差を調べたが, いずれの変数においても平均値の有意差はみられなかった (WA:$t(323)=-1.02$, $p=.31$; SEA:$t(313)=0.95$, $p=.35$; SN:$t(324)=0.00$, $p=1.00$; PJ:$t(324)=1.33$, $p=.18$; RTB:$t(323)=1.24$, $p=.22$)。年齢については, サンプルを3つのグループに群分けして分散分析を行ったが, やはりいずれの変数でも有意差はみられなかった (WA:$F(2, 316)=0.61$, $p=.55$; SEA:$F(2, 316)=0.06$, $p=.94$; SN:$F(2, 316)=1.20$, $p=.30$; PJ:$F(2, 316)=1.63$, $p=.20$; RTB:$F(2, 316)=2.48$, $p=.09$)。

変数間の因果関係を想定した構造方程式モデル (**図表1-1**) は, Amos16で最尤法によって分析した。図表1-1と**図表1-2**は分析結果をまとめたものである。ちなみに, 図表1-1の実線は有意な関係を, 点線は有意ではない関係を表す。また, 図表1-1と1-2の注釈と出所は図表1-2の下にまとめて示している。

仮説H1では, (1)アニモシティのタイプによって購買意欲への影響が異なると予想した上で, (2)消費者が現在埋め込まれているコンテクストと関連性の高いアニモシティが, 購買意欲と相対的に強い因果関係を示すと仮定した。図表1-1と図表1-2の結果をみると, WAとRTBとの間には有意な因果関係がみられないのに対して ($b=-0.15$, $t=-1.30$, $n.s.$), SEAとRTBは有意な正の因果関係を示している ($b=0.56$, $t=3.84$, $p<.001$)。したがって, H1の

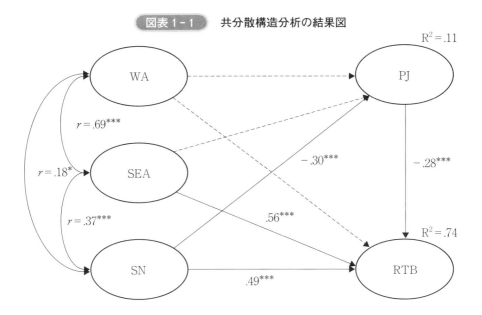

図表1-1 共分散構造分析の結果図

図表1-2 共分散構造分析の結果表

独立変数→従属変数	標準化係数 (b)	検定統計量 (t)	p
WA → RTB	−0.146	−1.296	.195
SEA → RTB	0.561	3.840	***
SN → RTB	0.486	5.339	***
WA → PJ	0.084	0.643	.520
SEA → PJ	0.224	1.470	.142
SN → PJ	−0.304	−3.133	.002**
PJ → RTB	−0.275	−3.661	***

*$p<.05$, **$p<.01$, ***$p<.001$
$\chi^2(141)=288.75$, $p<.001$, $\chi^2/df=2.048$, CFI=.903, RMSEA=.057
(出所) 図表1-1, 1-2ともに筆者作成。

(1)は支持された。また、過去の戦争に比べて、社会・経済の事柄が消費者の現在埋め込まれているコンテクストとより密接に関連していると考えられるため、上記の結果はH1の(2)も支持しているといえよう。

H2では、対立国の商品を購入することに否定的な主観的規範が、購買意欲

に負の影響を与えると予想した。分析結果はSNがRTBに有意な「正」の影響を与えている（$b=0.49$, $t=5.34$, $p<.001$）。既述のようにRTBは購買に対する抵抗（reluctance to buy：不買意欲）のため，仮説のとおり，購買意欲には「負」の影響を与えていることになる。したがって，H2も支持された。

その他にも，分析からは次のような結果が得られた。まず，WAとSN（$r=.18$, $p<.05$）の間，ならびにSEAとSN（$r=.37$, $p<.001$）の間で有意な正の相関がみられた。また，WAとSEAがPJと有意な関係を示さなかったのに対して（WA：$b=0.08$, $t=0.64$, $n.s.$；SEA：$b=0.22$, $t=1.47$, $n.s.$），SNはPJに有意な負の影響を与えていた（$b=-0.30$, $t=-3.13$, $p<.01$）。さらに，PJとRTBとの間では負の因果関係が認められた（$b=-0.28$, $t=-3.66$, $p<.001$）。

5．おわりに

本稿では，アニモシティを多次元に捉えた上で，社会的な影響要因として主観的規範を取り入れ，中国消費者の日本製品に対する購買意欲を検証した。仮説として設定された主たるリサーチ・クエスチョンは，アニモシティのタイプ間の相違と，主観的規範と購買意欲との関係に関するものであった。共分散構造分析の結果は，既存の見解を深化させる一方で，消費者アニモシティに関する新たな知見を加えるものであった。

第1に，中国消費者の対日アニモシティは，戦争（WA）と社会経済（SEA）にかかわる2次元に分かれ，購買意欲に相違する影響を及ぼすことがわかった。SEAが購買意欲を低下させたのに対して，WAは購買意欲と有意な関係をもたなかったのである。アニモシティの生成要因によってインパクトも異なることが明らかになったことから，アニモシティ効果はタイプを識別して精査するほうが，精緻な知見を得るために有効であるといえよう。既存研究の分析結果に相違がみられたのも，単一変数化されたアニモシティ内の異質性を識別せず，1次元的に購買意欲との関係を測定したことに一因があったのではなかろうか。

SEAだけが購買意欲を有意に下げた理由については，H1を構築する際に述べた通り，消費者が現在埋め込まれているコンテクストとの関連性から理解することができる。他国との対立要因が経済的な利害や社会生活の安定にかか

わりそうな場合，消費者はそれを自身が埋め込まれている状況を不安定または不確実にさせる脅威として認知すると考えられる。例えば，相手国との不公平なビジネスや貿易，または対立国から多くの人や文化が流入することを懸念する消費者は，それらが経済や社会の不安定を引き起こし，結果的に生活者である自身や身近な人々の利害にも影響を及ぼしかねないと思うであろう。このように，現在埋め込まれているコンテクストとの関連性が，日本製品の購入に対する抵抗をもたらしたと考えられる。その一方で，WA は過去の戦争と関連した歴史認識に近い問題から生じており，消費者が現在埋め込まれているコンテクストと必ずしも密接にかかわるわけではない。そのため，この種のアニモシティは中国消費者にとって，感じるとしても普段の購買行動（購買意欲）とは別問題として認識されているようである。このことは，仮に，歴史認識などの問題が消費者のWA を促したとしても，それがすぐに不買行動に発展することは稀であろうという推論を可能にする。以上の考察から，中国消費者の対日アニモシティはタイプによって効果が異なり，反日の感情が一様に日本製品への購買意欲を削いだり，もしくは購買意欲と無関係であったりするような単純な関連性はないことがわかる。

　加えて，本研究では，WA と SEA が製品判断（PJ）とは有意な関係をもたないことがわかった。これは Klein et al.（1998）および Maher & Mady（2010）を支持する結果であり，アニモシティの種類や効果にかかわらず，製品そのものの評価は中立的に行われることを示している。さらに，PJ はアニモシティと独立して，購買意欲にポジティブな影響を与えた。この点は，金（2011），Klein et al.（1998），Klein（2002），Nijssen & Douglas（2004）の見解を裏付けている。

　第2に，主観的規範（SN）が購買意欲にネガティブな影響を及ぼすことがわかった。この結果は先行研究（金，2007；Maher & Mady, 2010）の知見を支持するものである。SN が個人の意図を部分規定する社会的なプレッシャーである点に加え（Ajzen & Fishbein, 1980；Ajzen, 1991），本稿の調査国である中国が集団主義文化の特徴をもつことが（Oyserman et al., 2002），購買意欲におけるSN の影響をいっそう鮮明にしたと考えられる。既存研究によると，社会的な規範に従うか否かによって個人は賞賛されたり非難されたりするため，SN は同調圧力として働く（Cialdini et al., 1990）。個人にとっても，その規範

を受け入れたほうが集団内で自己イメージを高められる（White et al., 2009）。このような SN の役割は集団主義文化でより強くみられると考えられている（Lee & Green, 1991）。SN の働きに関するこれらの知見について，本研究は中国消費者の文脈から実証的な裏付けを提供している。

また，本稿では 2-3 でレビューした先行研究では検討されなかった，SN と PJ 間の因果関係について分析した。その結果，SN は PJ にもネガティブな影響を及ぼすことが判明した。集団的に共有された負の意識や情緒は，個人の購買意欲を下げるだけでなく，PJ までも歪める力を発揮するようである。その点で，SN の同調圧力はアニモシティ効果より広範囲にわたるといえよう。

一方，2 つのアニモシティと SN は正の相関関係を示し，連動しやすいことがわかった。この結果は，1 次元アニモシティと SN の相関関係を提示した金（2007）の知見を拡張し，同様の関係が多次元アニモシティにもみられることを示している。

本稿の分析結果からは次のような実務的示唆が得られる。

日本と中国は協力と友好の関係を強める一方で，ときに摩擦や対立も繰り広げてきた。種々の要因による対立は，相手国に対するアニモシティを促しやすい。そのタイプによっては消費者の内面に深く根ざし，長期にわたって消えないものもあるだろう。しかし，本稿の結果は，アニモシティを感じることと，それを購買意欲に反映させることとは，常に因果的に結びつくわけではないことを示している。具体的にいえば，中国の消費者において過去の戦争や歴史認識に起因するアニモシティ（WA）は，購買意欲と直接の因果関係をもたない。それに対して，経済や社会の事柄に起因するアニモシティ（SEA）は，購買意欲を低下させる効果をもつ。この発見は中国市場で日系商品を展開する実務家に次のような示唆を与えている。標的顧客が日中関係と関連してどのようなタイプのアニモシティを抱いているか（あるいは，抱いていないか）を理解することが，製品・ブランド管理のための 1 つの判断材料になり得る。標的顧客が埋め込まれているコンテクストに密接に係るアニモシティが強まる場合，購買意欲に負の影響が及ぶおそれがあるため，慎重な市場アプローチやコミュニケーションが求められる。しかし，WA のようなアニモシティが台頭している状況では，反日の気運が社会規範化するほど高まった状況でない限り，アニ

モシティについて過敏に意識したり対応したりする必要はないと思われる。

最後に，本研究の課題と展望について述べる。

まず，中国消費者を対象にしたため，得られた知見が他の文脈にも当てはまるか，さらに究明していく必要がある。とくに，個人主義文化の市場でどのような結果がみられるか確認することが，今後の主要な課題の1つになる。また，本研究ではアニモシティとSNの効果を経時的に分析していないが，Ettenson & Klein（2005）やLee & Lee（2013）によると，アニモシティの効果は時間の経過とともに変化しうるという。そのため，多次元アニモシティおよびSNの効果を経時的に分析する試みが，今後の課題として考慮に値する。

付　記

本章は，李　炅泰（2015）「中国消費者にみるアニモシティと主観的規範の影響～日本製品に対する購買意欲を中心に～」『商品開発・管理研究』第11巻第2号，25～43頁，を修正したものである。

注

1　財務省の貿易統計によると，日本にとって中国は，米国に次ぐ2番目の輸出相手国であり，同時に最大の輸入相手国である（http://www.customs.go.jp/toukei/shinbun/trade-st/2012/2012_216.pdf，2014年10月10日アクセス）。
2　教育水準は，大学以上が7割を超える一方，初等教育が2.8％（n＝9），中等教育が24.8％（n＝81）となっており，標本数に偏りがみられた（欠損2）。そのため，本文中には性別と年齢による有意差の有無だけを検討している。参考までに，一定の標本が採れた中等教育群と大学以上群をt検定にかけると，SN（$t(314)=4.74$, $p<.001$），PJ（$t(314)=-4.24$, $p<.001$），RTB（$t(313)=2.85$, $p<.01$）で有意差がみられる。この結果をみる限り，教育水準の高い消費者のほうが日本製品に対してポジティブな評価と購買意欲を示し，彼らにとって重要な人々もそれを比較的容認しやすい傾向があるようにもみえる。ただし，この点については，標本数のバランスを確保した上で再検定を行う必要があるだろう。

参考文献

Ajzen, I. (1991). The Theory of Planned Behavior. *Organizational Behavior and Human Decision Processes*, 50, 179-211.
Ajzen, I. & Fishbein, M. (1980). *Understanding Attitudes and Predicting Social Behavior*, Englewood Cliffs, NJ : Prentice-Hall.

Anderson, J.C. & Gerbing, D.W. (1988). Structural Equation Modeling in Practice : A Review and Recommended Two-Step Approach. *Psychological Bulletin*, 103(3), 411-423.

Campbell, D.T. & Fiske, D.W. (1959). Convergent and Discriminant Validation by the Multitrait-Multimethod Matrix. *Psychological Bulletin*, 56(2), 81-105.

Cialdini, R.B., Reno, R.R., & Kallgren, C.A. (1990). A Focus Theory of Normative Conduct : Recycling the Concept Norms to Reduce Littering in Public Places. *Journal of Personality and Social Psychology*, 58(6), 1015-1026.

Elliot, S., Papadopoulos, N. & Kim, S.S. (2011). An Integrative Model of Place Image : Exploring Relationships between Destination, Product, and Country Images. *Journal of Travel Research*, 50(5), 520-534.

Ettenson, R. & Klein, G. (2005). The Fallout from French Nuclear Testing in the South Pacific : A Longitudinal Study of Consumer Boycotts. *International Marketing Review*, 22(2), 199-224.

Funk C.A., Arthurs, J.D., Treviño, L.J. & Joireman, J. (2010). Consumer Animosity in the Global Value Chain : The Effect of International Production Shifts on Willingness to Purchase Hybrid Products. *Journal of International Business Studies*, 41, 639-651.

Hair, J.F., Black, B., Babin, B., & Anderson (2010), *Multivariate Data Analysis (7th Edition)*, Prentice Hall.

Hofstede, G. (1983). The Cultural Relativity of Organizational Practices and Theories. *Journal of International Business Studies*, 14(2), 75-89.

Huang, Y.-A., Phau, I. & Lin, C. (2010). Consumer Animosity, Economic Hardship, and Normative Influence : How Do They Affect Consumers' Purchase Intention?. *European Journal of Marketing*, 44 (7/8), 909-937.

Jung, K., Ang, S.H., Leong, S.M., Tan, S.J., Pornpitakpan, C. & Kau, A.K. (2002). A Typology of Animosity and Its Cross-national Validation. *Journal of Cross-Cultural Psychology*, 33(6), 525-539.

Klein, J. (2002). Us versus Them, or Us versus Everyone? Delineating Consumer Aversion to Foreign Goods. *Journal of International Business Studies*, 33(2), 345-363.

Klein, J., Ettenson, R. & Morris, M. (1998). The Animosity Model of Foreign Product Purchase : An Empirical Test in the People's Republic of China. *Journal of Marketing*, 62, 89-100.

Lee, C. & Green, R.T. (1991). Cross-cultural Examination of the Fishbein Behavioral Intentions Model. *Journal of International Business Studies*, 22(2), 289-305.

Lee, R. & Lee, K.T. (2013). The Longitudinal Effects of a Two-Dimensional Consumer Animosity. *Journal of Consumer Marketing*, 30(3), 273-282.

Maher, A.A. & Mady, S. (2010). Animosity, Subjective Norms, and Anticipated Emotions during an International Crisis. *International Marketing Review*, 27(6), 630-651.

Nakos, G.E. & Hajidimitriou, Y.A. (2007). The Impact of National Animosity on Consumer Purchases : The Modifying Factor of Personal Characteristics. *Journal of International Consumer Marketing*, 19(3), 53-72.

Nijssen, E. & Douglas, S. (2004). Examining the Animosity Model in a Country with a High Level of Foreign Trade. *International Journal of Research in Marketing*, 21, 23-38.

Oyserman, D., Coon, H.M. & Kemmelmeier, M. (2002). Rethinking Individualism and Collectivism: Evaluation of Theoretical Assumptions and Meta-analyses. *Psychological Bulletin*, 128(1), 3-72.

Park, C.W. & Lessig, P.V. (1977). Students and Housewives: Differences in Susceptibility to Reference Group Influence. *Journal of Consumer Research*, 4, 102-110.

Reno, R.R., Cialdini, R.B., & Kallgren, C.A. (1993). The Transsituational Influence of Social Norms. *Journal of Personality and Social Psychology*, 64(1), 104-112.

Riefler, P. & Diamantopoulos, A. (2007). Consumer Animosity: A Literature Review and A Reconsideration of Its Measurement. *International Marketing Review*, 24(1), 87-119.

Rhodes, R.E. & Courneya, K.S. (2003). Investigating Multiple Components of Attitude, Subjective Norm, and Perceived Control: An Examination of the Theory of Planned Behaviour in the Exercise Domain. *British Journal of Social Psychology*, 42, 129-146.

Rose, M, Rose, G.M. & Shoham, A. (2009). The Impact of Consumer Animosity on Attitudes towards Foreign Goods: A Study of Jewish and Arab Israelis. *Journal of Consumer Marketing*, 26(5), 330-339.

Russell, C.A. & Russell, D.W. (2010). Guilty by Stereotypic Association: Country Animosity and Brand Prejudice and Discrimination. *Marketing Letters*, 21, 413-425.

Shin, M. (2001). The Animosity Model of Foreign Product Purchase Revisited: Does It Work in Korea?. *Journal of Empirical Generalisations in Marketing Science*, 6, 6-14.

Shoham, A., Davidow, M., Klein, J. & Ruvio, A. (2006). Animosity on the Home Front: The Intifada in Israel and Its Impact on Consumer Behavior. *Journal of International Marketing*, 14(3), 92-114.

Tarkiainen, A. & Sundqvist, S. (2005). Subjective Norms, Attitudes and Intentions of Finnish Consumers in Buying Organic Food. *British Food Journal*, 107(11), 808-822.

White, K.M., Smith, J.R., Terry, D.J., Greenslade, J.H., & McKimmie, B.M. (2009). Social Influence in the Theory of Planned Behavior: The Role of Descriptive, Injunctive, and In-group Norms. *The British Psychological Society*, 48, 135-158.

Yang, K. & Jolly, L.D. (2009). The Effects of Consumer Perceived Value and Subjective Norm on Mobile Data Service Adoption between American and Korean Consumers. *Journal of Retailing and Consumer Services*, 16(6), 502-508.

金　春姫（2007）「中国における日系製品に対する消費者購買意図の形成―対日感情が消費者行動に与える影響を中心にして―」一橋大学博士学位論文。

―――（2011）「多地域でみる敵意の消費者行動への影響―韓国とフランスにおける実証研究に基づいて―」『消費者行動研究』17(2)，169-182頁。

李　炅泰（2011）「アニモシティ，マテリアリズム，ギルト―韓国消費者の日本製品評価について―」『多国籍企業研究』4，119-137頁。

―――（2012）「エスノセントリズムとマテリアリズムが製品判断と購買意向に与える影

響─台湾消費者の日本製品と中国製品に対する反応─」『流通研究』14(1), 35-51頁。
李　炅泰・李　有日（2014）「自国製品選好における情報的影響と規範的影響─韓国消費者の国産車選好傾向を中心に─」『多国籍企業研究』7, 41-62頁。
清水　聰（1999）『新しい消費者行動』, 千倉書房。

付録　構成概念の項目と確認的因子分析の結果（標準化推定値）

構成概念と項目：平均/標準偏差	因子負荷
1．戦争のアニモシティ（WA：war animosity）：平均6.07/標準偏差1.36	
I feel angry that the fact of Japan's past aggression has been reduced or justified in some Japanese textbooks	.85
Japan should pay for what it did during the occupation	.73
2．社会経済のアニモシティ（SEA：socio-economic animosity）：4.75/1.16	
I feel angry when Japanese in China cause social problems	.68
The Japanese are doing business unfairly with China	.55
Japanese influence threatens Chinese culture	.55
Japan takes advantage of China when the two countries trade	.54
Japan constantly ignores China's positions in international affairs	.50
3．主観的規範（SN：subjective norm）：4.78/1.24	
People who are important to me would think that I should buy Japanese products*	.71
People who are important to me would approve of me buying Japanese products *	.67
It would please people who are important to me if I buy Japanese products*	.61
4．製品判断（PJ：product judgment）：4.86/1.10	
Japanese products are reliable and last a long time	.68
Japanese products are carefully produced and have fine workmanship	.64
Japanese products are technologically advanced	.57
Japanese products are good value for the money	.53
Japanese products show clever use of color and design	.50
5．不買意欲（RTB：reluctance to buy）：4.13/1.29	
I would never buy Japanese products	.71
I do not like the idea of owning Japanese products	.66
Whenever possible, I avoid buying Japanese products	.57
If I choose a Japanese over a Chinese product, I would feel guilty	.56

$\chi^2(141) = 288.75$, $p < .001$, $\chi^2/df = 2.048$, CFI = .903, RMSEA = .057
＊逆転項目
（出所）　筆者作成

（李　炅泰）

第 2 章

自発的なコンテンツ制作コミュニティの支援サービス
―コラボの効果と限界―

◆

1. はじめに

1-1. 研究の概要

　自発的にコンテンツを制作してYouTubeやニコニコ動画などの閲覧サイトへ投稿する多くのクリエーターがいる。彼らはネット上の制作コミュニティで相互にコミュニケーションを図り，共同制作や制作ノウハウ等の情報交換の活動を通して良質の作品を制作して公開することを目指している。そして，そのコンテンツを商業的に流通させたり，広告素材に用いたりする事例は，CGM（Consumer Generated Media）で制作されるコンテンツを利用する先進事例として注目されている。このボランタリーな制作活動を活性化して商業利用を促進するには，コンテンツ制作コミュニティに対してサイトの運営者が適切な支援サービスを提供することが重要となる。その手法として，ネット上のコミュニティでは共同で制作するコラボレーション（コラボ）の場を提供することが有効であるとの指摘がある。本研究では，動機づけ理論を踏まえて，創造的な制作活動自体に価値を見出す内発的な動機が，自己の制作能力への確信の程度である自己効力感を高め，制作活動を活性化し，投稿作品に対するコミュニティでの評価や閲覧回数のフィードバックにつながるという仮説に基づいた支援策を議論する。事例として，歌声合成ソフトを用いた音楽コンテンツを制作して投稿する制作者を対象に調査票調査を行い，共分散構造分析の手法を用

いた検証結果を報告する。実証分析の結果，コラボの場の提供は制作熟達者より素人にとってより有効な支援策であることが示された。

1-2．研究目的

　本研究の目的は，自発的なコンテンツ制作コミュニティの活性化支援策としてのコラボ活動の有効性を評価し，その効果と限界を示すことである。ネット環境が身近となり，ネットを介して企業と消費者が直接コミュニケーションをとることが容易になった。企業が自社のホームページを通してロイヤルティの高い顧客を募り，企業と消費者が一緒に商品を協創（co-create）するさまざまな先進事例が報告されている（小川，2013）。このようにして開発した商品は，従来の方法により社内で開発した商品よりも安定して売上が高いという報告もある（松井，2015）。このため，企業によるネット・コミュニティの支援策は，新たな新商品開発手法として注目されており，消費者の自発的なコミュニティ活動支援は，コンテンツに限らず消費財への応用にも役立つと期待できる。消費者の自発的な制作活動にかかわる企業活動は始まったばかりであるが，企業の商品開発の仕組みを変える新たな可能性を示している。

　企業と顧客が直接コミュニケーションできるコミュニティは，商品開発の機能に加えて，ロイヤル顧客を育成する機能もある（松井，2015）。企業が顧客とコミュニケーションする手段として，これまでマスメディアを用いることが多かったが，双方向でのコミュニケーションが可能なネット・コミュニティやソーシャルメディアを活用する企業が増えている。ネットメディアがマスメディアに代替していくという議論がある一方で，ソーシャルメディアのプロモーション効果は限定的であり，マスメディア媒体のテレビや雑誌や，また，リアルな店舗で商品に接する経験の提供などを合わせて顧客に提供したほうが，口コミが生まれ，会話や商品使用の経験により記憶に残りやすいので効果的だという指摘もある（Keller & Fay, 2012）。次節では，メディアとコンテンツに関するマーケティングの議論を整理し，ネットメディアにおいて自発的なコンテンツ制作者を支援する意義を明らかにする。本研究が対象とするコンテンツは，マスメディアが伝達してきた高視聴率をとるリッチ・コンテンツとは異なり，便宜的にライト・コンテンツと呼称すべき，大量に制作され，瞬時に消費

されやすいコンテンツである。ライト・コンテンツはネットメディアに適した新しいタイプのコンテンツであり、マスメディアで用いてきた制作システムとの相違について議論する。第3節では制作コミュニティにおける制作者の活動に関する仮説と検証方法を示し、第4節で分析結果を示す。最後の第5節で分析結果と課題について議論する。

2．メディアとコンテンツ制作について

2-1．メディアに関する議論

メディア（medium，複数形 media）という用語を情報の伝達・媒体を示す単語として最初に使ったのは、1923年のアメリカの業界誌『広告と販売』とされる（佐藤，1998）。メディアの概念は社会学とともに議論されてきた。18世紀後半に起きた産業革命により商品が工場で大量生産されるようになると、工業化と都市化が進み、そして新聞が普及して間接的なコミュニケーションが増えていった。フランスの社会学者タルドは公衆の概念を提示し、生活の場が共同体から社会へと変化したことを示して社会学が発展し、社会学の一領域としてメディア論の研究が発展してきた（吉見，2004，水越，2014）。タルドによると、新聞などのメディアによってコミュニケーションする社会的な集団が公衆であり、直接コミュニケーションする共同体とは異なる新しいタイプの集団である。やがて、ラジオやテレビ受信機が普及してメディアの種類が増え、戦争や政治のプロパガンダの伝達手段としてメディアを利用したり、商品の広告伝達に企業が利用したり、娯楽コンテンツを提供するのに利用し、メディアは日常生活に浸透していく。メッセージや情報を記録して不特定多数に伝達することを可能にしたマスメディアが公衆や大衆という社会集団を生み出したのであり、19世紀後半における社会学の発展と成立は、メディアの普及によってもたらされたともいえる。

20世紀後半にテレビが人々の生活に浸透すると、メディアは映画やドラマやスポーツ番組を伝えたり、ニュースを伝えたりするようになり、メディア文化論（吉見，2004）、あるいはカルチャラル・スタディとして、文化やジャーナリズムの観点からメディアを論じる研究が増えていく。文化とジャーナリズム

をキーワードとして，メディア論は文学との接点を持つようになる。

　マーケティング論におけるメディアは，広告媒体として，また，エンターテイメント・コンテンツの提供媒体として議論されてきた。企業はメディアを介して消費者に伝えたいメッセージを伝え，顧客のメディア接触頻度（Frequency）と範囲（Reach）の掛け算である延べオーディエンス量（GRP：Gross Rating Points）を主な広告効果の代替変数としてきた。このため，雑誌・新聞・ラジオ・テレビなどのマスメディアを運営する企業は，良質のコンテンツを提供して読者や視聴者を増やし，多数のオーディエンス量を確保することで広告収入を増やすビジネスモデルを確立してきた。一方で，マーケッターの関心は，広告コンテンツの作成，広告媒体の選択，出稿計画の作成にあり，その意思決定のフレームとして，視聴者が広告という刺激を認知して購買という反応に至るプロセスを，刺激（Stimulus）に対する反応（Response）の消費者行動として，心理学の知見に基づいて理解を深めてきた。エンターテイメント・コンテンツの配信メディアに関しては，動画産業におけるマーケティング課題のサーベイである Eliashberg, Elberse, & Leenders（2006）によると，ウインドウ戦略，すなわち国内外での配給，有料・無料テレビでの配信，ビデオとゲームの流通チャネルと配給のタイミングが主要なマーケティング課題として指摘されている。

2-2．メディア・ビジネスの変化

　先進国では1950年代から1960年代にカラーテレビが普及し，メディア企業はM&Aなどを通じてコングロマリット化し，コンテンツ制作から配信までを一つの企業グループで手掛ける複合企業体を形成していった。1983年に90％の米国メディアが50の企業によって保有されていたのに対し，約30年後の90％のメディア企業は6つ（GE, News Corp, CBS, Time-Warner, Disney, Viacom）に集約されたと，田中他（2014）は指摘している。また，音楽業界ではメジャー・レーベルと呼ばれる3大レコード・レーベル（ユニバーサルミュージック，ソニー・ミュージックエンタテインメント，ワーナー・ミュージック・グループ）が世界市場の過半のシェアを持つまで寡占化・コングロマリット化が進み，その他のレコード企業をまとめてインディーズと呼称するようになっている。

Vogel（2010）は，エンターテイメント・ビジネスにおいてコングロマリット化が進む理由として，流通のスケールメリットを指摘している。音楽の創作活動や演奏は基本的に個人の活動であり，音楽をレコーディングしてCD音源を作ることだけなら大企業は必要ない。しかし，レコード店の限られた陳列スペースにレコードを配荷してもらうには，全国的にアーティストやアルバムを認知させるプロモーションを行える大企業が競争優位に立つ。

21世紀になり，インターネットを用いたコンテンツ配信ビジネスが浸透すると，既存のマスメディア企業の競争優位は急速に失われていった。**図表2-1**に，性別と年代と調査時期でクロス集計したテレビの視聴時間の表を示す。

1995年から2010年の間に10代・20代の男女の視聴時間の減少が進み，若者の

図表2-1 テレビの視聴時間（平日，時：分）

性別	年代	1995年	2000年	2005年	2010年
男	10代	2：12	2：02	2：06	1：50
	20代	2：19	2：13	2：11	1：54
	30代	2：29	2：27	2：15	2：03
	40代	2：43	2：43	2：23	2：30
	50代	3：01	2：42	2：56	3：02
	60代	4：23	4：09	4：18	4：29
	70歳以上	5：10	5：34	5：22	5：39
女	10代	2：11	2：27	2：12	2：01
	20代	2：57	3：01	2：40	2：33
	30代	3：16	3：05	2：45	2：43
	40代	3：25	3：34	3：28	3：26
	50代	4：06	4：08	3：53	4：00
	60代	4：47	4：42	4：37	4：39
	70歳以上	5：08	5：04	5：29	5：29
国民全体		3：19	3：25	3：27	3：28

出所：NHK放送文化研究所（2011）
『2010年国民生活時間調査報告書』

テレビ離れを確認できる。マスメディアの視聴者の減少は，オーディエンス総量の減少としてメディアの広告媒体価値の低下をもたらす。また，インターネットの浸透はコンテンツのデジタル・データ化を促し，録画視聴やビデオ・オン・ディマンドなど視聴スタイルの多様化を生んだ。ドラマを録画視聴する視聴者は広告を早送り・スキップする技術を手に入れ，広告を見ないことが容易となった。Garfield（2009）は，マスメディアの視聴者が減少し，その結果，コンテンツ制作費の原資である広告費が減り，良質のコンテンツを制作することが困難となって，さらに視聴者が減るという悪循環のスパイラルを懸念してカオス・シナリオと呼んだ。佐々木（2013）は，新聞雑誌メディアの日本と欧米の流通調査に基づいた短期の将来予測を行い，ビジネスモデルを早急に変革する必要性を指摘している。

　田中他（2014）は，**図表 2 - 2** の通り，メディアを5つのエレメントの統合体として定義したうえで，メディア業界の今日の変化をメディア分化（Media Disintegration）として捉えている。すなわち，メディアを構成するエレメントは，映画やニュースやドラマなどの①コンテンツと，電波や流通システムなどの②インフラと，紙面やテレビ番組表などの③プラットフォームと，テレビ受像機やスマートフォンなどの④デバイスと，そして，これらのエレメントを統合して維持しマネタイズする仕組みとしての⑤アーキテクチャーである。既

図表 2 - 2　メディア分化（Media Disintegration）

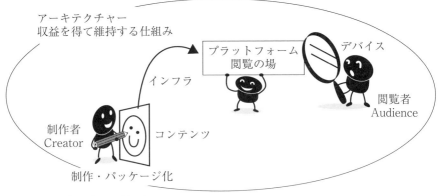

田中他（2014）を参考に筆者作図

図表 2 - 3　メディア分化の例

構成要素	テレビ	Facebook
コンテンツ	動画	ユーザーが作成するメッセージ，写真，etc.
デバイス	専用受信機（TV），PC，スマートフォン，ゲーム機	PC，スマートフォン，タブレット
プラットフォーム	チャネル機能	フェイスブック社提供のアプリ
インフラ	電波，ケーブル，インターネット	インターネット
アーキテクチャー	広告収入，定額・従量制課金	広告収入

（出所）　筆者作成

存のマスメディアでは，5つのエレメントはメディア企業により一体運営されて不可分であった。「テレビ」という単語を，受信機（デバイス）であったり，アーキテクチャーとしてのテレビ会社であったり，コンテンツとしてのテレビ番組なのか特定しないで用いることができていたのは，人々がテレビというメディアを一体として認識したからであろう。

　メディア分化とは，メディアを構成する5つのエレメントの組み合わせを視聴者が自由に変更したり，個々のエレメントだけを提供する企業が登場したりして，一体として運営されなくなる事象である。**図表 2 - 3**に，テレビと Facebook の例を挙げた。地上波で放送されたテレビを録画してタブレット端末で視聴し，同じタブレット端末で映画をオンデマンドで視聴したり，Facebook で知人とコミュニケーションしたりすることができる。

2 - 3．視聴者のメディア接触の変化

　メディア分化は，マスメディアによって情報を共有してきた大衆の存続基盤を揺らがすことになる。ネット経由で視聴者が接触するコンテンツは，選択的であったり，偏った情報であったりして，広く共有されている情報とは限らない。ネット経由で偏向した視点のニュースを選択的に読んでいると，その視聴履歴に基づいて推奨システムが偏った立場の主義・主張のニュースを推奨して

視聴者の満足度を高めようとする。やがて、反対の立場の意見があることにさえ気づかなくなる。田中他（2014）は近未来社会の予想として、人々が大衆社会の一員であることをやめ、接触頻度の高いメディアや似通った意見の人々とバーチャルな集団を作り、お互いの集団が緩やかにつながる社会（パーティションド・ソサイエティ）に移行する可能性を指摘している。

　社会学的に大衆が消失するということは、商業的には市場のニッチ化が進むことを示唆する。エンターテイメント・ビジネスではメディア企業がコングロマリット化して、スケールメリットを享受してきたが、昨今はこの競争優位が見られなくなっている。音楽市場ではメジャー・レーベルに所属していないインディーズのアーティストが台頭し、2016年まで6年連続してグラミー賞にノミネートされるアーティストの過半をインディーズが占める状況が続いている。メジャー・レーベルと契約し、メジャー・デビューすることがアーティスト活動の登竜門とされた商慣習が消えつつある。音楽の流通システムが、レコードやCDの物流からネットでのダウンロード配信、さらに定額配信へと移行し、大規模なプロモーションを必要としない市場に変化したことが背景にある。視聴履歴に基づく推奨システムは、視聴者の選好の多様化を促進して市場のニッチ化を進めるエンジンの役割も果たしている。

　若者のテレビ離れが進んでいる要因として、石田他（2013）はさまざまなメディア接触時間のコウホート分析を行い（**図表2-4**）、米国の同様の研究であるMares & Woodard（2006）と比較したうえで、メディア接触の選好には、若年時のメディア普及体験が、メディア接触の選好に影響する（刷り込み効果：Imprinting）があることを示した。図表2-4-1から図表2-4-4は、石田他（2013）によるテレビ視聴時間のコウホート分析の結果である。

　図表2-4-3の通りテレビ視聴の時代効果に大きな変化はなく、変動幅としては図表2-4-1の世代効果が大きいとわかる。すなわち、テレビ離れの要因を時代の変化と捉えるよりも、テレビ視聴が好きな世代が高齢化したと捉えるべきである。テレビの日本における普及期は1960年代なので、メディアが普及した時代に育った世代がそのメディアを好む傾向があると解釈できる。若い時期は、批判的に物事を捉える知識や人生経験に乏しく、素直に環境に順応する時期でもあるため、他の世代より新しいメディアに馴染みやすいと考えられる。

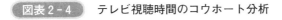

図表2-4　テレビ視聴時間のコウホート分析

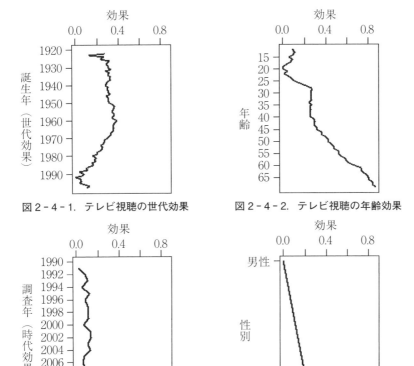

図2-4-1．テレビ視聴の世代効果

図2-4-2．テレビ視聴の年齢効果

図2-4-3．テレビ視聴の時代効果

図2-4-4．テレビ視聴の性別効果

（出所）石田他（2013）

　また，年齢を重ねるとすでに見知ったメディアがあるので，新しいメディアに乗り換えるコストが生まれる。Mares & Woodard（2006）の米国のコウホート分析結果によると，テレビ視聴の世代効果のピークは日本より10年早く，米国のテレビ普及が日本より10年早いことに整合している。図表2-4-1を見ると，1960年代に誕生した以降の世代効果は緩やかに減少しているので，テレビ離れは60年間に及ぶ長期トレンドと捉えることができる。石田他（2013）は，新聞・ラジオ・インターネットについても同様にコウホート分析を行い，各メ

ディアの普及期の誕生世代が，それぞれのメディアを最も好む世代効果をもつことを示した。これらの知見から，今後ともメディア選好において世代効果が大きな役割を果たし，若い世代が既存マスメディアよりネットメディアを好む長期トレンドが継続すると推測できる。

世代効果はメディア接触だけでなく，広告に対する態度にも及んでいる。「CMをよく見る」「インターネットで広告をよく見る」といった，異なるメディアの広告受容の世代効果を分析した石田他（2013）によると，**図表２-５**の通り，広告受容の世代効果は1960年代生まれで最大となり，広告が出稿されるメディアの違いによる差異は見られない。「広告は買物をする際に大いに役立っている」（図表２-５の凡例「買い物」）も同じ形状についても同じ形状となった。

1960年代は，池田内閣の所得倍増計画期（1961年からの10年間）にあたる。東京オリンピック（1964年）がテレビの普及を後押しし，レナウンの「イエイエ」や富士ゼロックスの「モーレツからビューティフルへ」といった広告が文化として社会に浸透し，広告が提案するライフスタイルや「消費は美徳」という価

図表２-５ メディア別の広告受容の世代効果

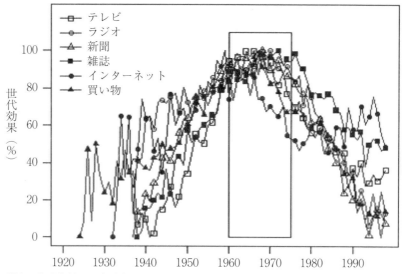

（注）各世代効果の変動を100％としてグラフのスケールを表示。
（出所）石田他（2013）

値観が広く受け入れられた時代である。また，テレビの提案する文化に対して一億総白痴化（大宅壮一）といった批判がなされ，子供たちに対するCMの浸透力が社会問題化し，日本民間放送連盟によるCMの放送基準の見直し（1960年〜1963年）が行われた時代でもある。このように，1960年代に生まれた世代は広告文化が社会に浸透した時代に幼少期を過ごしたことで，広告は買物をする際に大いに役立つ，という意識が最も強い世代になったと解釈できる。1960年代は特異な時代であったかもしれないが，その時代の特徴は世代効果として今日にも残っている。

　広告を受容する世代の高齢化が進み，広告手法も変化していくことが求められている。Wind & Hays（2016）は，視聴者のメディア接触が多様化する変化に対応し，多様なメディア接触（タッチポイント）を活用する新たな広告手法の提言を行っている。具体的には口コミの活用や，企業と消費者が協創する関係の構築などである。また，ユーザー・イノベーションのように直接的に消費者のアイデアを取り組む制作方法の他に，視聴者の行動履歴を分析し，視聴者が好むコンテンツを新た制作して推奨する，ビッグデータを活用した新商品開発手法も注目されている。例えば，NETFLIX社はビデオ・オン・ディマンドの視聴履歴の分析を活用し，視聴者が好む脚本や俳優を評価して人気テレビドラマシリーズのHouse of Cardsを制作して2013年のエミー賞を受賞した。同様に，Amazon社はテレビコメディシリーズのTransparentを制作してヒットし，2015年のゴールデン・グローブ賞を受賞した。**図表2-6**の通り，視聴履歴から新商品開発をするプロセスは，バリュー・チェーンにおいて付加価値の高い下流から上流のビジネスをつなげて還流させるエコシステムである。視聴履歴を活用するメディアのビジネスは，流通における競争優位に立脚してきた従来のメディア企業とは異なる競争優位を築きつつある。

　図表2-7に，メディア企業のビジネスの変化をまとめた。従来のメディア企業のビジネスが，コンテンツを記録したメディアの流通であったのに対し，コンテンツをネット配信する新たなメディア企業によるビジネスは，視聴履歴に基づく推奨と新商品開発によるコンテンツ配信である。大規模な行動履歴データを用いた推奨や新商品開発の企画といった分析・推論システムは，人工知能を活用するインダストリー4.0（第4次産業革命）としても注目されている。

図表 2-6 視聴履歴を用いた新商品開発とバリュー・チェーン

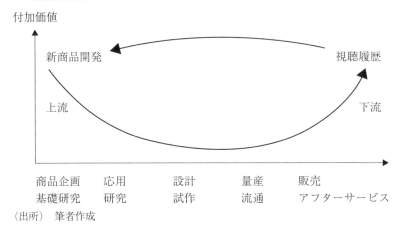

(出所) 筆者作成

図表 2-7 メディア企業の変化

	従来のメディア企業	新たなメディア企業
ビジネス	メディアの流通	コンテンツのネット配信
競争優位の源泉	大資本によるプロモーションと流通システムのマネジメント。制作者の発掘と育成，編集・キュレーション。	視聴履歴（ビッグデータ）の蓄積と人工知能を用いた，視聴履歴に基づく推奨と新商品開発。
企業	映画配給会社 レコードレーベル 書籍取次，流通企業	Spotify, Amazon, Netflix

(出所) 筆者作成

2-4．コンテンツの2極化―リッチ・コンテンツとライト・コンテンツ

 映画やテレビドラマの制作は，多くの制作コストと時間を要するリスクの高いビジネスである。Amazon社やNetflix社がリスクの高い制作ビジネスに進出できた要因として，ビデオ・オン・ディマンドの既存ビジネスで視聴履歴を蓄積し，高度な推奨システムを構築して視聴者の選好を評価する手法に長けて

いたことがある。この番組を観たいと思わせるキラー・コンテンツを自ら制作して囲い込めれば，ケーブルテレビ会社やテレビ番組を制作するテレビ局との競争を優位に進めることができる。

　新たなメディア企業が良質なコンテンツ制作に着手する一方，YouTubeなどの動画共有サイトに自作コンテンツを投稿し，閲覧する人々がいる。**図表2-8**および**図表2-9**の通り，便宜的にリッチ・コンテンツとライト・コンテンツと呼称する。リッチ・コンテンツは，映画やテレビ番組など不特定多数をターゲットとして企業が制作する高品位のコンテンツである。ライト・コンテンツは，少人数のターゲットを想定して自発的な個人や交友関係に基づくグループやネット・コミュニティで協力して制作し，動画共有サイトに投稿される比較的手軽に制作される作品である。本研究は，ライト・コンテンツを扱う。

図表2-8　リッチ・コンテンツとライト・コンテンツ

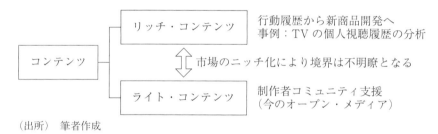

（出所）　筆者作成

図表2-9　リッチ・コンテントとライト・コンテンツの比較

	リッチ・コンテンツ	ライト・コンテンツ
制作者	企業	個人，交友関係に基づくグループ，ネット・コミュニティ。
コンテンツの特徴	多数のターゲットに対して少量制作し，高品位である。	特定の少人数ターゲットに対して大量に制作し，瞬時に消費される。
制作費用	高い	安い
新たな研究フレーム	視聴履歴を用いた新商品開発，消費者行動理論	制作者支援 動機づけ理論

（出所）　筆者作成

ライト・コンテンツの制作は個人の活動であり，マーケティングの操作変数ではない。マーケッターがすべきことは，コンテンツ制作者の支援であり，制作コミュニティの活性化であろう。

2-5．ライト・コンテンツの制作コミュニティに関する議論

ユーザー・コミュニティ（消費者コミュニティ）やブランド・コミュニティが，消費者のロイヤルティを高め，価値共創を促す場として注目されている。Muniz & O'guinn（2001）は，特定のブランドファンが自発的に集まる複数のコミュニティの事例を紹介し，これらのコミュニティは地域社会を成立させる仲間意識，儀式と伝統，倫理的責任という3つの性質を持っていることを確認し，ブランド・コミュニティの特徴づけを行って，企業へのロイヤルティ形成への効果を示している。ブランド・コミュニティには，メンバーが直接接触するリアルなものと，ネット上でコミュニケーションするバーチャルな2つのタイプがある。金森（2009）は，ネット・コミュニティの利用や参加目的として，商品購入時の参考情報や口コミなどの評価情報の入手を目的とする「手段的」な目的と，ネット・コミュニティでのコミュニケーション自体を楽しむという「即自的」な目的と，商品の新しい使い方を提言するなどの「創造的」目的の3類型があると示している。また，ブランド・コミュニティには，Muniz & O'guinn（2001）が紹介した消費者が自発的に集まったものと，企業が積極的に関わるものがある。ネット・コミュニティでは，企業が直接参加しなくても，ソーシャルメディアなどで発言コメントを収集してソーシャル・リスニングに活用できる。したがって，企業が積極的に関わらない場合でも，ネット上にブランド・コミュニティが形成され，活性化することが企業の役に立つ。企業がブランド・コミュニティに直接参加している場合は，新商品開発の企画やアドバイスを消費者に聞き，ユーザー・イノベーションの場として活用できる（松井，2015）。ユーザー・イノベーション研究では，von Hippel（2005）を中心に，リード・ユーザーと呼ばれる先端的なメンバーが主導して製品開発を進めるさまざまな事例が報告されている。対象商品は消費財から産業財まで幅広い商品に及ぶ。片野・石田（2015）は，コンテンツ制作のコミュニティが，コンテンツ制作だけでなくコンテンツ制作のソフトを開発し，市販のアプリケーション

の商品属性に類似したパッケージにして流通させている事例を紹介している。有形財と異なり，専門的な知識があれば生産設備への投資が比較的少ない無形のコンテンツ制作は，ユーザー・イノベーションが起きやすい分野である（濱野，2012）。エンターテイメントのコンテンツ・ビジネスは，物理的なメディアである新聞やレコードや映画のフィルムを流通させるのに大規模なプロモーションやサプライ・チェーンの維持を必要とし，ニッチ市場が形成されづらく，メジャーなレコードレーベルや映画配給会社を中心とするコングロマリット企業が支配的な業界であった（Vogel, 2010）。ネット配信や電子書籍など流通の仕組みそのものが大きく変容するにつれ，大企業との契約を前提とした制作者の囲い込みやコンテンツ制作手法の見直しが求められている。創造的コミュニティには企業による支援プログラムがないので，互助による参加者のコラボレーションが新しい価値創造に有効とされている（金森，2012）。コラボレーションの場としてのコミュニティでは，特定のリード・ユーザーを発掘したり，依存したりする必要がなく，価値共創を促すユーザー・イノベーションの基盤としての活用が注目されている（小川，2013）。また，西川・本條（2011）は，ネット・コミュニティを利用し，不特定多数の消費者が製品開発に参加するクラウド・ソーシングの有用性を示している。企業は自身が抱えるさまざまな問題を解決するため，ネットを通じてコミュニティのユーザーに解決策や予測を求めることができる。武田（2011, 2015）は，企業が運営するユーザー・コミュニティを，情報交換または関係構築を求めるという評価軸と，実名で活動する現実生活か匿名で価値観を共有する発話空間という2つの軸で分類し，発展段階として「関係構築×匿名で価値観を共有する」コミュニティが最初にあると位置づけている。

2-6．動機づけ理論

日本で代表的な創造的コミュニティ・サイトとして，ニコニコ動画（株式会社ドワンゴ運営）がある。ニコニコ動画に投稿される音楽作品を制作する歌声ソフトを販売するクリプトン社はpiaproという制作支援サイトを運営し，多数のコラボレーション作品の投稿を集めている。また，このサイトにはコラボレーション活動を支援する機能がある。コラボレーションは教育心理学におけ

る協調学習（Collaborative Learning）として，他者との関わりの中で自発的な活動を促す共同制作の場と解釈できる。協調学習，あるいは建設的相互作用（三宅・三宅，2014）では，人が共通の学習目的を持ち，互いの考えを説明する過程を通して学習する。自己の考えを上手く相手に説明し伝えるには，自分に問い直す過程が必要となり，学習が深まり創造的な発見に至る可能性もある。学習に対する初期の基本的な動機は，アーティストに憧れて音楽を勉強したいと思うように，好きという心理が学習を促し，学ぶこと自体を目的とする内発的動機である（長沼，2004）。しかし，学習時間を確保し，忍耐強く知識を習得し続けるには，内発的動機だけでは十分でない。Bandura（1997）は学習を継続させる能力として，自己効力（self-efficacy）の概念を提唱した。自己効力は，学習を継続して成果を出せるという自己の能力への信頼感であり，取り組んでいる活動に強い興味を持って困難があっても克服できると信じて努力し続ける習慣的な確信である。内発的な動機が自己効力の端緒となり，他者からの評価により強化される。このため，自己効力の高い人は学習や職業的スキルの習得に優れる。協調学習は，他者からの評価を通して自己の能力をモニタリングし，自信を深める場となる。また，学習を通して成果を生み出す手本としてのロールモデルに接する場でもあり，自己効力を高める効果がある。

3．仮説と調査設計

本研究では，歌声ソフトを利用した作品の制作者を調査対象とする。歌声ソフトを用いた楽曲は，2010年の大手カラオケ企業の年間ランキング上位10作品の半分を占めるほどに商用コンテンツとして浸透しており（柴，2014），音楽作品の制作には創造性が求められるという点においても，研究目的に適した対象である。

3-1．仮　説

歌声ソフトを利用した作品のコラボ活動の場である piapro（http://www.piapro.jp/）から取得した全投稿作品65万802件（2013年10月21日時点）と，制作者・コラボグループに関する定量的分析，およびグループ構成員数が多いコ

図表 2-10　コラボ活動の動機の仮説モデル

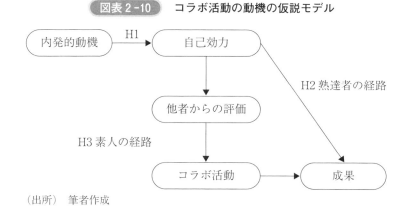

（出所）　筆者作成

ラボグループの募集コメントを筆者が読んで得た知見から，次の仮説を設計した（石田他，2014，片野・石田，2015）。仮説の制作熟達者と素人は，コンテンツ制作ノウハウの学習進度を示す指標として，本研究で独自に用いる用語である。具体的な指標の評価基準として，芸術的な創造性，制作技術，作品の視聴者数などさまざまな側面を議論する必要がある。しかし，本研究の主たる目的は，コミュニティの活性化支援としてのコラボ活動の効果の検証にある。まずは単純な指標として投稿作品数を学習進度の指標にして，**図表2-10**の通り以下の仮説の真偽を検証する。

> H 1：内発的動機が自己効力を高める。
> H 2：制作熟達者は素人に比べ，自己効力の高さが直接的に成果の要因となりやすい。
> H 3：制作素人は熟達者に比べ，他者からの評価を期待してのコラボ活動が成果の要因となりやすい。

3-2．調査設計

仮説の各要因の構成概念を測定する質問文として，教育心理学の動機づけ理論を踏まえ（三宅・三宅，2014，長沼，2004），**図表2-11**と**図表2-12**の通り

とする。調査は，質問紙形式のインターネット調査により，2014年9月19日から21日の期間で行った。あらかじめ調査会社のモニターに対し，調査条件を満たすサンプルの出現率を調べてサンプル数を決定し，5万人に対して歌声ソフトで楽曲を創作して投稿・公開した39歳以下の条件で回答を求めた，有効回答500サンプルを得た。

図表2-11　動機づけに関する質問項目

因子	略名	質問文
内発的価値	創作好き	音楽作品を創ることが好きである。
	創作大切	音楽作品を創ることは，私にとって大切である。
	創作自分表現	音楽作品を創ることは，私らしさの表現である。
自己効力感	創作力高い	音楽作品を創る能力が高いほうだと思う。
	努力意向	良い音楽作品を創るための努力は惜しまない。
	将来の高評価確信	将来，皆から評価される作品を創れるようになると思う。
	多忙克服確信	学業や仕事のため創作する時間が少なくなっても，創作活動をやめないと思う。
他者から評価	フォロー感謝	自分の投稿作品へのフォローやコメントがあると投稿して良かったと思う。
	フォローは創作意欲	自分の投稿作品へのフォローやコメントが創作意欲へとつながる。
コラボ活動	自作からリンク	自分の投稿作品に対して他の動画閲覧などのサイトへリンクを貼るほうである。
	コラボ参加	作品の共同創作グループに参加したことがある。
	コラボ作品	自分が参加する共同創作グループから作品が創作されたことがある。

（出所）　筆者作成

図表2-12 成果に関する質問項目

因子	略名	質問文
金銭的成果	楽曲販売収入	自分の作品投稿で楽曲の販売での収入があった
	関連収入	自分の作品投稿で楽曲のライブ開催やコンテンツ商品（カラオケ，イラスト，商品など）での収入があった
	閲覧収入	自分の作品投稿で所属するコミュニティやチャネルから収入があった
	ビジネスチャンス	自分の作品投稿を通して企業や自治体等とのビジネスチャンスが生まれた
非金銭的成果	自作品再生数	自分の投稿作品の閲覧数や再生回数が増えた
	共同作品再生数	他人と共同で創作した投稿作品の閲覧数や再生回数が増えた
	交流拡大	自分の作品投稿を通して仲間や交流関係が広がった

（出所）　筆者作成

4．分析結果

　仮説の構成概念に関する，クロンバックのα信頼性係数を**図表2-13**にまとめた。「他者からの評価」の信頼性係数が0.77と最も低いが，その他はすべて0.8以上となった。

　制作の習熟度による差異を分析するため，投稿作品数の分布を求め，サンプルを2分する基準として投稿作品が3作品以下の277サンプルを便宜的に素人とし，4作品以上を投稿している223サンプルを熟達者のグループとした。図表2-13の仮説モデルに従い，この2グループで多母集団の共分散構造分析を行い，**図表2-14**と**図表2-15**の結果を得た。両図には構成概念の因子のみを示し，観測変数と誤差項を省略して表示している。図表2-14の素人グループの「自己効力」から「金銭的成果」へ至る破線で示したパス係数の有意確率は2.6%

図表2-13　クロンバックのα信頼性係数

因子名称	質問数	信頼性係数
内発的価値	3	0.84
自己効力感	4	0.81
他者からの評価	2	0.77
コラボ活動	3	0.83
金銭的成果	4	0.93
非金銭的成果	3	0.85

（出所）　筆者作成

図表2-14　多母集団分析の結果―素人グループ

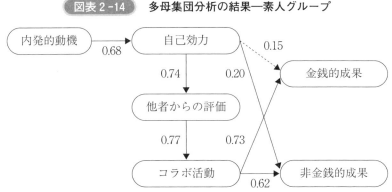

（出所）　筆者作成

であり，その他の実線で示したパス係数は0.1％水準で有意となった。適合度は GFI＝0.877，AGFI＝0.846，CFI＝0.937，RMSEA＝0.049となり，GFIとAGFIの指標は低いながら，RMSEAは0.05未満と良好な水準となり，CFIも0.9以上と妥当な水準となった（朝野他，2005）。

　仮説H1に相当する内発的動機から自己効力のパス係数は，素人と熟達者ともプラスに有意であり，仮説H1は支持される。**図表2-16**に，グループ別の自己効力から金銭的成果と非金銭的成果に至るパスの直接効果と間接効果を示した。図表2-16の通り，素人は熟達者に比べてコラボを経由して自己効力から成果へ至る間接効果が直接効果より約3倍大きく，また，その逆についても

図表2-15 多母集団分析の結果—熟達者グループ

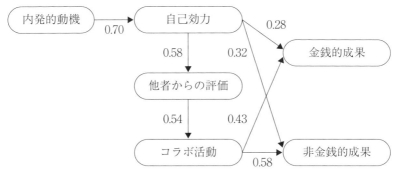

観測変数と誤差項は図から省略　実線のパスは0.1％水準で有意
図中の値は標準化係数
適合度　GFI＝0.877，AGFI＝0.846，CFI＝0.937，RMSEA＝0.049
グループの定義　　素人　：投稿作品数3以下：277人
　　　　　　　　　熟達者：投稿作品数4以上：223人
（出所）　筆者作成

図表2-16 自己効力から成果への直接効果と間接効果（標準化係数に基づく）

	自己効力→金銭的成果		自己効力→非金銭的成果	
	素人	熟達者	素人	熟達者
直接的効果	0.15	0.28	0.20	0.32
間接的効果（コラボ経由）	0.36	0.13	0.42	0.18

（出所）　筆者作成

約2倍の差異を確認できるため，仮説H2と仮説H3ともに支持される。2グループの個々のパス係数の差の検定については，5％水準で有意にならなかった。

5．おわりに

　分析の結果，提示した3つの仮説を肯定的に確認できた。最初は音楽を好きだ，制作活動が好きだと思う内発的動機をきっかけとしてコンテンツ制作に取

り組むが，制作ノウハウが未熟な初期段階では，他者に教えてもらう必要がある。また，せっかく制作しても，他者に視聴して評価してもらえなければ励みとならず，多大な時間と努力を要する制作活動を続けていくことは難しいだろう。そこで，制作経験者と共同制作することによりノウハウが習得できるし，また，作詞・作曲・編曲・動画・歌唱の役割分担もできる。コラボ活動の募集ページの紹介欄を読むと，「一緒にノウハウを習得しましょう」，「絵師（イラストレーター）・楽師（作曲者）歓迎」といった記述が多い。自発的なコンテンツ投稿・視聴サイトとはいえ，視聴されるためにイラストで注目を集め，プロモーションビデオのように動画がセットになっている完成度の高い作品を制作者は目指している。このため，制作経験の浅いユーザーは，コラボ活動をする利点が大きい。そして，制作ノウハウの習得が進めば，一部のユーザーはコラボ活動における学習効果の利点が薄れ，自己効力を高めて個人で制作活動を続ける自信を深めるために，仮説の通り，制作経験によりコラボ活動の必要性に差異が生まれると解釈できる。

　自己効力から成果に至るパスの，間接効果と直接効果の水準に2倍から3倍の差異を確認できた一方で，熟達者と素人と2グループの各パス係数について有意な差を示せなかった。この点については，歌声ソフト利用者のサンプル数の少なさを要因の1つと考える。全体で500サンプルあるが，多母集団分析のためグループに分割しているので，リサーチデザインの段階でより多くのサンプル数を集める必要性を見通すべきであった。試算として，同じ共分散構造を観測してサンプル数が2倍であったと仮定すると，コラボ活動から非金銭的成果へ至るパス以外は両側5％水準で有意な差となる。これまで新商品開発など創造的な制作活動の支援策や管理手法については，個別のケースに依存する要因が大きく，定量分析に沿わない研究テーマであった。新商品開発の成否は，個別企業の内部と外部の環境や，開発担当者の個体差の影響が大きく，統計的に検証し，組織的に支援しづらいテーマであった（高井，1995）。しかし，創造的目的のコミュニティ活動が浸透すれば，制作経験者が増え，定量的な調査研究のためのサンプル数確保が容易になる。本調査では，5万サンプルに対して歌声ソフトを用いて投稿した経験のあるサンプルが1％存在した。歌声ソフトの使用に習熟が必要であることを勘案すれば，コンテンツ制作のすそ野が広

がっていることがわかる。自発的なコンテンツ制作者の意識や行動における定量的な知見を見出す研究が，次第に身近になっていくと考える。

　投稿作品数で2グループを定める基準について議論の余地がある。同じメロディーのバージョン違いの作品を多数投稿する制作者もいるので，投稿作品の数量だけを基準としては，習熟度を十分に捉えられないと考える。制作を開始してからの期間や制作ノウハウなど，より多面的に制作者としての発展段階を捉える評価が望ましい。グループ・インタビューなどの手法により，制作者の発展段階の自己認識について理解を深め，コラボ活動の支援を必要とする程度を直接的に捉える指標を精緻化することが今後の課題である。また，視聴者による作品の評価や，ネット・コミュニティを支援する立場にあるサイト運営者の作品評価基準にも配慮するべきであろう。動画投稿サイトでは再生数が主要な評価基準であるが，お気に入り（マイリスト）として継続視聴されることも重要である。テレビドラマの場合でも同様に，視聴率だけでなく継続して視聴される指標の重要性が指摘されている（岩崎・小川，2008a & 2008b）。制作者が自己の制作能力をどのようにモニタリングしているか理解を深め，同時に，コミュニティの運営者の立場として有用な作品評価の指標を明らかにすることが，新たな支援策を議論するために不可欠と考える。

　本研究の成果として，ネット上のコラボを仮想的な協調学習の場と解釈し，制作経験の浅いユーザーの制作支援として，コラボの場の提供が有効であることを動機づけ理論に基づいて示した。また，制作熟達者は素人に比べてコラボ活動支援の有効性が劣り，コラボ活動のみを創造的コミュニティの支援策とすることに限界があることもわかった。今後，コラボ以外の支援策を開発し，学習の進度に応じた支援メニューの提言を検討したい。本研究成果が，コンテンツ制作だけでなく，消費財などの創造的コミュニティにも示唆となることを期待する。

参考文献

Bandura, A. (1997). *Self-efficacy : The Exercise of Control*. New York : Freeman.
Garfield, Bob (2009). '*The chaos scenario*.' Stielstra Publishing, 2009.（訳『カオス・シナリオーマスメディア崩壊が生み出すネットビジネスの新たなる金脈』ダイレクト出版，

2012.）
Eliashberg, J., Elberse, A., & Leenders, M.A. (2006). The motion picture industry: Critical issues in practice, current research, and new research directions. *Marketing science*, 25(6), 638-661.
Keller, Ed, & Brad Fay (2012). *The face-to-face book: Why real relationships rule in a digital marketplace*. Simon and Schuster.
Mares, M.L., & Woodard IV, E.H. (2006). In search of the older audience: Adult age differences in television viewing. *Journal of Broadcasting & Electronic Media*, 50(4), 595-614.
Muniz Jr, Albert M., & Thomas C. O'guinn (2001). Brand community. *Journal of consumer research*, 27(4), 412-432.
Vogel, Harold L. (2010). *Entertainment industry economics: A guide for financial analysis*. Cambridge University Press.（助川たかね訳『ハロルド・ヴォーゲルのエンタテインメント・ビジネス—その産業構造と経済・金融・マーケティング』慶應義塾大学出版会, 2013年）.
Von Hippel, Eric (2005). *Democratizing Innovation*, The MIT Press.（サイコム・インターナショナル訳『民主化するイノベーションの時代』ファーストプレス，2006年）
Wind, Yoran. J., & Hays, Catharine. F. (2016). *Beyond Advertising: Creating Value Through All Customer Touchpoints*. John Wiley & Sons.

朝野煕彦・鈴木督久・小島隆矢（2005）『入門　共分散構造分析の実際』，講談社。
石田　実・田中　洋・鈴木　暁（2013）「メディア接触のコウホート効果に関する研究」（『日本マーケティング学会，2013年11月プロシーディングズ』34-41頁）
石田　実・田中　洋・片野浩一・矢本成恒（2014）「ユーザー・コミュニティによるコンテンツ制作の商業利用に関する研究」日本マーケティング・サイエンス学会　第95回研究大会プロジェクト報告 B6。
岩崎達也・小川孔輔（2008a）「テレビ番組のプログラム価値マップ（上）」（『日経広告研究所所報』，240，18-24頁）
─────────（2008b）「テレビ番組のプログラム価値マップ（下）」（『日経広告研究所所報』，241，25-31頁）
NHK 放送文化研究所（2011）『2010年国民生活時間調査報告書』。
小川　進（2013）『ユーザーイノベーション　消費者から始まるものづくりの未来』東洋経済新報社。
片野浩一・石田　実（2015）「ユーザー・コミュニティ創発の創作ネットワークに関する研究」，（『季刊マーケティングジャーナル』34(4)，88-107頁）
金森　剛（2009）『ネット・コミュニティの本質』白桃書房。
佐藤卓己（1998）『現代メディア史』岩波書店。
佐々木紀彦（2013）『5年後，メディアは稼げるか──Monetize or Die?』，東洋経済新報社。
柴　那典（2014）『初音ミクはなぜ世界を変えたのか？』太田出版。
高井紳二（1995）「ヒット商品開発の論理可能性─企画開発の論理とマーケティングの論理─」（『BUSINESS INSIGHT』，3(3)，46-63頁）

武田　隆（2011）『ソーシャルメディア進化論』ダイヤモンド社。
――――（2015）「消費者コミュニティとコ・クリエーション」（『季刊マーケティングジャーナル』34(3)，28-45頁）
田中　洋・石崎　徹・竹内淑恵・澁谷　覚・石田　実（2014）「2020年のメディアとコミュニケーション」（『AD STUDIES 特集号，未来がつくる広告2020』，6 -21頁）
長沼君主（2004）「自律的と関係性からみた内発的動機づけ研究」（上淵寿編『動機づけ研究の最前線』北大路書房，30-87頁）
西川英彦・本條晴一郎（2011）「多様性のマネジメント～無印良品のクラウドソーシング～」（『季刊マーケティングジャーナル』30(3)，35-49頁）
濱野智史（2012）「ニコニコ動画はいかなる点で特異なのか」（『情報処理学会』53(5)，489-494頁）
松井　淳（2015）「「産」カルビーじゃがり校の事例」日本マーケティング学会カンファレンス，ユーザー・イノベーション研究会報告。
水越　伸（2014）『21世紀メディア論』放送大学教育振興会。
三宅芳雄・三宅なほみ（2014）『教育心理学概論』放送大学教育振興会。
吉見俊哉（2004）『メディア文化論』有斐閣アルマ。

（石田　実）

第3章

マルチチャネル顧客の優良性
―複数チャネルの利用頻度に基づく比較―

◆

1. はじめに

　企業のマルチチャネル化およびマルチチャネルリテーリングが進んでいる。マルチチャネル化とは，企業が1つ以上の販売チャネルを通じて商品やサービスを提供することであり，マルチチャネルリテーリングとは，それに関連するマーケティング活動のことである（Zhang et al., 2010）。例えば国内においてもカタログを中心にビジネスを展開している通信販売企業が実店舗を開設する，あるいは実店舗を唯一の販売チャネルとしていた企業がオンライン店舗を開設するといった動きが頻繁に見受けられるようになっている。

　マルチチャネル化の進展によって顧客のチャネル選択の幅は広がり，ショッピングに対する利便性は高まる。しかし，その一方で企業には新たな課題が生じることになる。すなわち，マルチチャネル顧客をいかに管理すべきかということである。Neslin & Shankar（2009）は，マルチチャネルに関する既存研究のレビューに基づいて企業が解決すべき課題として以下の項目を挙げている。

・マルチチャネル環境において，企業は顧客をどのように細分化すべきなのか
・マルチチャネル戦略とは効率性，セグメンテーション，顧客満足のいずれに関するものなのか
・企業は顧客のマルチチャネル利用を促進させるべきなのか
・マルチチャネルマーケティングは競争優位の源泉となりうるのか

・企業はいずれのチャネルを採用し，それぞれに対しどのように資源配分をなすべきなのか
・企業は顧客のライフサイクルを管理するためにどのようにチャネルを活用すべきなのか
・企業は顧客の検索行動をどのようにチャネルデザインに活用することができるのか
・企業は自らが望むとおりに顧客が特定のチャネルを利用するよう方向づけるべきなのか
・マルチチャネル戦略はマーケティングの効率性および有効性を高めうるのか
・企業はどのような組織構造をもつべきか
・企業はチャネル間で商品と価格をどのように調整すべきか
・企業は評価に必要な顧客に関する単一ビューを作成することができるのか
・企業は各チャネルの売上に対する貢献度をどのように判断するのか

　これらの課題については十分な解答を得られていないのというのが現状であるが，彼らは何よりもまず取り組むべきこととして，マルチチャネル顧客の分析と理解を指摘している。すなわち，どのような顧客が複数のチャネルを利用するのか，顧客はどのように複数のチャネルを使い分けているのか，マルチチャネル顧客は企業にどのように貢献しうるのかといったことを理解する必要があると述べている。
　本研究の目的は2つある。第1に，マルチチャネル顧客がシングルチャネル顧客よりも企業にとって金銭的価値が大きいことを示すことである。欧米の消費者を対象とした研究においてはマルチチャネル顧客の優良性が指摘されている。しかし，国内においては実務に携わる人々の実感としてそれが抱かれることはあっても研究としてはほとんどみられないのが現状である。第2に，マルチチャネル顧客を分類し，その購買特性を分析することである。本研究ではマルチチャネル顧客を，複数のチャネルを頻繁に切り替えて利用する顧客と，複数のチャネルを利用するがひとつのチャネルを比較的継続して利用する顧客に分けてその特性の違いについて分析する。マルチチャネル顧客の優良性につい

て検証する研究のほとんどは，チャネルの利用数によって顧客を分類し，比較を行っている。つまり，2つのチャネルを利用する顧客と3つのチャネルを利用する顧客を比較するというアプローチである。しかしながら，マルチチャネル顧客の中でも特定のチャネルを比較的継続して利用する者もいるであろうし，購買ごとにチャネルを変える顧客もいるかもしれない。本研究ではそうした違いによってマルチチャネル顧客を分類し，購買特性上の違いがあることを明らかにする。分析結果を先取りすると，マルチチャネル顧客のうち，チャネルを頻繁に切り替える顧客はそうではない顧客に比べて購買する商品カテゴリ数が多いことを示す。

　以下ではまず，企業のマルチチャネル化およびマルチチャネル顧客に関する既存研究をレビューし，マルチチャネル顧客は金銭的価値が高い顧客であり，シングルチャネル顧客とは異なる購買特性を有することを確認する。そしてこれらのレビューを通じていくつかの仮説を導出する。つづいてマルチチャネル企業の顧客データを用いて仮説の検証を行う。またここでは追加的に行った分析の結果も示す。そして最後にインプリケーションと今後の課題についてまとめる。

2．既存研究のレビューと仮説の導出

2-1．企業のマルチチャネル化の動機

　企業はなぜマルチチャネル化を図るのであろうか。Zhang et al.（2010）は3つの動機を挙げている。すなわち，第1が新しい市場への参入である。とりわけ実店舗が基盤となっている企業にとってはカタログやオンライン店舗を加えることで地理的な制約によってアプローチできなかった新しいターゲットを捉える機会となる。

　第2が顧客の満足とロイヤルティの獲得である。複数のチャネルを自由に利用することができるようになれば，顧客は時間・場所に制約されず購買ができる。オンライン店舗では売り切れていた商品を実店舗で入手するといったことや実店舗で買い忘れてしまった商品をオンライン店舗で購買するということも可能となる。さらにチャネル間の統合が進めば顧客のさまざまなニーズに応え

ることができる。例えば顧客はオンラインで購買した商品の実店舗での受け取り，オンラインで購買した商品の実店舗への返品，オンラインと実店舗での取引総額に応じたクーポンの提供といった活動を期待している（Keller, 2010）。既存研究においてもこうした企業のマルチチャネル活動は顧客の満足とロイヤルティを高めることが示されている（Wallace, Giese, & Johnson, 2004；Chatterjee, 2010）。

　第3に，戦略的優位性の獲得である。マルチチャネル企業は顧客の複雑な購買行動に関する情報の入手を可能にし，先に挙げたようなマルチチャネル活動に関してシームレスな顧客経験を提供する上での暗黙知を形成しやすい。

　このほかにも同一カテゴリ内に洗練された商品が多いことや企業が異質的な顧客に対して十分に対応していることなどが挙げられているが（Coelho & Easingwood, 2008；Kumar, 2010），多くの研究によって指摘されることはマルチチャネル顧客が企業にとって金銭的価値の大きな顧客であるということである。このことについては後ほど検討する。

2-2．顧客の複数チャネル利用に関連する要素

　顧客はどのような要因によって複数のチャネルを利用するようになるのであろうか。この点に関しては研究の蓄積が少ないこともあり，因果関係を強固に支持するような要因はないという指摘がある（Neslin et al., 2006）が，いくつかの研究がマルチチャネルショッピングに関連のある要素について検討している。

　Kumar & Venkatesan（2005）はマルチチャネル利用と関連ある要素を顧客側の要素と企業側の要素とに識別した上で，その関連の有無について検証している。その結果，顧客側の要素としては，企業への適度な返品や購買時以外の企業との接触がマルチチャネル利用と関連していることを見出している。適度な返品はロイヤルティの代理変数と捉えることができる。すなわち，企業へのロイヤルティが高い顧客ほど返品をしやすいということである。ただし，返品が多すぎるということは特定のチャネルでの購買に対してリスクを感じているということであり，マルチチャネル利用は抑制される。それに対し，適度な返品はむしろロイヤルティが高いゆえに起こりやすく，マルチチャネル利用も促

進されるということを意味している。つまり、マルチチャネル顧客はそもそも取引企業に対するロイヤルティが高いという指摘である。また企業側の要素としては、顧客と接触可能なチャネルの数および顧客との接触頻度が挙げられている。

顧客の心理的な特性に着目する研究もある。Konuş, Verhoef, & Neslin (2008) は、マルチチャネル利用に対する態度によって被験者を分類し、どのような要素が複数チャネルの利用に対する好意的な態度と関連が強いのかを探っている。検証の結果、複数の商品カテゴリにわたって関連が認められたのは被験者の革新性であった。また特定の商品カテゴリにおいては、価格感度やショッピングにおける楽しさがマルチチャネル利用への好意的な態度と関連があることを見出している。

Kwon & Jain (2009) は顧客が複数のチャネルを利用する動機に着目している。彼らはチャネルの利用動機を快楽的価値と機能的価値に分けた上でそれらと複数チャネルの利用との関連について検証し、次のような結果を導き出している。すなわち、快楽的価値に関するものとして顧客がもつ経験価値重視のショッピング傾向や衝動購買傾向といった要素が複数チャネルの利用と関連があること、また情報収集という機能的価値を重視する顧客は複数のチャネルを利用することに肯定的であることを明らかにしている。

2-3. マルチチャネル顧客の優良性

これまで多くの研究によってマルチチャネル顧客はシングルチャネル顧客よりも企業に多くの利益をもたらすことが指摘されてきた（レビューとしてNeslin & Shankar, 2009）。

コンピュータのハードウェアおよびソフトウェアの製造企業の顧客データベースを用いてマルチチャネル顧客とシングルチャネル顧客の比較を行ったKumar & Venkatesan (2005) では、セールスマン、電話、ダイレクトメール、オンライン店舗という4つのチャネルを利用している顧客の年間購買金額は、それらのいずれかひとつを利用する顧客の10倍以上になるという結果を提示している。

また、Thomas & Sullivan (2005) は、カタログ、オンライン店舗および実

店舗の3つのチャネルをもつ企業の顧客データを用いて比較を行っている。分析の結果，上記の3つのチャネルのうちのいずれか2つのチャネルを利用する顧客と3つ全てのチャネルを利用する顧客は，シングルチャネル顧客よりも購買金額や購買回数，購買個数，購買カテゴリ数が多いことを示している。また，彼らは利用するチャネルの組み合わせにも着目し，カタログを利用しないマルチチャネル顧客よりもカタログを利用する顧客のほうが購買金額は多いこと，また，2チャネル利用顧客は購買においてカタログを利用する限りにおいて3チャネル利用の顧客と同程度に価値があることを見出している。

Kushwaha & Shankar（2006）は，ダイレクトメール，実店舗，オンライン店舗の3つのチャネルをもつ企業について分析し，これらのうち2つのチャネルを利用する顧客は1つのチャネルのみを利用する顧客に比べて購買金額はおよそ2倍になること，また3つのチャネルを利用する顧客は1つのチャネルのみを利用する顧客に比して購買金額がおよそ3倍になることを示している。

大瀬良（2013）では，実店舗，カタログ，オンライン店舗の3つのチャネルを展開する企業の顧客を対象としてその購買特性を探っている。Thomas & Sullivan（2005）やKushwaha & Shankar（2006）と同様にチャネルの利用数（シングルチャネル顧客，2チャネル利用顧客，3チャネル利用顧客）に基づいて顧客を識別し，比較を行った結果，以下のことを見出している。すなわち，第1に，実店舗のみを利用する顧客は購買回数が多いものの，購買金額や購買個数，購買カテゴリ数があらゆる顧客分類の中で最も低いということである。第2に，シングルチャネル顧客よりも2チャネル顧客，2チャネル顧客よりも3チャネル顧客のほうが購買金額や購買個数，購買カテゴリ数は大きくなる傾向があるということである。

このほかにも，Venkatesan, Kumar, & Ravishanker（2007）やNoble, Shenkan, & Shi（2009）においてマルチチャネル顧客の優良性が指摘されている。

Kushwaha & Shankar（2013）はこれまでの研究が単一もしくは少数の商品カテゴリを対象にしたものに限られていたことを指摘しつつ，22の商品カテゴリにわたる顧客購買データを用いてカテゴリ横断的な検証を行っている。彼らは，制御焦点理論（Regulatory Focus Theory）を適用して商品カテゴリの特

性(機能的/快楽的および低知覚リスク/高知覚リスク)と顧客のチャネル選択について考察した上で,以下のような分析結果を得ている。すなわち,多くの商品カテゴリ,とりわけアパレルや化粧品のような快楽的な属性が強い商品カテゴリにおいてはシングルチャネル顧客よりもマルチチャネル顧客のほうが企業にもたらす金銭的価値は大きいが,ペット用品やオフィス用品のような機能的かつ知覚リスクの低い商品カテゴリにおいてはマルチチャネル顧客よりもシングルチャネル顧客のほうが金銭的価値は大きいという結果を見出している。

このように利用するチャネルの組み合わせや商品カテゴリによってはシングルチャネル顧客もマルチチャネル顧客と同様かそれ以上に企業に利益をもたらす場合があることが指摘されているが,多くの場合,マルチチャネル顧客は企業に対しより多くの利益をもたらすことが明らかとなっている。

前節において述べた通り,マルチチャネル顧客は新しい情報を求めており,企業の従業員との接触やオンラインでの情報収集についても積極的であるという特徴をもつ。また,ショッピング自体を楽しむ傾向があり,衝動購買をしやすい顧客でもある。一般に,購買意欲は新しい情報(刺激)に触れることで高まる。また,チャネルによって顧客が受け取る刺激の特徴は異なるであろう。

マルチチャネル顧客の優良性が高いのは,顧客自身の行動的・心理的な傾向と複数のチャネルを通じて受け取る多種多様な刺激が影響しているためであると考えられる。多くの研究は欧米の顧客を対象にしたものであるが,こうしたことは日本の顧客においても当てはまるであろう。これらを踏まえて以下の仮説を導出する。

> H1:マルチチャネル顧客の購買実績はシングルチャネル顧客のそれよりも高い

2-4.顧客によって異なるチャネル利用頻度

既存研究においてはマルチチャネル顧客を,特定企業との一定の取引期間において複数のチャネルを利用する顧客と捉え,その優良性を検証するにあたってはチャネルの利用数を用いてきた。例えば,先に挙げた Kumar &

Venkatesan (2005) では，チャネルの利用数を従属変数としてロジスティック回帰分析を行っている。同じく，Thomas & Sullivan (2005) や大瀬良 (2013) においても顧客をチャネルの利用数に基づいて顧客を分類し，それぞれの特徴について分析している。

シングルチャネル顧客とマルチチャネル顧客を分けるにはチャネルの利用数によるしかない。また，この方法は複数のチャネルの組み合わせを捉える際にも有効である。すなわち，顧客が実店舗，オンライン店舗，カタログなどのチャネルをどのような組み合わせで利用し，それによってどのような違いがあるのかといったことを理解する上で有効な分類方法である。

しかしながら，いまひとつ考慮しなければならないのは，顧客が複数のチャネルをどの程度の頻度および割合で利用しているのかということである。例えば，ある期間に顧客Aと顧客Bのそれぞれが同じ企業から10回商品を購買したとしよう。また，顧客Aはその一連の購買において初回のみ実店舗を利用し，残りの9回はオンライン店舗を利用したとしよう。他方，顧客Bは交互に実店舗とオンライン店舗を使い分けていたとしよう。こうした場合，チャネルの利用数のみによって顧客を分類すると顧客Aと顧客Bはともに2チャネル利用顧客となる。しかし，チャネルの利用頻度と割合は大きく異なるため，購買実績に関しては違いが生じる可能性がある。例えば顧客Aは，たまたま通りかかった実店舗で購買した後に利用するチャネルを完全にオンライン店舗へと移行させたのかもしれない。もしそうであるならば顧客Aは実質的にシングルチャネル顧客である。

本研究ではこの点に着目する。具体的には，マルチチャネル顧客を，複数のチャネルを比較的短期間で切り替える顧客と，ひとつのチャネルを比較的長期にわたって利用し続ける顧客に分けてその優良性について検証する。

短い間にチャネルを切り替える顧客は前述したマルチチャネル顧客の特徴を強くもっていると予想される。ショッピングに対して楽しみを感じる傾向があるため，複数のチャネルから異なる刺激に対しても好感をもって受け入れる可能性が高く，衝動購買も起こりやすいであろう。また，複数のチャネルを利用することによる利便性を最も感じている顧客であり，チャネル共通クーポンに代表される企業のさまざまなO2O（Online to Offline）施策からも利益を得る

機会が多いであろう。したがって企業へのロイヤルティも高いと推測される。これに対し，チャネルを連続して使い続ける傾向のある顧客は，シングルチャネル顧客に近い特徴を有していると予想される。頻繁にチャネルを変える顧客に比べれば行動はルーティン的であり，購買する商品も固定的であろう。以上の考察を踏まえて，次の仮説を導出する。

H2：マルチチャネル顧客の中でもチャネルを頻繁に切り替える顧客の購買実績は，チャネルをそれほど切り替えない顧客に比べて高い。

3．仮説の検証

3-1．データ

本研究では実店舗，カタログ，オンライン店舗の3つのチャネルを有する企業の顧客データベースを用いて仮説の検証を行う。対象とする商品カテゴリは化粧品および健康食品（サプリメント）である。これらの商品カテゴリはリピート購買がされやすく一定期間の顧客の購買を捉えるのに適している。また2つの商品カテゴリを同時に分析することにより顧客のクロス購買の影響についても推測が可能となる。

検証には2007年（12ヶ月）の顧客の購買データを用いた。その際，ロイヤルティが高い顧客は購買実績も高くなるため，スクリーニングを実施した。具体的には2004年から2007年に新規登録された顧客を対象とした。また，分析では顧客のリピート購買および複数チャネル利用を捉える必要があるため，対象期間において6回以上の購買がある顧客という条件を加えた。さらに企業へのヒアリングに基づいて，対象期間を通して20万円以上の購買がある顧客は対象外とした。最終的に分析対象となった顧客数は20万6,823人である。

3-2．指標と顧客の分類

すでに述べた通り，本研究ではマルチチャネル顧客が複数のチャネルをどの程度の頻度と割合で利用しているのかという点に着目する。そのため，対象と

なった顧客の購買履歴を用いて，一定期間に何回チャネルを変えたかを示す指標を作成し，各顧客に対して値を算出した。これを切替度と呼ぶことにする。切替度の定義は以下の通りである。

　　切替度＝12ヶ月間でチャネルを変えた回数／（12ヶ月間の購買回数－1）

　この定義からわかる通り，この値が高い人ほど複数のチャネルを満遍なく利用していることになる。例えば先の顧客Aについては，10回の購買の中でチャネルを交互に利用していることになるため，チャネルを変えた回数は9回となる。したがって，顧客Aの切替度は1となる。同様に顧客Bのそれは0.11となる。なお，シングルチャネル顧客の切替度は0となる。

　この指標の平均値に基づいてマルチチャネル顧客を切替度が高い顧客と低い顧客に分類した。顧客の割合は，シングルチャネル顧客79.2％，マルチチャネル顧客（切替度高）が11.2％，マルチチャネル顧客（切替度低）が9.6％である。

3-3．検　証

　統計的検定においては，サンプル数が多いと有意な結果が得られやすい。そのため，3つの顧客分類からそれぞれ200程度のサンプルを無作為に抽出し，検証に用いることとした。

　仮説1および仮説2を検証するため，3つの顧客分類を独立変数，購買1回当たりの金額，購買1回当たりの点数，購買1回当たりのカテゴリ数を従属変数とする多変量分散分析（MANOVA）およびTamhaneのT2法による多重比較を実施した。分析結果を示したのが**図表3-1**および**図表3-2**である。

　分析の結果，3つの顧客分類において購買実績に1％水準のもとで有意な差があることが示された（Wilksのラムダ＝0.912，$F=2.07$，$p=0.00$）。また，一変量分散分析の結果から，3つの購買実績（購買1回当たりの金額，購買1回当たりの個数，購買1回当たりのカテゴリ数）の全てについて1％水準で有意な差があることが示された（それぞれ，$F=17.73$，$p=0.00$；$F=15.45$，$p=0.00$；$F=26.7$，$p=0.00$）。また多重比較の結果，図表3-2に示した全ての関係について有意な差が示された。

　すなわち，シングルチャネル顧客はいずれのマルチチャネル顧客に対しても，

図表3-1 3つの顧客分類に基づく購買実績の比較（多変量分散分析および一変量分散部席の結果）

	シングルチャネル顧客 (n=200)		マルチチャネル顧客（切替度低）(n=244)		マルチチャネル顧客（切替度高）(n=216)		一変量分散分析	
	平均値	標準偏差	平均値	標準偏差	平均値	標準偏差	F値	有意確率
1回当たり購買金額	4,376	2,613	5,199	2,586	5,957	2918.529788	17.73	0.00
1回当たり購買点数	2.25	1.04	2.62	1.15	2.85	1.14	15.45	0.00
1回当たり購買カテゴリ数	1.34	0.78	1.57	0.86	1.95	0.94	26.70	0.00

Wilksのラムダ=0.912；F=2.07；p=0.00

図表3-2 3つの顧客分類に基づく購買実績の比較（多重比較の結果）

1回当たり購買金額	シングルチャネル顧客＜マルチチャネル顧客（切替度低）＜マルチチャネル顧客（切替度高）
1回当たり購買点数	シングルチャネル顧客＜マルチチャネル顧客（切替度低）＜マルチチャネル顧客（切替度高）
1回当たり購買カテゴリ数	シングルチャネル顧客＜マルチチャネル顧客（切替度低）＜マルチチャネル顧客（切替度高）

＊ TamhaneのT2法による
＊1回当たり個数におけるマルチチャネル顧客（切替度低）とマルチチャネル顧客（切替度高）：10％水準で有意
＊1回当たり購買金額におけるマルチチャネル顧客（切替度低）とマルチチャネル顧客（切替度高）：5％水準で有意
＊上記以外：1％水準で有意

金額，点数，カテゴリ数が少ないという結果が示された。このことから仮説1は支持された。またマルチチャネル顧客についても，切替度が高いマルチチャネル顧客のほうが，それが低いマルチチャネル顧客よりも購買実績は高いという結果が得られた。したがって仮説2も支持された。

シングルチャネル顧客における購買1回当たりの金額は平均4,376円であるのに対し，マルチチャネル顧客については，それぞれ5,199円，5,957円である。切替度の高いマルチチャネル顧客の購買金額はシングルチャネル顧客の1.36倍

に及ぶ。購買1回当たりの点数については，シングルチャネル顧客の平均が2.25であるのに対し，マルチチャネル顧客については，それぞれ2.62，2.85であった。切替度の高いマルチチャネル顧客はシングルチャネル顧客よりも平均して1.26倍ほど購買点数が多いことになる。さらに，購買1回当たりのカテゴリ数については，シングルチャネル顧客の平均が1.34であるのに対し，マルチチャネル顧客については，それぞれ1.57，1.95であった。つまり，切替度の高いマルチチャネル顧客はシングルチャネル顧客よりも平均して1.54倍ほど購買カテゴリ数が多いことになる。このことから，シングルチャネル顧客とマルチチャネル顧客との間で最も異なるのは，購買カテゴリ数であるといえる。

同様のことがマルチチャネル顧客の間でも確認できる。切替度の低いマルチチャネル顧客と切替度の高いマルチチャネル顧客について比較すると，購買金額について後者は前者の1.14倍，購買点数については1.08倍，購買カテゴリ数については1.24倍である。

3-4．追加分析

前節において，顧客が複数のチャネルを利用することと購買カテゴリ数の間には強い関連性があることが明らかとなった。この点について詳しく検討する。さきほどと同じ購買データを用いて，顧客の複数チャネル利用率と購買回数，購買カテゴリ数の関連を探る。

図表3-3は，顧客の年間の購買回数別に複数チャネル利用率を示したものである。例えば年に11回購買する全ての顧客のうち，1つ以上のチャネルを利用する顧客の割合は32％と最も高く，年に24回購買する顧客のそれは21％なっている。これを見る限り，購買回数が20回を超えるあたりからマルチチャネル利用率は減少している。

次に購買カテゴリ数との関連を探ってみる。**図表3-4**は年間の購買カテゴリ数と複数チャネル利用率の関連を示したものである。ここからは購買カテゴリ数が増えると複数チャネル利用率が増えていく様子がうかがえる。

最後に，購買カテゴリ数と購買回数を組み合わせて複数チャネル利用率の関係を探ってみる。**図表3-5**に示されるとおり，購買回数が増えても複数チャネル利用率はほとんど変わらないか減少傾向にあるのに対し，購買カテゴリ数

が増えるにつれて複数チャネル利用率は高まることがわかる。これらのことをあわせて考えると、顧客の複数チャネル利用と関連が強いのは購買回数ではなく、購買カテゴリ数であるといえる。

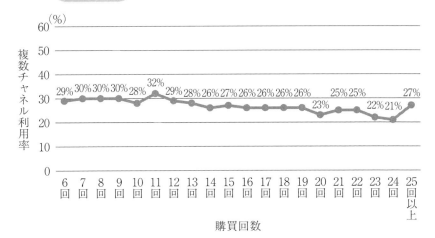

図表3-3　顧客の購買回数別にみたマルチチャネル利用率

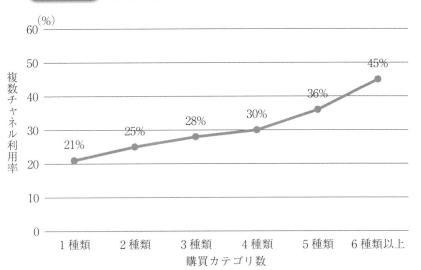

図表3-4　顧客の購買カテゴリ数別にみたマルチチャネル利用率

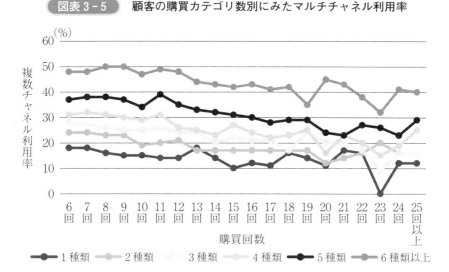

図表3-5 顧客の購買カテゴリ数別にみたマルチチャネル利用率

4．考察およびインプリケーション

　本研究ではマルチチャネル顧客の優良性について，顧客の異なるチャネルの利用頻度と割合に着目し，シングルチャネル顧客とマルチチャネル顧客の比較，またマルチチャネル顧客の中でも，複数のチャネルを偏りなく利用する顧客と特定のチャネルに偏って利用する顧客を識別し，その優良性について比較を行った。検証の結果，2つの仮説はともに支持された。すなわち，シングルチャネル顧客に比べてマルチチャネル顧客の優良性は高いこと，マルチチャネル顧客の中でも異なるチャネルを偏りなく利用する顧客の優良性が高いことが明らかとなった。さらに，本研究では3つの変数のうち購買カテゴリ数が複数チャネル利用に最も関連の強い要素であることを見出した。

　これらの結果を踏まえて顧客のチャネル利用について考察する。まずシングルチャネル顧客について考えてみよう。シングルチャネル顧客はチャネルの利用数がひとつに限られていること，購買カテゴリ数が少ないことから推測して，その購買行動がスキーマやスクリプトに支配されているといえよう。使用するチャネルや購買する商品，購買のタイミングは固定的である。そのため，シン

グルチャネル顧客へは異なるチャネルへ誘導する活動，関連購買を促す活動を展開することで新しい刺激を提供することの有効性が高いと思われる。

　次に，複数のチャネルを利用した経験があるにもかかわらず，特定のチャネルに利用が集中している顧客（切替度が低いマルチチャネル顧客）は，あるチャネルから別のチャネルへと利用するチャネルを変更した顧客であったり，基本的には利用するチャネルが決まっているが何かをきっかけにして別のチャネルをそのときだけ利用するといった顧客である可能性が高い。シングルチャネル顧客に比べて購買金額や購買点数が大きいという発見事実を踏まえると，こうした顧客は企業や商品についてはある程度満足しているであろうが，チャネルについては何らかの不満や不便を感じていると推測される。特定のチャネルに対しどのような不満を抱えているのか，何をきっかけにして普段とは異なるチャネルを利用するのかということについては詳細に分析する必要があるが，ある程度のロイヤルティが形成されており，企業のマーケティング活動に対しては好意的な反応を示すことが期待される。したがって，こうした顧客にはチャネルの魅力を訴求することが有効であろう。具体的にはチャネルの統合の程度を高め，その利便性を積極的に訴求することで購買意欲を刺激するといったことが考えられよう。

　最後に，複数のチャネルを偏りなく利用する顧客（切替度の高いマルチチャネル顧客）に関しては，その維持が重要となる。3-4において明らかとなったように，購買経験が増えるにつれて，複数チャネル利用率は減少する傾向がある。このことを踏まえると，ある時点においてマルチチャネル顧客であったとしても購買経験を重ねる中で利用するチャネルを絞り込み，結果的にシングルチャネル顧客になっていく可能性がある。チャネルを絞り込む際に購買するカテゴリの数も減少するのかどうかは検証する必要があるが，こうした顧客は情報収集に積極的で，新規性を高く評価するため，他の顧客に先駆けた新商品の販売やサンプル提供によってその維持を図ることができるであろう。

　いずれの顧客に対してもチャネル利用のトライアル段階において上記のような活動を展開することが重要である。時系列データを用いて顧客のチャネル選択の変化について検証したValentini, Montaguti & Neslin（2011）によれば，チャネルのポストトライアル段階においては，顧客はチャネル選好に強く支配

され，企業のマーケティング活動への反応も低下するという。顧客のチャネル利用については定期的に確認していくことが必要であろう。

　本研究における学術上のインプリケーションとして挙げられることは，第1に，これまで欧米を中心に述べられてきたマルチチャネル顧客の優良性を日本の顧客において確認したことである。第2に，マルチチャネル顧客をチャネルの利用数ではなく利用の仕方に基づいて分類・比較することの有効性を示したことである。第3に，顧客の複数チャネル利用と購買カテゴリ数の関連性の強さを示したことである。

　実務上のインプリケーションとしては以下のことを述べることができよう。まず企業はマルチチャネル顧客を識別する際にはチャネルの利用数だけではなく，利用の仕方にも注意する必要があることを指摘できる。チャネルの利用数によって顧客を分類・比較することは比較的容易である。また，実店舗，オンライン店舗，カタログといったチャネルの組み合わせの視点を加え，購買実績とあわせて分析することもそれほど困難ではない。したがって，多大なコストをかけることなく，マーケティング活動の効果測定，例えば各種のO2O活動の成果を評価することができるであろう。その意味においてチャネルの利用数という指標の有効性は高い。つまり，顧客ある時点におけるチャネル利用を捉えたいときや利用するチャネルが増加した，減少したという変化を捉えることにおいて優れた指標である。しかしながら，顧客のある一定期間のチャネル利用を捉えたいときや利用するチャネルの数や種類に変化がないときにはそれほど有用ではなく，本研究において用いた切替度のような指標が重要となる。その算出には一定期間の購買データが必要であるため，チャネルの利用数に比べれば切替度は使い勝手の悪い指標である。いずれにしても，こうした点に留意しながら複数の指標によって顧客を分析することが重要であろう。

　第2に，マルチチャネル展開によって最大限に利益を得ようとするならば顧客の購買カテゴリ数を増やすことを強く意識することが重要である。顧客はひとつの商品に繰り返し接するよりも数多くの商品つまり品揃えに接するほうが企業への興味を強め，それによって購買意欲を高めるであろう。その因果関係については十分に解明されていないが，おそらく購買意欲が旺盛な顧客ほど複数のチャネルを利用するだろう。マルチチャネル活動はそうした顧客に購買の

5．おわりに

　本研究の限界として以下のことが挙げられる。すなわち，本研究ではシングルチャネル顧客とマルチチャネル顧客の金銭的価値に違いがあること，またそのことと購買カテゴリ数とに強い関連があることを示したが，因果関係について十分な検証を行うことができなかったということである。因果関係の解明はマルチチャネル研究における大きな課題である。今後はより包括的な視点に立脚しつつ，複数チャネル利用の規定要因およびそれが顧客および企業に及ぼす影響について検証することが求められる。

　第2に，外的妥当性の問題である。本研究において対象としたのは化粧品と健康食品のみであった。また2つの商品カテゴリを対象とはしたものの，カテゴリ間の比較をしたわけではない。Kushwaha & Shankar（2013）が指摘したように化粧品は快楽的な属性を強くもつため，マルチチャネル顧客の優良性が強く表れる。他の商品カテゴリとくに知覚リスクが低く機能的な属性が強い商品カテゴリにおいても切替度の高い顧客の優良性は高いのかといったことを検討する必要がある。

　謝　辞

　本研究は日本ダイレクトマーケティング学会助成研究プロジェクトの研究成果の一部である。研究の機会を与えてくださった日本ダイレクトマーケティング学会および早稲田大学商学学術院教授（現早稲田大学名誉教授）の亀井昭宏先生に御礼申し上げる。研究を進めるにあたって企業から貴重な顧客購買データを提供いただいた。またデータの加工および分析にあたっては日本ユニシス株式会社からデータマイニングソフトウェア「MiningPro21」を提供いただいた。日本ユニシス株式会社の松田芳雄様にはデータを分析する上でさまざまなご助言を頂いた。皆様にこの場を借りて御礼申し上げる。

参考文献

Ansari, A., Mela, C.F., & Neslin, S.A. (2008). Customer channel migration. *Journal of Marketing Research*, *45*(1), 60-76.

Chatterjee, P. (2010). Causes and consequences of 'order online pick up in-store' shopping behavior. *International Review of Retail, Distribution and Consumer Research*, *20*, 431-448.

Coelho, F., & Easingwood, C. (2008). A model of the antecedents of multiple channel usage. *Journal of Retailing and Consumer Services*, *15*, 32-41.

Dholakia, U.M., Kahn, B.E., Reeves, R., Rindfleisch, A., Stewart, D., & Taylor, E. (2010). Consumer behavior in a multichannel, multimedia retailing environment. *Journal of Interactive Marketing*, *24*, 86-95.

Keller, K.L. (2010). Brand equity management in a multichannel, multimedia retail environment. *Journal of Interactive Marketing*, *24*, 58-70.

Konuş, U., Verhoef, P.C., & Neslin, S.A. (2008). Multichannel shopper segments and their covariates. *Journal of Retailing*, *84*, 398-413.

Kumar, V. (2010). A customer lifetime value-based approach to marketing in the multichannel, multimedia retailing environment. *Journal of Interactive Marketing*, *24*, 71-85.

Kumar, V., & Venkatesan, R. (2005). Who are the multichannel shoppers and how do they perform?: Correlates of multichannel shopping behavior. *Journal of Interactive Marketing*, *19*, 63-74.

Kushwaha, T., & Shankar, V. (2006). Optimal multichannel allocation of marketing efforts. *Working paper*, Texas A&M University, College Station.

─────── & ─────── (2008). Single channel vs. multichannel retail customers: Correlates and consequences. *Working paper*, Texas A&M University, College Station.

─────── & ─────── (2013). Are multichannel customers really more valuable?: The moderating role of product category characteristics. *Journal of Marketing*, *77*(4), 67-85.

Kwon, K.-N., & Jain, D. (2009). Multichannel shopping through nontraditional retail formats: Variety-seeking behavior with hedonic and utilitarian motivations. *Journal of Marketing Channels*, *16*, 149-168.

McGoldrick, P.J., & Collins, N. (2007). Multichannel retailing: Profiling the multichannel shopper. *International Review of Retail, Distribution & Consumer Research*, *17*, 139-158.

Neslin, S.A., Grewal, D., Leghorn, R., Shankar, V., Teerling, M.L., Thomas, J.S., & Verhoef, P.C. (2006). Challenges and opportunities in multichannel customer management. *Journal of Service Research*, *9*, 95-112.

Neslin, S.A., & Shankar, V. (2009). Key issues in multichannel customer management: Current knowledge and future directions. *Journal of Interactive Marketing*, *23*, 70-81.

Noble, S., Shenkan, A.G., & Shi, C. (2009). The promise of multichannel retailing. Retrieved from http://www.mckinsey.com/insights/consumer_and_retail/the_promise_of_multichannel_retailing

Thomas, J.S., & Sullivan, U.Y. (2005). Managing marketing communications with multichannel customers. *Journal of Marketing, 69*(4), 239-251.

Valentini, S., Montaguti, E., & Neslin, S.A. (2011). Decision process evolution in customer channel choice. *Journal of Marketing, 75*(6), 72-86.

Venkatesan, R., Kumar, V., & Ravishanker N. (2007). Multichannel shopping: causes and consequences. *Journal of Marketing, 71*(2), 114-132.

Wallace, D.W., Giese, J.L., & Johnson, J.L. (2004). Customer retailer loyalty in the context of multiple channel strategies. *Journal of Retailing, 80*, 249-263.

Zhang, J., Farris, P.W., Irvin, J.W., Kushwaha, T., Steenburgh, T.J., & Weitz, B.A. (2010). Crafting integrated multichannel retailing strategies. *Journal of Interactive Marketing, 24*, 168-180.

大瀬良伸（2013）「マルチチャネル顧客の購買特性」『経営論集』82，東洋大学，151-164頁。

（大瀬良　伸）

第4章

遊び，祭祀，そして日常の空間比較
―遊び概念の視点から―

◆

1．はじめに

　ホイジンガは，その著書『ホモ・ルーデンス』において，遊びと祭祀（さいし＝神々や祖先を祭ること）の同質性を主張している。遊びと祭祀は同じであるという主張である。本論は，この主張を検証しようとするものである。遊びも祭祀も，私たちの生活している日常空間の中で執り行われる。そこで，本論においては，遊びと祭祀の同質性とともに，遊び，祭祀，そして日常空間の同質性を類似度の観点から概念的，実際的に比較検討することを試みる。

2．ホイジンガの遊び概念（遊びと日常の概念比較）

　ホイジンガは，遊び概念を日常活動との対比において説明している[注1]。そこにおいて，ホイジンガは，遊びの形式的特徴として，以下の5つのことを挙げている（Huizinga, 1955, pp.7-12；邦訳, pp.29-40）。

(1)　1つの自由な行動である。
(2)　遊びは日常あるいは現実の生活の枠外にある。
(3)　遊びは日常生活から，その「場」と持続「時間」とによって，区別される。
(4)　遊びの中には，緊張の要素が含まれる。

(5) どんな遊びにも，それに固有の規則がある。

(1) 1つの自由な行動である。命令されてする遊び，それは遊びではない。それはいつでも延期できるし，まったく中止してしまおうと何ら差し支えない。
(2) 遊びは日常あるいは現実の生活の枠外にある。したがって，それは必然的に日常の外にあるので直接の物質的利害関係，あるいは生物的ニーズを満たすものではない。それは日常の過程を一時的に停止させ，その過程の合間に一時的行為として割って入る。遊びはそれだけで完結している行為である。
(3) 遊びは日常生活から，その場と持続時間とによって，区別される。完結性と限定性が遊びの第3の特徴を形づくる。それは，定められた時間，空間の限界内で行われて，そのなかで終わる。
(4) さらに，遊びの主要特徴として，ホイジンガは，緊張の要素を挙げている。この緊張の要素こそ，遊びのなかでは特に重要な役割を演じているという (Huizinga, 1955, p.10；邦訳, p.36)。緊張，ある意味では，それは不確実ということ，やってみないことにはわからないということである。
(5) どんな遊びにも，それに固有の規則がある。それは，日常生活から離れたこの一時的な世界のなかで適用され，そのなかで効力を発揮する種々の取り決めである。遊びの規則は絶対の拘束力をもち，これを疑ったりすることは許されない[注2]。

3．遊び，祭祀，そして日常の概念比較

前節では，ホイジンガの遊び概念に基づき，遊びと日常の概念比較を行った。本節では，それに加えて祭祀の概念を取り上げ，遊び，祭祀，そして日常の概念比較を行う。

図表4-1 遊び，祭祀，そして日常の概念比較

	遊 び	祭 祀	日 常
(1) 自　由	全く自由	自由（状況によっては自由でない）	自由でない（抜けられない）
(2) 日常外	日常外	日常外（日常のための祈り）	日常内
(3) 場・時間の限定	明確に限定	限定（時として日常空間で行われる）	限定されていない
(4) 緊張の要素	適度の緊張	形式にならう緊張 奉献の儀礼	不断の緊張
(5) 固有の規則	遊び内部のみで通用する規則	伝承的な形式・奉献の儀礼	法律的規則，道徳・倫理，慣習などの明示的・非明示的規則

(出所)　筆者作成

3-1．祭祀と自由な行動

　人々が聖堂に参集するのは，皆と一緒になって共通の歓びを分かつためである。祭祀が祝祭として執り行われるとき，「日常生活」は停止する。饗宴，酒盛り，ありとあらゆる底抜け騒ぎが，その間ずっと祭儀に伴って催される。例として古代ギリシャの祭典をとっても，アフリカの祭儀をとっても，祝祭の全体的気分と祭儀の中心をなす密儀のへの聖なる昂揚感との間に，くっきり一線を引くことは，ほとんど不可能に近い（Huizinga, 1955, p.21；邦訳，p.59）。

　そして，未開民族の成年式の大祭儀の間，日常の法律，掟から解き放たれるのは彼ら新参者だけではない。その間は，全部族のいっさいの争いごとが休戦となる。全ての報復行為が一時的に停止される。神聖なおおいなる遊びの季節が来たということを理由に，日常の社会生活を暫し停止してしまうことは，進化した文明社会にもまだ数知れぬほど多くの痕跡を残している，収穫祭，謝肉祭の類は全てそれである，というようなことをホイジンガは述べている。

　このような意味においては，地域という空間を限定したときには，祭祀への参加不参加に自由があるとは言えない。本人の意思にかかわらず，必然的にというべきか，いつの間にかそれら祭祀に巻き込まれてしまう。それが執り行わ

れている空間を一時的にせよ離れることができるならば，祭祀への参加・不参加は自由である。この意味での(1)自由という概念測度から，それぞれの空間を類似度の順序に並べると，下記のようになる。この並列順序は，遊び空間と祭祀空間の類似度は近い（高い），祭祀空間と日常空間の類似度も近い（高い），一方，遊び空間と日常空間の類似度は遠い（低い）という意味である。

遊び空間―祭祀空間―日常空間

3-2．祭祀と日常あるいは現実の生活の枠外

祭祀は，象徴的現実化以上のものでもある。それは神秘的現実化なのである。肉眼には見えない，表現として表せられないあるものが，そのなかで美しい，神聖な，本質的な形式を帯びるのである。それは，柵で囲繞（いじょう）された遊びの場のなかで祝祭として催される。つまり，歓楽と自由の雰囲気のなかで行われている。一定時間ある意義を持ち続ける独自な１つの世界が，柵の囲いのなかに成立する。

『神聖な行事，聖事のことは，ギリシャ語では「dromenon ドローメノン」という。これは，行為されるもの，所作ということである。表現として演じられるもの，これが「drama ドラーマ」である。それは宇宙的な出来事を表すのだが，その出来事を単に表出する，表してみせる，というのではない。現実との同一化という形で表すのである。過去に起こったことを繰り返して，もう一度そのとおりのことを行うのである。祭祀は，そういう意味での行為のなかで象徴化され，イメージとして効果をあらわすようになる。』(Huizinga, 1955, pp.14；邦訳, pp.44-45)

祭祀は，以上のように空間の限定，繰り返し，象徴化という意味において，現代語のテレビ・ドラマという語に意味されるように，現実世界の出来事ではなく，現実の生活の枠外にあるものとして存在する。このことは，まさに現実と遊びの関係と同じであり，遊びも祭祀も現実の象徴化であり，遊びの祭祀も現実と一線を画したものとして存在すると言える。しかし，祭祀は現実の枠外にあるのだけれども，現実空間における豊饒，幸せ等を占う，祈るという意味で，現実とのつながりを持つ。(2)日常外という概念測度から，それぞれの空間を類似度の順序に並べると，下記のようになる。この並列順序は，先と同様に，

遊び空間と祭祀空間の類似度は近い（高い），祭祀空間と日常空間の類似度も近い（高い），一方，遊び空間と日常空間の類似度は遠い（低い）という意味である．

遊び空間―祭祀空間―日常空間

3-3．祭祀と「場」と「時間」

　遊びと祭祀の空間は，限定されている．『外形からすれば，遊びと聖事の間に異なったところはない．つまり，神聖な行事は遊びと同じ形式で執行されるのだから，奉献の場を形式上遊びの場から区別することはできない．闘技場，トランプ卓，魔術の円陣，神殿，舞台，スクリーン，法廷，これはどれも形式，機能からすれば遊びの場である．それはその領域だけに特殊な，そこだけ固有な，種々の規則の力に司(つかさど)られた，祓(きよ)められた場であり，周囲からは隔離され，垣で囲われて聖化された世界である．現実から切り離され，それだけで完結しているある行為のために捧げられた世界，日常世界の内部にとくに設けられた一時的な世界なのである．』(Huizinga, 1955, p.10；邦訳, p.35)

　そして，祭祀も遊びも，それが執り行われる，繰り広げられる時間は，何日，何時間，何分というように時間範囲を限定して行われる．一方，日常空間は，空間も時間も限定はない．生きている限り，人間の空間と時間への広がりは続く．(3)場・時間の限定という概念測度から，それぞれの空間を類似度の順序に並べると，下記のようになる．この並列順序は，遊び空間と祭祀空間の類似度はほぼ同じである，一方，遊び空間と祭祀空間にたいして，日常空間の類似度は遠い（低い）という意味である．

遊び空間≒祭祀空間―日常空間

3-4．祭祀と緊張の要素

　共同社会が彼らの神聖な宗教儀礼を体験し亨受するときの心的態度は，厳粛，神聖な真面目さであり，それは必然的に緊張の要素を伴う．遊びの気分の両極をなす感情，それは快活，他方では恍惚である．それらは，昂揚感，感激につながり，深い真面目さ，緊張とともに喜びをさらに盛り上げる（小川，2003）．このことは，祭祀においても遊びと同様に，深い真面目さ，緊張がより高い昂

揚感，恍惚の獲得へとつながると言えるのである。

さらに祭祀と緊張の関係は，以下の説明を加えることができる。『祭祀の機能は単にあることを模倣するというのではなく，幸という分け前を与えること，それを頒ち合うことなのだ。そのことを祭祀として演じるということは，「その行為（儀礼行為）に手助けして現実のものにする」ということである。』そして，この遊びが終わると同時にその働きまで消えてしまうとは考えない。むしろそれは，向こうにある日常世界の上にそのまばゆい光を投げかけ，祝祭を祝っている集団に対して神聖な遊びの季節がふたたび巡ってくるまでの安全，秩序，繁栄を授けてくれると願うのである（Huizinga, 1955, p.14；邦訳, pp.43-44）。

祭祀を共にしている人々は，この行為が福祉を生み，日常生活の世界より一段と高い事物の秩序を創るのだと確信して，それに参加する。しかし，これらの神への祈り，願いは必ず届くとは限らない，こうあって欲しいとは望むが全て満たされるとは限らない，ということを心の片隅では認識している。次の季節の豊饒を祈る・占うというとき，本当の結果は定かでない。先の結果が定かでないという不確かさが，祭祀が執り行われる場に緊張感をもたらす。この不確かさに基づく緊張感は，遊び，そして多くの日常と共通するものである。(4)緊張の要素という概念測度から，それぞれの空間を類似度の順序に並べると，下記のようになる。この並列順序は，遊び空間と祭祀空間の類似度は近い（高い），祭祀空間と日常空間の類似度も近い（高い），一方，遊び空間と日常空間の類似度は遠い（低い）という意味である。

遊び空間—祭祀空間—日常空間

3-5．祭祀と固有の規則

祭祀が執り行われるとき，それは伝承的な形式・奉献の儀礼に厳密に従って行われる。その厳密さの程度が高ければ高いほど，祭祀の尊さを参加者は感じ，祈り・願いの成就の可能性が高まると信じるのである。この意味において，祭祀には，秩序整然とした形式を創造しようとする衝動が必ず伴う。この秩序整然は，祭祀の固有の規則によって達成される。

遊びの場の内部は，１つの固有な，絶対的秩序が統べている。遊びは秩序を

創っている。不完全な世界，乱雑な生活のなかに，それは一時的にではあるが，判然と画された完璧性というものを持ち込んでいる。遊びが要求するのは絶対の秩序なのである。どんなわずかなものでも，秩序の違犯は遊びをぶちこわし，遊びからその性格を奪い去って無価値なものにしてしまう。遊びには美しくあろうとする傾向がある，それは，秩序整然とした形式を創造しようとする衝動と，同一のものなのである。一方，現実も秩序整然を求めるのであるが，時間と空間の際限がなく，関わるものが多すぎて，秩序整然とはならない。(5)固有の規則という概念測度から，それぞれの空間を類似度の順序に並べると，下記のようになる。この場合，遊び空間，祭祀空間，そして日常空間は，全てそれらの空間の中で等しく固有の規則を持っている。この意味において，遊び空間，祭祀空間，そして日常空間の類似度は全て等しいということになる[注3]。

遊び空間＝祭祀空間＝日常空間

以上，(1)自由，(2)日常外，(3)場・時間の限定，(4)緊張の要素，(5)固有の規則を大きく総合して，概念上の類似度の近接性という視点に立ち，遊び空間，祭祀空間，日常空間を並べてみると，下記の順序に並べることができそうである。

「遊び空間―祭祀空間―日常空間」

遊び空間と祭祀空間は類似度が近い，祭祀空間と日常空間も類似度が近い，それらに比較して遊び空間と日常空間は，その間に祭祀空間が入るように，若干，類似度が遠い（低い）という意味である。このことを換言すれば，遊び空間は，日常空間に比較して最も抽象度が高い。祭祀空間は，遊び空間よりも抽象度は低いが，やはり日常空間よりも抽象度は高い。日常空間は，あるがまま何ら抽象されていない空間である。遊び空間，祭祀空間は，そのあるがままの抽象されていない日常空間を抽象したものである。

4．遊び，祭祀，そして日常の空間比較

本第4節では，遊び，祭祀，そして日常の空間の現実データ比較を行ってみる。現実データの比較に際して，全ての遊び空間，全ての祭祀空間，全ての日常空間を比較することはできないので，日本国内における遊び空間，祭祀の空間，そして現実の空間の代表的事例を取り上げることにした。遊び空間の代表

的事例として，テーマパーク業界の東京ディズニーランドを取り上げた。祭祀の代表的事例として，明治神宮を取り上げた[注4]。日常の空間の代表的事例として，新宿駅を取り上げた。これら3つの空間を取り上げた理由は，日本の中で，最も年間入場者数の多い東京ディズニーランド，最も年間参拝者数の多い明治神宮，そして，最も乗車人数の多い新宿駅というものである。

　本節で，空間比較を行う前に，遊び概念と面白さに関わる重要な「情報負荷」の概念に関して，少し触れておく。ここでいう情報負荷とは，個人が処理しなければならない，あるいは処理しようと思っている情報によってもたらされる精神的，身体的負担をさす。情報負荷が個人にとって「もの足りない（低）」水準のとき，面白さの程度は「低」である。情報負荷が個人にとって，「適度のとき」，すなわち，「もの足りない（低）」水準と「手に余る（高）」水準の中間のとき，面白さの程度は「高」である。そして，情報負荷が個人にとって，「手に余る（高）」水準のとき，面白さの程度は「低」である。この中にあって，情報負荷がもの足りない（低）でもなく手に余る（高）でもない，という状態が個人にとって一番面白いとき，楽しいときで，個人にとっての「最適な情報負荷」状態である。一般的に，遊び空間は，この最適な情報負荷状態を生み出しやすい条件を整えている（小川，2013）。

4-1．空間的特徴

　遊び空間としての東京ディズニーランドは，1983年設立，所在地は千葉県浦安市舞浜1-1にある。来場者数は年間約3,100万人，広さは51万平方メートルであり，施設の数として，アトラクション40，ショップ48，食事・軽食・スウィーツ48がある[注5]。

　祭祀の空間としての明治神宮は，1920年設立，所在地は東京都渋谷区代々木神園町1-1にある。参拝者数は年間約800～830万人，広さは70万平方メートルである。本来の機能に直接的に関わる諸設備は，本殿，神楽殿，社務所，車祓所，客殿，手水舎，大鳥居，鳥居（4つ），そしてその他間接的に関わる諸設備として，宝物殿，至誠館，神宮会館，崇敬会本部，参集殿，桃林荘峯山亭，文化館，宝物展示室，隔雲亭，お釣台，四阿（あずまや），菖蒲田，清正井，樹木約10万本などがある。

日常の空間としての新宿駅は1885年設立，所在地は東京都新宿区新宿3丁目，来場者数は1日平均約75万人[注6]，広さは4～5万平方メートルである。施設としてホーム16番線，切符売場9，改札口9，指定席券売機10，精算所7，みどりの窓口6，びゅうプラザ2，インフォメーションセンター1がある。その他売店，コインロッカー，ATM，トイレ，等がある。本来，日常空間は，私たちが生活している広がりを持った全ての空間であるが，ここでは便宜上，日

図表4-2　遊び，祭祀，そして日常の空間比較

	遊び	祭祀	日常
	東京ディズニーランド 1983年	明治神宮 1920年	新宿駅 1885年
① 所在地	千葉県浦安市舞浜1-1	東京都渋谷区代々木神園町1-1	東京都新宿区新宿3丁目
② 来場者数	来場者数約3,100万人（年間）（ディズニーランド，ディズニーシー計）2014年	参拝者数約800万人～830万人（年間）	乗車人数約75万人（1日平均）2014年 日本の総人口約1億2,844万人2014年*
③ 広さ	51万平方メートル（0.51平方キロメートル）	70万平方メートル（0.70平方キロメートル）	4～5万平方メートル（0.04～0.05平方キロメートル）** 日本の面積377,962平方キロメートル
④ 施設の数 アトラクションの数，施設・木の本数，ホーム数	アトラクション40，ショップ48，食事・軽食・スウィーツ48	本殿，神楽殿，社務所，車祓所，客殿，手水舎，大鳥居，鳥居（4つ），その他	ホーム16番線，切符売場9，改札口9，指定席券売機10，精算所7，みどりの窓口6，びゅうプラザ インフォメーションセンター1

＊日本の人口，面積ともに帝国書院データより（https://www.teikokushoin.co.jp）
＊＊JR東日本に問い合わせたところ，セキュリティの関係で教えられないという回答であった。2015年7月17日。したがって，表内の数値は，地図上から，大まかに計算した数値である。(http://www.jreast.co.jp/passenger/index.html)
（出所）　筆者作成

常空間の代表として「駅」空間を取り上げた。

　遊び空間のディズニーランド，祭祀空間の明治神宮，日常空間の新宿駅の来場者数を比較すると，遊び空間のディズニーランド年間3,100万人，祭祀空間の明治神宮年間800万人～830万人，日常空間の新宿駅1日75万人（年間＝2億7,375万人）となっている。日常空間の新宿駅の来場者数が圧倒的に多い，次に遊び空間のディズニーランド，最少来場者数が祭祀空間の明治神宮である。情報負荷の高低は，来場者数の数値の大きさと正相関すると見做すと，情報負荷の高い順番に空間を並べると，日常空間の新宿駅＞遊び空間のディズニーランド＞祭祀空間の明治神宮，という順序になる。日常空間を日本全体として捉えると，日本の総人口1億2,844万人となり，やはり，情報負荷の高い空間順位に並べると，日常空間の日本の人口＞遊び空間のディズニーランド＞祭祀空間の明治神宮という順序になる。

　次に，遊び空間のディズニーランド，祭祀空間の明治神宮，日常空間の新宿駅の広さを比較すると，遊び空間のディズニーランド51万平方メートル，祭祀空間の明治神宮70万平方メートル，日常空間の新宿駅4～5万平方メートルとなっている。空間の広さの順にそれら空間を並べると，祭祀空間の明治神宮＞遊び空間のディズニーランド＞日常空間の新宿駅となっている。現実の地理上の日常空間という視点に立って，日本の面積37万7,962平方キロメートルを空間の比較対象とすると，日常空間の日本の面積＞祭祀空間の明治神宮＞遊び空間のディズニーランドという順序になる。

　そして，遊び空間のディズニーランド，祭祀空間の明治神宮，日常空間の新宿駅の施設の数を比較すると，遊び空間のディズニーランド136，祭祀空間の明治神宮17（樹木の本数を除く），日常空間の新宿駅60である。空間の施設数の順に並べると，遊び空間のディズニーランド＞日常空間の新宿駅＞祭祀空間の明治神宮となっている。この施設の数も，空間の広さと同様に，日常空間を日本全体として捉えると，日本全体としての施設数は無数といっても良いほどの数がある。したがって，その視点で施設数の順にそれら空間を並べると，日常空間の日本の施設数＞遊び空間のディズニーランド＞祭祀空間の明治神宮となっている。

4-2. 目的と手段・方法

　遊び空間としての東京ディズニーランドへ行くのは，遊び，楽しみを得るためである。その手段・方法は簡単で，入場チケットを購入し，園内に入り，アトラクション，ショップ，食事施設等を利用すれば，誰でもが楽しめる。

　祭祀の空間としての明治神宮へは，祈る，願う，占う，誓う（挙式）という目的で行く。その手段として，さい銭，供物等を捧げることによって，それらの目的を達成しようとする。しかし，これらの目的は100パーセント確実にかなうということは保証されない。

　日常の空間としての新宿駅へは，目的地までの空間の迅速な移動を果たすために行く。その目的は，切符を購入することによって容易に誰でもが達成できる。日常空間の代表として新宿駅を取り上げたが，実際の現実の社会における私たちの目的は，生き抜くことであり，生活を維持することである。そしてそれは肉体的欲求と同時に精神的欲求も満たす必要がある。そのためには，通常，経済的活動が最低必要であり，そのための不断の努力が必要である。この不断の努力は生まれてから死ぬまで途切れることなく，維持されなければならない。この課業は，個人にとって結構な負担となる。

　目的達成と手段・方法に関しては，その難易度を空間にたいして順位づけし，難易度の高い順序に並べると，祭祀空間の明治神宮＞遊び空間のディズニーランド≧日常空間の新宿駅の順になると思われる。ただし，上述したように日常空間としての新宿駅ではなく，通常の現実社会を日常空間として捉えると，目的達成の難易度の順位は，現実の社会は多くの複雑な要因が関係しているので，下記のようになる。

　　　日常空間の現実社会＞祭祀空間の明治神宮＞遊び空間のディズニーランド。

4-3. 五感情報[注7]

(1) 視　覚

　遊び空間としての東京ディズニーランドでは，私たちの視界の中に，入場ゲート，アトラクション施設，ショップ，食事・軽食施設，キャラクターのぬいぐるみ，人，その他が見えてくる。祭祀の空間としての明治神宮では，木々の緑，赤い大きな鳥居，本殿等の社殿，人，その他が，私たちの視界の中に見

える。日常の空間としての新宿駅では，改札口，ホーム，線路，電車，売店，人，その他が，私たちの視界の中に見える。

(2) 聴　覚

　遊び空間としての東京ディズニーランドでは，音楽，歓声，笑い声，話し声，その他の音声が聞こえる。祭祀の空間としての明治神宮では，さい銭を投げ込むときの音，参拝者の話し声，靴が踏む砂利の音（結構大きな音である），鳥の鳴き声，木々を通り過ぎる風の音などが，私たちの聴覚に入ってくる。日常の空間としての新宿駅では，アナウンス，発車ベル（音楽），電車の音，話し声などが，聞こえてくる。

(3) 嗅　覚

　遊び空間としての東京ディズニーランドでは，人工の香料，甘い香り，海の香りなどが匂ってくる。祭祀の空間としての明治神宮では，木・葉の香りなどが匂ってくる。日常の空間としての新宿駅では，鉄の匂い，油の匂い，人の体臭などが匂ってくる。

(4) 触　覚

　遊び空間としての東京ディズニーランドでは，入場パス，手すり，乗り物の感触，その他を感じることができる。祭祀の空間としての明治神宮では，手水，さい銭，おみくじ，その他を感じることができる。日常の空間としての新宿駅では，切符，スイカ・パスモ，その他を感じることができる。

(5) 味　覚

　遊び空間としての東京ディズニーランドでは，レストラン，ファーストフードの味，その他を味わうことができる。祭祀の空間としての明治神宮では，お神酒，水を味わうことができる。日常の空間としての新宿駅では，売店の飲食物，その他を味わうことができる（**図表 4 - 3**）。

　このように，遊び空間としての東京ディズニーランド，祭祀の空間としての明治神宮，そして，日常の空間としての新宿駅において，私たちは，五感を通じて種々の情報を取得する。量的に測定可能な測度ということで，音量をそれぞれの空間において測ってみた（**図表 4 - 4**）。

　図表 4 - 4 の数値を見ると，全般的に日常空間としての新宿駅の駅ホームが最も高い音量65〜87デシベルであり，次に遊び空間としての東京ディズニーラ

図表4-3　遊び，祭祀，そして日常の五感情報比較

	遊　び	祭　祀	日　常
(1) 視　覚	入場ゲート，アトラクション施設，ショップ，食事・軽食施設，キャラクターぬいぐるみ，人，その他，照度，視界の範囲の人数	木々の緑，赤い大きな鳥居，本殿等の社殿，人，その他	改札口，ホーム，線路，電車，売店，人，その他
(2) 聴　覚	音楽，歓声，笑い声，話し声	さい銭の音，砂利の音，鳥の鳴き声，風の音	アナウンス，発車ベル（音楽），電車の音，話し声
(3) 嗅　覚	人工の香料，甘い香り，海の香り，	木・葉の香り，	鉄の匂い，油の匂い，人の体臭
(4) 触　覚 肌で感じる暑さ寒さ，手触り	入場パス，手すりの手触り，温度，風力	手水，さい銭，おみくじの手触り	切符，スイカ・パスモの手触り
(5) 味　覚	レストラン，ファーストフードの味	お神酒，水	売店の飲食物

（出所）　筆者作成

図表4-4　遊び，祭祀，そして日常空間の音量比較

	遊　び ディズニーランド	祭　祀 明治神宮	日　常 新宿駅
測定日時	2015年11月9日 12時55分〜13時15分	2015年11月13日 13時55分〜14時10分	2015年11月13日 14時20分〜14時45分
天候	曇り 温度23.2度 湿度79.9％	曇り 温度20.3度 湿度61.5％	曇り 温度22.7 湿度53.6％
音レベル	入り口前56〜65dB 入り口内63〜67dB 園内中心72〜73dB	南参道鳥居前54〜62dB 南参道鳥居内53〜60dB 御社殿前53〜60dB	南口改札口前66〜70dB 南口改札口内66〜72dB 山手線ホーム65〜87dB

（出所）　筆者作成

ンド園内中心が，72〜73dB というように安定して音量が高い。一方，それらに比較して祭祀の空間としての明治神宮が，全般的に53〜63dB の範囲内に収まっている。

その中にあって，東京ディズニーランドのスペースマウンテンの乗り場前では，78〜82デシベルという高音量であった。また，新宿駅の駅ホームでは，駅構内のアナウンスが放送されると急激に音量が87デシベル程度に上昇する。電車の通過時よりも，音量は大きい。明治神宮は，通常よりも，なぜか当日は多くの人が居たのであるが，他の東京ディズニーランド，新宿駅の空間よりも，音量レベルは低かった。

音量が大きくなると情報負荷が大きいと見做すならば，これら空間の情報負荷の序列，すなわち，情報負荷の大きい順に並べると，日常空間＞遊び空間＞祭祀空間という順序になる。

5．まとめと結論

第3節の「遊び，祭祀，そして日常の概念比較」の結果から，遊び，祭祀，そして日常の空間の類似度をまとめることを行った。すなわち，そこにおいて遊び概念の必須要因である(1)自由，(2)日常外，(3)場・時間の限定，(4)緊張の要素，(5)固有の規則のそれぞれにたいして，遊び空間，祭祀空間，そして日常空間の類似度の近接性を検討し，それらの順序付けを行った。そしてその後に，それぞれの要因の概念的類似度を総合して，類似度の近接性という視点に立ち，遊び空間，祭祀空間，日常空間を並べた。その結果，それらの空間は，「遊び空間―祭祀空間―日常空間」の順序に並べることができた（**図表 4 - 5　概念的類似度**）。

遊び空間と祭祀空間は類似度が近い，祭祀空間と日常空間も類似度が近い，

図表 4 - 5　概念的類似度

（出所）　筆者作成

それらに比較して相対的に遊び空間と日常空間は，間に祭祀空間が入るように，類似度が遠い（低い）という意味であった。

　第3節の「遊び，祭祀，そして日常の空間（行動的・目的的）比較」の結果から，遊び，祭祀，そして日常の空間の類似度を比較してみる。諸測定の都合上，日常空間の代理空間として「新宿駅」を取り上げたが，本節では，本来の日常空間として日本全体を比較対象として検討する。

　来場者数の順位が，「日常空間の新宿駅」を取り上げたときは，「日常空間の新宿駅 ＞ 遊び空間のディズニーランド ＞ 祭祀空間の明治神宮」の順序になっている。本来の日常空間としての「日常空間の日本の人口」を取り上げたときは，下記のようになる。

$$\text{日常空間の日本の人口} > \text{遊び空間のディズニーランド} > \text{祭祀空間の明治神宮}$$

　空間の広さの順位は，「日常空間の新宿駅」を取り上げたときは，「祭祀空間の明治神宮 ＞ 遊び空間のディズニーランド ＞ 日常空間の新宿駅」の順序になる。本来の日常空間としての「日常空間の日本の面積」を取り上げたとき，下記のようになる。

$$\text{日常空間の日本の面積} > \text{祭祀空間の明治神宮} > \text{遊び空間のディズニーランド}$$

　施設数の順位は，「日常空間の新宿駅」を取り上げたときは，「遊び空間のディズニーランド ＞ 日常空間の新宿駅 ＞ 祭祀空間の明治神宮」の順序になる。本来の日常空間としての「日常空間の日本の施設数」を取り上げたときは，下記のようになる。

$$\text{日常空間の日本の施設数} > \text{遊び空間のディズニーランド} > \text{祭祀空間の明治神宮}$$

　これら来場者数，空間の広さ，そして施設数の数値が大きいほど，消費者にとって多くの人が視界に入ってくる，より広範囲を探索する必要がある，より多くの施設を利用しようとする，という意味において情報負荷が高いと見做すことができる（小川，2005；クラップ，1988；Hebb，1966）。この情報負荷の

図表4-6 空間的類似度

(出所) 筆者作成

視点で，遊び，祭祀，そして日常の空間を並べてみると，**図表4-6**のようになる。この並列順序は，祭祀空間と遊び空間の類似度は近い（高い），遊び空間と日常空間の類似度は近い（高い），しかし，祭祀空間と日常空間の類似度は遠い（低い）という意味である。

この空間的類似度から判断すると，抽象としての遊びと祭祀，それにたいして，具象（いろんなものが入り混じりあって，抽象されることなく，それぞれがありのままに存在している）としての日常と表現できる。そして，祭祀は具象としての日常を抽象し，さらに遊びをも超えてより現実を抽象化し，祭祀に関わりのないものを徹底的に排除した空間と言えるかもしれない。よりいろいろなものがその空間に含まれているのが日常，その日常から遊びに不必要な部分を削り取り，削り出した空間が遊び空間，そしてさらに日常と遊び空間に含まれているが祭祀を穢すと考えられる余計な部分をさらに削り取り，作り出した神聖な空間が祭祀空間である。

目的達成と手段・方法の順位は，「日常空間の新宿駅」を取り上げたときは，「祭祀空間の明治神宮 ＞ 遊び空間のディズニーランド ≧ 日常空間の新宿駅」の順序になる。本来の日常空間としての「日常空間の日本の目的達成と手段・方法」を取り上げたときは，その難易度の順序は，下記のようになる。

$$\text{日常空間の現実社会} > \text{祭祀空間の明治神宮} > \text{遊び空間のディズニーランド}$$

この目的達成と手段・方法の難易度の順に，遊び，祭祀，そして日常の空間を並べてみると，**図表4-7**のようになる。この並列順序は，遊び空間と祭祀空間の類似度は近い（高い），祭祀空間と日常空間の類似度も近い（高い），一方，遊び空間と日常空間の類似度は遠い（低い）という意味である。

図表 4-7 目的達成難易度

（出所）筆者作成

　遊びは，決められた空間と時間範囲内の中で，決められた目的を追求するように設定されている。そして，この目的達成とそれに使われる手段・方法は，決められたルールの範囲内で行われる。それが遊びである。そして，それは「楽しむ」という目的には適っている。そのように設定されているのである。祭祀は決められた様式で執り行われ，祭祀の儀式は形式通りに行われることは，ほぼ確実である。一方，次の年の収穫を占ったり，願を掛けたりということに関しては，結果は必ずしも思い通りにはならない，決められてはいない。この意味においては，難易度は遊びと日常の中間に位置すると考えられる。そして，日常は，空間と時間範囲が限定されておらず，関わる情報がたくさんあり，多くの意思決定を行わなければならず，目的達成は，遊びや祭祀と比較して，はるかに難易度は高くなる。

　最後に，人間にとって五感から入ってくる情報を比較してみた。視覚，聴覚，嗅覚，触覚，そして味覚という五感情報を総合すると，そして特に聴覚情報の音量に注目すると，祭祀空間，遊び空間，そして日常空間それぞれにおける情報負荷の程度は，**図表 4-8** のように示される。祭祀空間が，最も情報負荷が小さい。次に，遊び空間の情報負荷は祭祀空間よりも大きいが，日常空間ほど大きくない。そして日常空間は，祭祀空間よりも，遊び空間よりも情報負荷は大きい。音量で表現するならば，祭祀空間が最も静かである。一方，日常空間

図表 4-8 五感情報負荷

（出所）筆者作成

は種々の音が同時に雑多に交錯しているために非常に騒々しい。遊び空間は，静かすぎるでもなく，過度に騒がしくもないが，しかし，静かとは言えない程にはうるさい。

6．おわりに

　本論は，ホイジンガの主張をもとに，遊び，祭祀，そして日常空間の同質性を類似度の観点から，概念的，そして実際的に比較検討した。概念的には，類似度の順に，遊び空間―祭祀空間―日常空間の順序に並べることができた。遊び空間と祭祀空間は類似度が近い，祭祀空間と日常空間も類似度が近い，それらに比較して遊び空間と日常空間は，その間に祭祀空間が入るように，若干，類似度が少ないと結論づけた。日常空間から祭祀空間，そして遊び空間へ，日常のしがらみ（次年度の豊作，幸せの願い等々）をどんどん削っていくと，遊び空間になる。世間の利害関係とは全く無縁状態（何も生み出さない，何も生産しない）のがまさに遊びなのである。

　次に，遊び，祭祀，そして日常の空間の現実データ比較を行った。情報負荷からみた空間的類似度の関係は，祭祀空間―遊び空間―日常空間というように位置づけられた。人が日常から抜け出したいと思ったとき，何か日常よりも複雑でなく，しかし何らかの特定の刺激を求めるときは，遊び空間を求め，日常にひどく疲れたとき，情報負荷の少ない，静かな空間，神社，仏閣等の祭祀空間を求めるかもしれない。また，目的達成難易度からみた空間的類似度の関係は，遊び空間―祭祀空間―日常空間という順序に位置づけられた。即時的にかつ単純に結果を求めるとき，遊び空間にその場を求めると言えるのかもしれない。

注

1　遊び概念の研究では，ホイジンガとともにカイヨワの研究もあるが，本論文ではホイジンガの概念を使用して説明する（R. Caillois, 1967）（カイヨワ, 1990）。
2　カイヨワは，ホイジンガの列挙した5つの形式的特徴に加えて，「賭けと偶然の遊びの領域」，「物まねと演技の領域」を新たに付け加えている（小川純生, 2001）。
3　ただし，遊び空間，祭祀空間，日常空間も共通に固有の規則を持っているのだが，それ

ら規則の複雑さは異なっている。複雑さの序列は，遊び，祭祀，日常の順番に複雑になっている。
4 祭祀の空間として，日本最大規模の伊勢神宮は，2013年，2014年には，式年遷宮の影響により，1,400万人超えの参拝者数を達成したが，通常状態では，ほぼ600万人から700万人の間を維持している（神宮司庁調べ）。http://www.isahaya-jinja.jp。一方，明治神宮は，年間，参拝者数は，大体800万人を超えると言われている。明治神宮自体がデータを取っておらず，正確な参拝者数はわからない。新聞その他のデータを検索してみると，この800万人超が妥当と思われた。
5 オリエンタルランド・ホームページ（2015年時点）
6 新宿駅1日平均乗車人数
7 人間は，五感から外界の情報を取得する。それら情報は個人にとって情報過多でもなく，情報過少でもない水準が，面白さを味わうには，適度であると言われる。(Ellis, 1973)，(Csikszentmihalyi, 1975) (M.チクセントミハイ著，今村浩明訳, 1991), (Csikszentmihalyi, 1990) (M.チクセントミハイ著，今村浩明訳, 1996), (Csikszentmihalyi and Csikszentmihalyi (eds., 1988)，小川純生（2003）

参考文献

Csikszentmihalyi, M. (1975). *Beyond Boredom and Anxiety-Experiencing Flow in Works and Play-*, Jossey-Bass Inc., Publishers（今村浩明訳（1991）『楽しむということ』思索社，今村浩明訳（2000）『楽しみの社会学』新思索社）

Csikszentmihalyi, M. & Csikszentmihalyi(eds.), I.S. (1988). *Optimal experience － Psychological studies of flow in consciousness*. Cambridge University Press

Csikszentmihalyi, M. (1990). *Flow －the psychology of optimal experience-*. Harper and Row, Publishers.（M.チクセントミハイ著，今村浩明訳（1996）『フロー体験　喜びの現象学』世界思想社）

Ellis M.J. (1973). *Why People Play*, Prentice-Hall, Inc（森楙，大塚忠剛，田中亨胤訳『人間はなぜ遊ぶか』黎明書房，2000年）

Hebb, D.O. (1966). *The organization of behavior*. New York: Wiley & Sons.

Huizinga, J. (1955). *homo ludens － a study of play element in culture －*. The Beacon Press. Huizinga（高橋英夫訳（1973）『ホモ・ルーデンス』中公文庫。「homo ludens」は，初版1938年であるが，本書では上記の1955年版本から引用している。）

Orrin E. Klapp (1986). *Overload and Boredom : Essays on the Quality of Life in the Information Society*, Greenwood Press, Inc.（小池和子訳（1988）『過剰と退屈—情報社会の生活と質—』勁草書房）

R. Caillois (1967) *Les jeux et les himmes-Le masque et le vertige －*, Galllimard.（多田道太郎，塚崎幹夫訳（1990）『遊びと人間』講談社学術文庫。Cailloisの「Les jeux et les himmes」は，初版1958年であるが，本書では上記の1967年版本から引用している。）

小川純生（2000）「ホイジンガの遊び概念と消費者行動」『経営研究所論集』第23号，東洋大

学経営研究所。
小川純生（2001）「カイヨワの遊び概念と消費者行動」『経営研究所論集』第24号，東洋大学経営研究所。
―――（2003）「遊び概念―面白さの根拠―」『経営研究所論集』第26号2月，東洋大学経営研究所。
―――（2005）「面白さと情報負荷の関係―遊び概念を意識して―」『経営力創成研究』創刊号東洋大学経営力創成研究所。
―――（2013）『遊び概念と消費者行動』同友館。

（小川　純生）

第5章

サービス商品における
バラエティ・シーキングの適用可能性

◆

1．はじめに

　本稿の目的は，消費者購買行動の1つであるバラエティ・シーキングが「モノ」だけでなく，「サービス」においても行われる可能性を理論的に示すことである。

　日本におけるマーケティングおよび消費者行動の研究は，市場環境や社会の変化，消費者の変化とともに発展を遂げてきた。そこでは，物質的に豊かになるにつれて消費者のニーズが多様化し，このような市場環境の中で消費者のさまざまなニーズにいかにして企業は対応すべきなのかということを提示しようとしてきた。

　そして消費市場の変化における重要な点として，高機能化や製品多様化などの物質的豊かさの追求が行われてきた点に加え，サービス市場が徐々に拡大していった点を挙げることができる。

　しかしながら従来の消費者行動におけるバラエティ・シーキング研究の多くは，目に見える財である「モノ」を対象として研究が行われてきた。ところが現在の消費者の消費支出の割合や企業の提供する商品を見ると，サービス分野の重要性が大きくなっている。よって，本稿では目に見えない財を含む「サービス」の購買についてもバラエティ・シーキングが起こるのではないかという問題意識をもとにしている。

　本稿では，初めにマーケティング研究におけるバラエティ・シーキングおよ

びサービスの位置づけを行い，「モノ」と「サービス」の違いを整理した上でそれぞれの購買行動の特性を踏まえながら，主として「モノ」の購買行動として捉えられてきたバラエティ・シーキングが「サービス」にも適用される可能性を検討する。

2．消費財の購買行動としてのバラエティ・シーキング

消費者が多様なブランドを購買するバラエティ・シーキングは「ブランドをスイッチすること，かつその変遷に多様性が見られること（McAlister & Pessemier（1982）；土橋（2000）」と捉えられる。このような購買行動が注目されるようになった背景として，Bass, Pessemier & Lehmann（1972）による「最も選好されているブランドであっても，そのブランドの選択回数は全選択機会中の半数以下であった」という指摘より，なぜ消費者は多様なブランドを購入するのかという点に注目し研究が行われてきた。

このような研究の経緯もあり，従来から行われてきた研究は，購買行動を記録し，その記録の推移からブランド選択の多様性を明らかにするため，消費者の選択結果が明白な消費財の購買に関するものが多かった（例えば，商品の購入記録調査を行ったものして，小川（1992），田中・小川（2005）など）。

バラエティ・シーキングの先行研究では，購買履歴を記録することでブランド選択における変遷の多様性が示されてきたが，そこでの調査対象は食品や日用品などの商品が中心であり，バラエティ・シーキングが行われるのはそのような商品で行われるとされてきた。なぜならば，食品や日用品などの商品は「購買頻度が高い」「（相対的に）価格が低い」という特徴があり，それゆえ「多様なブランドを試してみたい」「（いつも同じ商品を買うことから生じる）飽き」，「（新商品が現れることによる）未知の対象に対する興味」などの理由から，いつもと異なるブランドを選択することによってその変遷に多様性が生じるためである。

これらの先行研究においては，バラエティ・シーキングが行われる商品に関する関与は低いことが前提とされていた（Assael 1987；Hans, Van Trijp, Hoyer, & Inman 1996；Laaksonen 1994；土橋 2000）。しかしながら，当該製品に

対する関与の高い消費者のほうがバラエティ・シーキングを行いやすいことが指摘され（Dodd, Pinkleton & Gustafson（1996）；鈴木（2005）；西原（2011））バラエティ・シーキングを行う消費者の関与は必ずしも低くないことが示された。さらに，バラエティ・シーキングを行う理由として「情報収集を目的として（McAlister & Pessemier（1982））」「将来の嗜好の不確実性（Kahn（1995））」などが挙げられていることから判断すると，このような購買行動の背景として，市場環境の変化により多様な商品が現れたこと，またそれと同時に消費者自身のニーズも多様化したことにより，さまざまな商品を求めるようになったことを指摘することができる。

このように，バラエティ・シーキングが行われるようになった背景には消費者によるニーズの多様化と，企業が生み出す製品の多様化の両側面によって促されていると考えることができる。

3．物質的な豊かさの進展とサービス経済化

消費者行動が「問題解決行動」であることを踏まえると，例えば「余暇を楽しみたい」というニーズに応える製品の1つとしてテレビを挙げることができる。テレビは戦後，一家に1台白黒テレビが置かれていた時代に始まり，技術進歩とともにカラー化，大型化，薄型化と高機能化していった。その一方で，リビングに大型テレビを設置するだけでなく，家族の成員がそれぞれの部屋にも設置するようになり，このような場合には単に大きなサイズが求められるだけでなく，個々の部屋に合った適切なサイズやデザインのテレビが求められるなど，多様なニーズに合わせて製品が多様化していった。

しかし，「余暇を楽しみたい」というニーズに応えるのであれば，必ずしもテレビである必要性はなく，ゲーム機やパソコンなど他の製品でも代替することができる。また映画や遊園地，旅行などのサービスによって余暇を過ごすこともできる。このように製品を代替するサービスが次々と現れることによりサービス経済化は徐々に進展し，消費支出に占める割合が増大していった。

このような事例はテレビに限らず，「服をきれいにしたい」というニーズに対しては製品としての洗濯機とクリーニングのサービスは代替的な関係にあり，

「食事をしたい」というニーズに対しては，炊飯器や電子レンジ等の調理器具とレストランでの食事や食事の宅配サービスなども代替的な関係である。

このように消費支出に占めるサービスの割合が増え，その重要性が認識されるとともに，マーケティング研究においても1つの領域としてサービス・マーケティングが研究されるようになってきた。

そこで次節ではサービス・マーケティングについて，その特徴と，とくに消費者行動と関連した内容について整理を行う。

4．サービス・マーケティングとは

4-1．サービス・マーケティングにおけるサービスの分類

一般的に「サービス」は「無形の財」として捉えられ，有形か無形かによってモノとサービスとの区別がなされてきた。しかし，タクシーによる移動やホテルにおける宿泊など，サービスの提供に際して有形の財を用いるものもあり，単純に有形か無形かという分類軸では多様なサービスを分類することが不可能なため，サービス・マーケティングの研究ではサービスをどのように定義づけるか，また多様なサービスをいかに分類するかについて議論がなされてきた。

山本（1999）は有形の財を「有体財」と呼び，有体財とは「市場において交換される物質からなる財のことである」と定義した。これに対し無形の財を「無体財」と呼び，無体財とは「物質から構成されていないか，取引において所有権が移転しない財である」とした。

さらに，上述のタクシーやホテルなどのサービスの提供に際し，有形の財を用いる場合も含めたサービスの分類として「効用の発生源が物質か否か」と「所有権の移転の有無」の2つの軸によって，以下のような分類を提示した（**図表5-1**）。

①の有体財とは，物質から構成される財であり，食品等の日常的に購買を行う財の多くはここに分類される。

②の情報とは，媒体に記録された記号や信号であり，媒体とともに所有権が移転する種類の財である。

③の有体財利用権とは，ホテルの客室やタクシーやレンタカー等，一定の時

図表 5-1 財の分類

	効用を発生する源が 物資財	効用を発生する源が 非物資財
効用を発生する源の 所有権の移転あり	①有体財	②情報
効用を発生する源の 所有権の移転なし	③有体財利用権	④サービス，情報利用権

（出所） 山本（1999），p.48に加筆

間や空間を限って有体財を利用する権利を得るものである。

④のサービス，情報利用権のうち，サービスは美容院での散髪やマッサージなどの人間の労働の結果である。もう１つの情報利用権とは，音楽CDやパソコンソフトなど，媒体の所有権は移転するものの，記録された情報そのものの複製権は移転していないものを指す。

市場に存在する多様なサービスは上述のように分類がなされたが，サービス・マーケティングの領域では②，③，④を広義のサービスと捉え，④の中でも人間の労働の結果を示す部分が狭義のサービスとされる。以下の文章では①をモノと表記し，②〜④をサービスと表記する。

サービスの定義と分類が整理されたところで，次節では消費者行動と関連したサービス・マーケティングの研究について整理を行う。

4-2．サービス・マーケティングの特徴

サービス・マーケティングを論じる際，「モノ」と「サービス」とではその特性が異なることから，サービスの特徴を踏まえた上でいかにサービスに適したマーケティング戦略を構築していくかとの視点に立って研究が進められてきた。

サービス・マーケティングにみられる大きな特徴として，Bateson（1979）の研究をもとに山本（1999）は，「無体財の品質評価問題」と「消費と生産の同時性が生み出す組織側の問題」の２点を指摘している。１点目の品質評価問題とはホテルやレストランなどにみられるように，消費者自身が実際に購買す

るまで本当の品質が分からないことを指している(注1)。2点目の消費と生産の同時性が生み出す組織側の問題とは，顧客とサービス提供者の両者がある時点で同時に存在しなくてはならないことを指摘したものである。

顧客とサービス提供者の両者が同時に存在しなくてはならないという特徴は，サービスの提供者に2つの重要な課題を提示している。

その1つは在庫管理の問題である。ホテルや公共交通機関などのサービスは有体財とは異なり，需要が増大する時期に合わせて提供物をあらかじめ大量に生産しておくことができない。そのためお盆や年末年始，ゴールデンウィークなどの繁忙期には飛行機や列車，宿泊施設等の供給量に対する需要量が大きくなり，需要量を適切にコントロールする必要性に迫られるとするものである。

もう1つはサービス・エンカウンターの問題である。サービス・エンカウンターとはサービス提供者と顧客との接触場面のことであるが，美容院やマッサージなどにみられるように，サービスの提供者は消費者と直接接触する機会が多い。その一方で有体財と比べると品質の均一性を保つのが難しいことから，フローチャートを用いてサービスの提供プロセスを管理することや，マニュアルを用いることで従業員の対応を統一すること，顧客の時間管理や学習を促すことによって当該サービスに習熟してもらう必要性を指摘している（山本, 2007）。

このようにサービスの特徴として，サービス提供時に顧客とサービス提供者が同時に存在し，提供者と顧客との相互作用がサービスにおいて大きな役割を果たすことが示されたが，相互作用はサービスの提供場面のみならず，そこから顧客との長期的な関係を築くことの重要性が指摘されるようになり，こうしてサービス・マーケティングを源流の1つとしたリレーションシップ・マーケティングの研究が進められるようになっていった。

4-3．サービス市場の発展とその重要性

本稿ではモノだけでなく，サービスにおいてもバラエティ・シーキングが起こることを理論的に示すことを目的としているが，消費市場の変化を踏まえた上でその理由をいくつか提示する。

戦後の日本の市場をたどると，高度成長期には物質的に豊かになり，1980年

代にはいわゆる「分衆・少衆論」(注2)にみられるように消費者が個性化したと指摘されるようになり（藤岡（1984）；博報堂生活総合研究所（1985）），これらの変化を経て市場に流通する商品や消費者のニーズは多様化していった。さらに2000年頃から「消費の二極化」と呼ばれる，同じ商品ジャンルでありながら高価格品と低価格品がともによく売れる現象がみられるようになってきた(注3)。その背景として鈴木（2004）は①消費者間の階層分化（消費者間多様化）が進んだこと，②関与の違い，③目的・状況に応じた使い分けの3点を挙げて，単に個別の消費者のニーズが分散化しただけでなく，一人の消費者におけるニーズも，その状況に応じて使い分けるようになったため（消費者内多様化）としている。

このように，市場における商品と消費者の双方が多様化していったことが指摘されるが，これは主としてモノの市場について指摘したものである。では，サービス市場における商品と消費者ニーズはどのように捉えることができるであろうか。

まず，消費支出に占めるサービスの割合をみてみると，**図表5-2**に示されるように，サービスの占める割合は上昇していることがわかる。

次に，サービス業に従事する就業者の割合をみると，**図表5-3**に示されるように第3次産業への就業者の割合は，戦後一貫して増加していることがわか

図表5-2 財・サービス支出計の区分別構成比の推移（全国・全世帯）

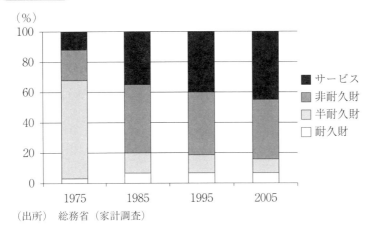

（出所）　総務省（家計調査）

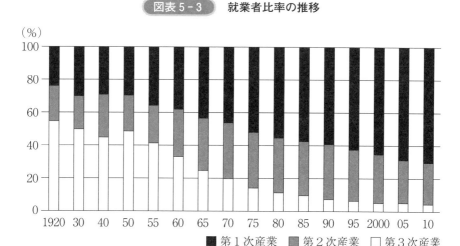

図表 5-3　就業者比率の推移

（出所）　総務省（国勢調査）

る。

　このように，サービスに対する消費支出の割合および従事する就業者の割合がともに増加しており，サービス産業の重要性が次第に高まってきているといえる。

　その一方で，上述した「分衆・少衆論」において消費者のニーズが多様化したと言及している対象は主としてモノであり，サービスについて言及されたものは多くない。しかしながら1980年代に盛んにいわれるようになった消費者ニーズの多様化は，現在も多様化したままであると考えるのが一般的であり，個々の消費者ニーズが画一化の方向へ回帰しているとの主張はほとんどみられない。そして現在のサービス市場の拡大・発展を考慮すると，サービス市場もその成長とともに多様化し，サービスに対する消費者のニーズも多様化したと考えることができるだろう。

　例えば鈴木（2004）では，高価格と低価格に二極化したサービスとして理容室/美容室，ホテル，パックツアー，ゲームソフトを挙げている。また2000年代に入ると，規制緩和を受けて参入業者が増え低価格の高速ツアーバスが普及し，2010年代に入ると日本国内でもLCC（ロー・コスト・キャリア）と呼ばれる格安航空会社が相次いで設立されるなど，移動手段としての交通サービス

における低価格化が進み，顧客にとっての選択の幅は広がったといえる。

このようにサービス経済化が進展し，多様なサービスが提供されるようになったことは，消費者がモノだけでなくサービスにおいても多様な選択肢を使い分けうることを示している。

多様なサービスが生まれてきた中で，サービス・マーケティングの研究においてはいかに顧客との関係を構築すべきかという点に焦点を当てて研究が行われてきた。

5．サービス・マーケティングと関係性

リレーションシップ・マーケティング研究の系譜を整理した南（2008）は，その理論的源流として企業間取引における関係性概念と，サービス取引における関係性概念の2つの流れを指摘している。

企業間取引における関係性とは，企業対消費者（BtoC）の関係性とは異なり，企業間取引の多くが人間関係を重視した営業活動が中心であり，企業同士あるいは担当者同士の過去の取引実績や「信用」が重視される（余田，2011）など，特定の既存顧客との長期的な取引における関係性を指摘したものである。

そしてリレーションシップ・マーケティングにおけるもう1つの理論的源流がサービス取引における関係性である。Gronrros（1991）によると，サービスとは顧客と（サービス提供者と）の相互作用的な活動の連続によって成り立つプロセスであるという認識であることから，サービス・マーケティングは生来的に「関係性」志向を有することの根拠になってきた（南，2008）。

このように，サービスが提供者と顧客との相互作用からなることを踏まえると，顧客の知覚した品質（知覚品質）がサービスの品質と捉えられることから，その知覚品質をいかに管理するか（Heskett, 1986），顧客との関係性を組織的に管理するための従業員教育としてのインターナル・マーケティング（例えばGeorge（1990））など，サービス・マーケティングに関わる多様な分野へと研究が進んでいった。

そして，サービス・マーケティングをその源流の1つとするリレーションシップ・マーケティングは，顧客維持や関係性構築を目的としたCRM（カス

タマー・リレーションシップ・マネジメント）としてマーケティング分野において論じられるようになった（南，2008）。

　サービスはモノと比べて消費者と企業との関係が構築しやすいという特徴を踏まえ，サービス・マーケティングの研究ではいかに顧客と良好な関係を築くか，また，関係を築いた上でいかに繰り返し自社サービスを利用してもらい，自社の利益を増大させていくかという点に研究の焦点が当てられるようになっていった。そこでは，企業側の視点からは顧客を維持すること，再購買率を高めることが目指され，顧客側の視点からは再購買を行うための顧客満足やロイヤルティについて研究が進められることになった。

　上述したように，サービス・マーケティング研究では，サービス提供時における相互作用やサービス・エンカウンターの重要性などに起因する，モノのマーケティングではそれほど言及されてこなかった「関係性」について注目され，研究が行われてきた。

　マーケティング分野では2000年頃より，情報技術を基盤とする顧客関係を管理する経営的手法がCRMとして注目され始めた。CRMの目的として，顧客をよりよく理解することで顧客に価値を創出すること，その結果として顧客を維持し続けることが企業に財務的価値をもたらすという2つの側面が指摘された（Boulding et al., 2005；南，2008）。また，新規顧客の獲得よりも既存顧客の維持にかかるコストのほうが少ないことが主張され，マーケティング研究において顧客との関係性構築は重要な問題として論じられるようになった。

　CRMや顧客維持に関連して，企業が顧客を囲い込む手段としてポイントカードなどのツールを導入する企業が散見されるが，「顧客を囲い込みたい」とする企業の思惑とは別に，顧客である消費者の財布にはさまざまな店舗やサービス提供者によるポイントカードがたくさん入って分厚くなっていることも珍しくないだろう。

　こうした実態を踏まえると，サービス提供者の思惑に対し，顧客は必ずしも特定のサービス提供者に「囲い込まれたい」と考えているとはいえず，特定のサービス提供者に対する継続的な利用意向があるとは限らないということがいえるだろう。

6．サービスにおける多様性選好

　前節で指摘したように，サービス・マーケティングにおける従来の研究やサービス提供者は，顧客との関係を築き，いかに顧客に継続的に使用し続けてもらうかということに焦点を当ててきたのであるが，実際の消費者が企業の意図通りに囲い込まれてはいない可能性を指摘した。

　この点について小野（2006）は，サービス提供者が顧客を囲い込もうとする意図と，多様なサービスを使い分けたいとする顧客の意図を「囲い込みと使い分けのせめぎ合い」として，それぞれの要因を以下のように示した。使い分け要因として「多様性・新奇性欲求」「製品知識（賢さ）」「リスク回避」「強制的なスイッチ」を挙げ，囲い込み要因として「サービスやブランドの魅力度」「スイッチング・コスト」「習慣・習性」「リスク回避」を挙げている。

　その中における多様性・新奇性とは，今まで使っていたのとは異なるものを使いたいとするものであり，リスク回避とは，顧客自身がいつも利用しているサービスが何らかの理由により利用できない時のために備えておく他の選択肢である。

　小野（2006）が使い分け要因として挙げたものは，バラエティ・シーキングにおける先行研究で提示されているものもあり（McAlister & Pessemier, 1982；鈴木，2005），この点からもサービスにおいてバラエティ・シーキングが起こりうることが指摘される。しかしながら，サービス・マーケティングにおける先行研究では，消費者のサービス商品の購買の変遷に多様性がみられるとの視点に立ったものは多くなく（囲い込みとは逆に，当該企業から離反する顧客について注目した研究として高橋（2007）など），いかに顧客を囲い込むかといった企業側からの視点に立った研究が多いのが現状である。

7．おわりに

　従来のサービス・マーケティング研究は，主として企業側がいかにして顧客との良好な関係を築き，顧客をつなぎ止める（囲い込む）かという視点からな

されていたのに対し，本研究は消費者がいかにサービスを選択・購入するかという消費者からの研究の視座を提示した。このことは今後の消費者行動研究，サービス・マーケティング研究に対し一定の貢献をすると考えられる。

その上で本稿では，モノだけではなくサービスにおいてもバラエティ・シーキングが行われることを理論的に検討し，その可能性を示したが，今後の研究の方向性としては以下の点が挙げられる。

7-1. 製品特性との関係

そもそもサービス・マーケティングの研究では，サービスが顧客との関係が構築しやすいことから，サービスにおいてバラエティ・シーキングが行われることをほとんど想定していなかったと考えられる。従来の研究が示すように，モノよりもサービスのほうが関係性の構築が容易であると考えられるが，その一方でバラエティ・シーキングのしやすさにおいてサービスよりもモノのほうがしやすいかという点についてはまだ明らかにされたとはいえない。よって，まずバラエティ・シーキングのしやすさについてモノとサービスとを比較する必要があるだろう。

次に，従来のバラエティ・シーキング研究で指摘されていた点について，製品関与の高い消費者はよりバラエティ・シーキングを行う傾向が見られた（鈴木，2005）。モノにおけるバラエティ・シーキングは，味や見た目など客観的に評価しにくい感情的な属性を持つ商品において行われやすい傾向が見られたが，サービスについても同様に感情的な属性を持つ商品において起こりやすいかどうか，その他にも価格や購買頻度等の多様な要素を考慮しつつ，今後詳細な調査に向けた検討を行いたい。

7-2. 顧客満足度との関係

サービス・マーケティングの研究では，顧客との継続的な関係を構築するために顧客満足をいかに高めるか（また顧客満足そのものをどう規定するか）について研究が行われてきた。ところがバラエティ・シーキングの研究では，消費者は特定のブランドに満足していてもブランドをスイッチすることが示されている（鈴木，2005）。この点を踏まえると，サービスにおいて顧客満足を得

られていても消費者はブランドをスイッチする可能性が指摘される。このことは既存のサービス・マーケティング研究がそれほど考慮してこなかった視点であり，既存の商品に満足していてもブランドをスイッチする消費者の意向やその要因を探求することは，今後のサービス・マーケティング研究に貢献すると考えられる。

7-3．スイッチング・バリアとの関係

　また，ブランド・スイッチングとの関係について，サービス・マーケティングではスイッチング・バリアと呼ばれる概念がある。スイッチング・バリアとは現在利用しているサービス提供者から別のサービス提供者にスイッチする際に「顧客が感じる経済的，社会的，心理的リスク」と規定される（酒井，2012；Fornell, 1992）。スイッチング・バリアには，時間や労力の支出に関わるコストや，金銭的な損失，サービス提供者（従業員）との間に築かれた絆が失われるという感情的損失などを含むものであり，リレーションシップ・マーケティングが想定している関係性もここに包含されると考えられる。

　スイッチング・バリアの研究もまた，企業がいかに顧客の離反を防ぐかとの視点に立っているが，一方で顧客の視点から見ればそれらの関係性は当該サービスを使い続ける誘因ともなる。顧客をつなぎ止めるスイッチング・バリアと，新奇性や多様性を目的として行われるバラエティ・シーキングの意向は，それぞれ顧客のサービス商品の選択にどのように影響しあうのかについて，今後調査を行う上で検討を行う必要があるだろう。

注

1　ただし，現在はインターネット環境の進化・発展により，消費者による体験談や情報サイトから情報を入手することは可能である。しかし，これらはあくまで他人の経験談であり，これから当該サービスの提供を受けようとする消費者が全く同等のサービスが受けられることを意味するものではない。
2　分衆・少衆論とは，生活水準の向上に伴いそれまで画一的であった消費者のニーズが分散化し，個性的で多様な価値観・ニーズを求めるようになったとする主張と，（その当時においても）国民的なヒット商品が存在することから消費者のニーズは分散していないとする主張によって1980年代に盛んに行われた論争である。
3　消費の二極化現象とは，2000年代前半に多く指摘された購買行動で，同一の商品カテゴ

リーでありながら低価格の商品と高価格の商品がともによく売れる現象である。

参考文献

Assael, H. (1987) *Consumer Behavior and Marketing Action*, Boston : Kent Pub. Co.
Bass, F.M., Pessemier, E.A. & Lehmann, D.R. (1972). An Experimental Study of Relationships between Attitudes, Brand Preference, and Choice. *Behavioral Science*, Vol. 17, No. 6, 532-541.
Bateson, J.E.G. (1979). Why We Need Service Marketing. In O.C. Fornell, S.W. Bowen & C.W. lamb, Jr (eds.) *Conceptual and Theoretical Development in Marketing*, American Marketing Association. (eds.)
Boulding, W., Staelin, R., Ehret, M. & Johnston, W.J. (2005). A Cunstomer Relationship Management Roadmap : What is Known, Potential Pitfalls, and Where to Go. *Journal of Makreting*, Vol. 69, No. 4, 155-166.
Dodd, T.H, Pinkleton, B.E. & Gustafson, A.W. (1996). External Information Sources of Product Enthusiasts : Differences between Variety Seekers, Variety Neutrals, and Variety Avoiders. *Psychology and Marketing*, Vol. 13, No. 3, 291-304.
Fornell, C. (1992). A National Customer Satisfaction Barometer : The Sewdish Experience. *Journal of Marketing*, Vol. 56, No. 1, 6-21.
George, W.R. (1990). Internal Marketing and Organizational Behavior : A Partnership in Developing Customer-Conscious Employees and Every Level. *Journal of business Research*, Vol. 20, 63-70.
Gronrros, C. (1991). The Marketing Strategy Continuum : Toward a Marketing Concept for 1990s. *Management Decision*, Vol. 29, No. 1, 7-13.
Hans, C.M., Van Trijp, Hoyer, W.D. & Inman, J.J. (1996). Why Switch? Product Category-Level Explanations for True Variety-Seeking Behavior. *Journal of Marketing Research*, Vol. 33, No. 3, 281-292.
Heskett, J.L. (1986). *Managing in the Service Economy*. HBS Press.（山本昭二訳（1992）『サービス経済化のマネジメント』千倉書房）
Kahn, B.E. (1995). Consumer variety-seeking among goods and services. *Journal of Retailing and Consumer Services*, Vol. 2, No. 3, 139-148.
Laaksonen, P. (1994). *Consumer Involvement : Concept and Research*. London and New York, Routledge.（池尾恭一，青木幸広訳（1998）『消費者関与—概念と調査—』千倉書房）
McAlister, L. & Pessemier, E. (1982). Variety Seeking Behavior : An Interdisciplinary Review. *Journal of Consumer Research*, Vol. 9, No. 3, 311-322.

小川孔輔（1992）「消費者行動とブランド選択の理論」（『マーケティングと消費者行動—マーケティング・サイエンスの新展開—』有斐閣，155-180頁）。
小野讓司（2006）「顧客起点のサービスマーケティング」『一橋ビジネスレビュー』東洋経済

新報社，20-35頁。
酒井麻衣子（2012）「サービス業におけるスイッチング・バリアの先行指標と成果指標」『流通研究』日本商業学会，17-54頁。
鈴木　寛（2004）「消費の二極化現象の理論的・実証的研究―二極化を生み出す要因の分析を中心に―」『修士論文』。
――――（2005）「消費者関与とバラエティ・シーキング―内発的および外発的動機づけの視点からの分析―」『中央大学大学院研究年報』，第35号，中央大学大学院商学研究科，75-88頁。
――――（2009）「限定商品に対する消費者購買行動の理論的・実証的研究―心理的リアクタンス理論と独自性理論を中心に―」『企業研究』，第14号，中央大学大学院商学研究科，201-223頁。
――――（2011）「バラエティ・シーキング研究の理論的再構成―規定要因の再検討と消費者間関係を考慮に入れて―」『博士論文』。
高橋郁夫（2007）「「サービスの失敗」とその後の消費者意思決定プロセス：衡平理論に基づいたサービス・リカバリーの役割に関する分析」『三田商学研究』第50巻第3号，19-33頁。
田中恵理子・小川孔輔（2005）「補完アイテムのバラエティ・シーキング行動―バラエティ・シーキングにおける組み合わせの影響―」『マーケティング・サイエンス』第14巻第1号，74-92頁。
土橋治子（2000）「バラエティ・シーキングの研究アプローチと現代的消費者像」『マーケティング・ジャーナル』第20巻79号，58-69頁。
――――（2001）「バラエティ・シーキング研究の現状と課題－内発的動機づけを基盤とした研究アプローチへの批判的検討－」『中村学園大学研究紀要』第33号，中村学園大学，101-107頁。
西原彰宏（2011）「消費者文脈における探索行動」『関西学院商学研究』第64号，1-24頁。
博報堂生活総合研究所編（1985）『「分衆」の誕生―ニューピープルをつかむ市場戦略とは―』，日本経済新聞社。
藤岡和賀夫（1984）『さよなら，大衆』，PHP研究所。
南知恵子（2008）「リレーションシップ・マーケティングにおけるサービス・マーケティング・アプローチの理論的貢献」『国民経済雑誌』第197巻第5号，神戸大学経済経営研究所，33-50頁。
山本昭二（1999）『サービス・クオリティ―サービス品質の評価過程』千倉書房。
――――（2007）『サービス・マーケティング入門』日本経済新聞出版社。
余田拓郎（2011）『BtoBマーケティング』東洋経済新報社。

（鈴木　寛）

第6章

電子モール・ロイヤルティに関する実証的研究
――電子モールとショップの品質とロイヤルティ――

◆

1. はじめに

　ネット・ショッピングは依然としてその市場規模が拡大している。経済産業省による「電子商取引に関する市場調査」によると，消費者向け電子商取引は2013年に11兆2,000億円となり，対前年比17.4％であった（経済産業省，2014）。百貨店，チェーンストア，コンビニエンスストアの各業界団体の発表する2013年の売上データをみると，電子商取引は他業態に比べて著しく市場規模が拡大していた。このことは，生活において，ネット・ショッピングが特別のものではなくて，ありふれたものとなってきているといえる（**図表6-1**）。

　このような成長を続けるネット・ショッピングにおいては，独立サイトで販売する場合と，電子モールに参加してそのテナントとして販売する場合の2形態が認められる。

　ネット・ショッピングの魅力はいろいろあるが，店舗では見つけにくい商品を購入できることも挙げられる。店舗においては，店舗への移動時間などの点で，地理的に狭い範囲の顧客に販売することになる。これに対してネット・ショッピングにおいては，商品の送料の地理的な差異は認められるが，人間の移動にかかる費用や時間と比べると，地理的な差異は小さい。このことは，ネット・ショッピングにおいては，顧客の密度がたとえ低かったとしても，非常に広範な商圏によって，ネット・ショッピングが成立することになる。消費者からみれば，店舗までの地理的距離をほとんど意識しないで購入することが

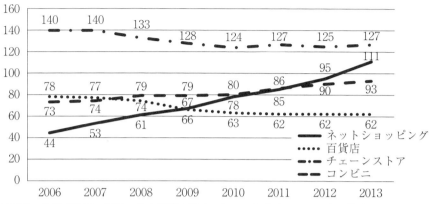

図表6-1　各業態の売上高推移（千億円）

（出所）経済産業省，2014，日本百貨店協会，2014，日本チェーンストア協会，2014，日本フランチャイズチェーン協会，2014から作成

可能である。ただし，同時に店舗を実際に訪問する可能性は低くなる。

　顧客密度の低い商品をインターネットで購入するということは，認知度や知名度の低い業者からも購入することを意味している。そのような場合には，電子モールのテナントとなることによって，電子モールがアンブレラ効果を消費者に及ぼすことになる。

　インターネットによる販売の黎明期においては，多数の電子モールが設立されたが，その後，少数の電子モールに収斂している。日経新聞社によると，2013年の楽天市場の流通総額がおよそ1兆7,000億円，Amazonは自社での直接販売とテナントによるマーケットプレースを合計して1兆円，Yahoo！ショッピング3,000億円となっている[注1]。Amazonのマーケットプレースの部分の流通総額が公表されていないが，楽天市場とYahoo！ショッピングの部分だけをみても2兆円であり，市場規模からみれば，電子モールの影響は極めて大きいと判断できる。

　ネット・ショッピングの利用経験が高まるにつれて，ショップへのロイヤルティや電子モールそのものへのロイヤルティが当然発生していると考えられ，それらを検討する必要がある。本研究においては，リアルの世界における店舗をストアと表記し，ネット上の店舗については，ショップと表記することで区

別する。それに従って，リアルの店舗に対するロイヤルティをストア・ロイヤルティとし，ネット上の店舗に対するロイヤルティをショップ・ロイヤルティという用語で表記する。

　ロイヤルティの研究をみると，ブランド・ロイヤルティを中心として，ストア・ロイヤルティなどが主な研究テーマであった。電子モールそのものに対するロイヤルティの構造や他のロイヤルティとの関係については，まだ未解明である。後述するように，今まで，インターネット・ロイヤルティとして，1次元で把握されているが，ショップと電子モールそれぞれのロイヤルティを別個に把握することにより，消費者の購買行動がより明らかになる。電子モール・ロイヤルティが高まると，同一電子モール内での他のショップへの購買意向が高まることが予見される。オムニチャネル化など今後のネット・ショッピングを考える上で電子モール・ロイヤルティの概念は重要であり，その構造などが明らかになると，理論上および実務的なインプリケーションを得ることが可能となり，ネット・ショッピングの進展に寄与するものと考えられる。

2．研究目的

　本研究の目的は，大きく2つに分けられる。第1に，電子モール・ロイヤルティの構造を明らかにする。これはロイヤルティへの因果関係を明らかにすることである。それによって，どのような変数を操作することがロイヤルティ向上に寄与するかを明らかにすることができる。第2に，電子モール・ロイヤルティが消費者の購買行動，とくに反復購買やスイッチングに関して与える影響を明らかにすることである。既存の研究では，店舗における購買行動が主として扱われてきた。同じモールでも，実店舗とサイバー空間では影響が異なることが予見される。この2つにより，電子モールがネット・ショッピングにおいてどのような意味を持っているのかを明らかにすることを目的とする。

3．既存研究について

3-1．ブランド・ロイヤルティ

　マーケティングにおけるロイヤルティ研究について，既存の研究の蓄積があるので，電子モール・ロイヤルティそのものについて検討していく前に，既存のブランドや店舗へのロイヤルティについての研究をみていく(注2)。もともと，マーケティング研究においては，メーカーのコントロール可能な変数の1つとしてブランドがあり，そのロイヤルティについての研究が主に行われてきた。
　Jacoby & Kyner（1973）はブランド・ロイヤルティの必要十分条件として6項目を挙げている。Jacoby & Chestnut（1978）は，ブランド・ロイヤルティの定義に関する文献を行動型，態度型，混合型の研究に分類している。
　和田は，態度概念について「ブランド・ロイヤルティとは，特定製品分野で消費者が知名しているブランド群に対して，ある期間持続した態度の構造であり，その偏りが大であるほど選択的かつ一貫性のあるブランド購買行動を生み出すような態度概念である」としていて（和田，1984，p.36），心理的，態度的な面を有した定義となっている。

3-2．ストア・ロイヤルティ

　ストア・ロイヤルティについても行動型，態度型，混合型の視点からみていく。
　行動型としては，山中（1968）やLessig（1973）の研究がある。後者に対しては，Murphy & Coney（1975）との間で論争が行われた（Lessing, 1975）。
　態度型の研究は比較的少ない。そのなかで，Korgaonkar, Lund, & Price（1985）は態度面に焦点を当てた研究である。なお，この研究において，態度の概念は，Katz（1960）に基づいている。彼らの研究において，態度と行動の間の関係は態度が行動を規定し，行動は態度を規定しないということを明らかにしているところに特徴がある。
　行動面と態度面を混合してストア・ロイヤルティをみようとする研究について，Bellenger, Steinberg, & Stanton（1976）は，店舗イメージと自己イメージの相関とストア・ロイヤルティには関係があるという仮説を構築している。

和田（1988）はストア・ロイヤルティをブランド・ロイヤルティの定義を「転化」させたものとして、混合型を提示している。Sirgy & Samli（1985）の研究では、Jacoby & Kyner（1973）のブランド・ロイヤルティの定義を店舗に置き換えて定義している。彼らの研究においては、ストア・ロイヤルティの規定要因に地域ロイヤルティと小売商業集積ロイヤルティとを組み込んでいるところが特徴である。

3-3. ショッピング・センター・ロイヤルティ

山中（1968）はロイヤルティの分類を種々試みており、そのなかには配給経路による分類がある。それによれば、ショッピング・センターではなく、都市内の地区を集計単位としている。その点では、Sirgy & Samli（1985）の研究でいう地域ロイヤルティに相当すると判断できる。

地区ではなく、個別のショッピング・センターを対象としたロイヤルティとしての研究として、例えば、Chebat, El Hedhli, & Sirgy（2009）の研究がある。個別のショッピング・センターを単位としてのモデルを構築し、計測しようとしている点に特徴がある。

既存の研究においては、ストア・ロイヤルティとショッピング・センターの関係は十分に研究されてきているとはいえなかった。その中にあって、Rabbanee, Ramaseshan, Wu, & Vinden（2012）は買物出向地点から短距離の場合には、ストア・ロイヤルティはショッピング・センター・ロイヤルティに影響を及ぼさない、長距離の場合には前者は後者に正の影響を及ぼすとしている。この研究においては、ストア・ロイヤルティからショッピング・センター・ロイヤルティへの因果関係と顧客からの距離に注目している。上述のようにネット・ショッピングにおいては、距離の影響が低いと考えられるので、ストア・ロイヤルティからショッピング・センター・ロイヤルティへの因果関係はないもしくは低いと考えられる。そして、このことは、電子モール内での購入ショップ間のスイッチングを発生させるものと考えられる。

3-4. ショップ・ロイヤルティ

ここまでのストア・ロイヤルティおよびショッピング・センター・ロイヤル

ティの研究はいずれも実店舗を対象としたものであった。ネット・ショッピングに関わるロイヤルティ（eロイヤルティ）の研究は Reichheld & Schefter（2000）などが比較的初期のものであり，Valvi & Fragkos（2012）によりeロイヤルティに関する文献レビューが行われた。

　ここでは，オンライン店舗におけるストア・ロイヤルティをショップ・ロイヤルティと表記して，それについて検討していく。

　インターネット上のショップ・ロイヤルティについては，Abbott, Chiang, Hwang, Paquin, & Zwick（2000）は，ストア・ロイヤルティの概念をインターネットの店舗に拡張して，店舗イメージと店舗への満足度がショップ・ロイヤルティを規定するというモデルとしている。その際に，潜在的満足と，顕在的満足を区分し，それらに影響を与える店舗属性を明確にしている。この研究では，基本的に実店舗（ストア）とオンライン店舗（ショップ）でのロイヤルティ構造が類似しているが，店舗へのアクセス度といった，類型によって大きく異なる属性による差がみられることを明らかにした点が評価される。

　Balabanis, Reynolds, & Siminitras（2006）はショップ・ロイヤルティと関係の深いスイッチングについての研究を行い，ロイヤルティ・プログラムがその障壁になるとしている。

3-5. 電子モール・ロイヤルティ

　さて，本論の中心をなす，電子モール・ロイヤルティについての検討を行っていく。直接販売者にならない電子モールは，インターネットでの販売の初期から存在していた。しかしながら，そのロイヤルティについては，必ずしも十分に研究されてこなかったと思われる。韓国語による若干の論文が存在するようだが，未見である。長島（2012）は電子モール・ロイヤルティの存在について確認した。Yoo, Sanders, & Moon（2013）はeロイヤルティを電子モール単位に測定しているが，単独のショップ単位での測定はされていない。したがって次元としては1次元である。

　電子モールへのロイヤルティが高まると，他の電子モールへのスイッチングは起こりにくくなり，また，ブランド・ロイヤルティが高まると，電子モール内でのストア・ロイヤルティが低下し，スイッチングが起こりやすくなること

が当然予測される。そこで，電子モール・ロイヤルティについて，さらにみていくことにする。

電子モールにおいて，実店舗の場合と異なり，財の到達距離が，ネット店舗の地理的立地にほとんど影響されないという特徴がある。送料と配送日数は距離による相違があるが，上述の Rabbanee et al.（2012）の指摘した実店舗の場合のような差異が生じるほどの大きさはないと思われる。

電子モール内において価格比較は実店舗に比べて極めて容易であり，価格に敏感な顧客にとって，ストア・ロイヤルティは高くならないで，スイッチングする可能性が高い。

加盟店にとって，電子モールに加盟することは，独自にサイトを立ち上げることに比べて，容易にインターネット通販を開始することができる。その反面，全国を範囲とした価格比較による価格競争に遭遇することになる。したがって，価格優位性もしくは，オリジナリティなどを持たない限り，通常では，電子モールのなかで，類似店舗のなかに埋没することになる。

電子モール運営会社は，電子モールのプロモーションだけではなくて，加盟店のプロモーション施策が必要となる。電子モール独自でクレジット・カードを発行したり，ポイント制度を行うといったインセンティブ施策によって，電子モール間スイッチングの障壁を高くすることが可能である。このポイント制度は，電子モールそのものだけではなく，加盟店が，通常より高い付与率を設定することによって，ストア・ロイヤルティを高めることにつながる。

電子モール・ロイヤルティの定義については，上述の既存の研究に基づき行動面と態度面の両方から規定されよう。「当該ショッピング・センターにおける反復購買と当該ショッピング・センターを推奨する意欲の点から，当該ショッピング・センターへの継続的な利用の意向からなる，購買者の態度的な傾向」（Chebat et al., 2009）におけるショッピング・センターを電子モールと読み替えることとする。

3-6. 満　足

満足については，Oliver（1980）の期待不一致モデルが知られている。Yüksel & Rimmington（1998）は，実際値（事後の成果のみによる）だけを採用

することが顧客満足の測定として適当であるとした。また，Reichheld（2003）は顧客ロイヤルティの測定のために，推奨を唯一の質問としている。

満足とロイヤルティの関係については，Oliver（1999）によると，満足はロイヤルティに変化し，もとには戻らないことを明らかにしている。Anderson & Srinivasan（2003）と Christodoulides & Michaelidou（2011）は e 満足が e ロイヤルティに正の影響を与える因果関係にあることを示している。

3-7．品　質

サービス品質に関してはSERVQUALの研究（Parasuraman, Zeithaml, & Berry, 1985）の蓄積がある。それをインターネットの環境下に拡張したE-Servqualの研究においては，効率性，フルフィルメント，信頼度，プライバシーが基本次元であるとしている。さらにトラブルが発生した場合には，反応度，補償，コンタクトがサービス品質を左右するとされている（Zeithaml, Parasuraman, & Malhotra, 2002）。

従来の研究をみると，e ロイヤルティもしくは類似の概念は研究されてきている。ネット・ショッピングにおいてはショップ・ロイヤルティの次元での研究が主であって，電子モール・ロイヤルティの研究はわずかである。e ロイヤルティとしていずれか1つの構成概念としてロイヤルティが研究されてきたといえる。しかしながら，実際の行動を想定すると，ショップ単位のロイヤルティと電子モール単位のロイヤルティの2つの構成概念でもって研究することにより，顧客の選択行動を深く解明でき，実務的なインプリケーションが得られると思われる。そこで，本稿では両者を区別して研究していくこととする。

4．仮　説

本研究においては，上述の先行研究などをもとにして，従来区別されてこなかった電子モール・ロイヤルティとショップ・ロイヤルティを区別する。そして，それらが購入意図などにどのような影響を及ぼしているのかを仮説設定していく。

満足については，ロイヤルティと同様に電子モールとショップを区分して構

成概念とする。品質については，当初，ショップと電子モールを区分して仮説設定することを検討したが，インターネットを利用して買物をすることは，利用者からみれば，1つのエクスペリエンスであるので，品質については，ネット・ショッピング品質として1つの構成概念として把握する。そして，その下位因子を検討することのほうが現実の行動に即していると思われる。2つのロイヤルティについて，同一のショップでの購入意図，同一モールでの購入意図，他のモールを探索する意図の関係に関して，それぞれ仮説を設定した。

各構成概念間の因果関係については，Swaid & Wigand (2009) は，「品質」から「ロイヤルティ」への直接のパスを検証している。Chang & Wang (2011) は「品質」から「満足」へのパスと，「満足」から「ロイヤルティ」へのパスとを分けて検証している。Oliver (1999) は，上記のように「満足」から「ロイヤルティ」への因果を明らかにしている。また，Anderson & Srinivasan (2003) は「e満足」から「eロイヤルティ」へのパスを想定している。これらの研究を踏まえ，また結果の応用可能性の高さから「品質」から「満足」，「満足」から「ロイヤルティ」へのパスによる仮説を構築する。さらに，それぞれのロイヤルティから同一ショップ，同一モールの購入意図，および他モール探索意向へのパスを設定した。これらから以下の仮説が導出される。

H1a：ネットショッピング品質はショップ満足に正の影響を与える。
H1b：ネットショッピング品質は電子モール満足に正の影響を与える。
H2a：ショップ満足はショップ・ロイヤルティに正の影響を与える。
H2b：電子モール満足は電子モール・ロイヤルティに正の影響を与える。
H3　：ショップ・ロイヤルティは同一ショップ購入意図に正の強い影響を与える。
H4　：ショップ・ロイヤルティは同一電子モール購入意図に影響を与えない。
H5　：ショップ・ロイヤルティは他電子モール探索意図に影響を与えない。
H6　：電子モール・ロイヤルティは同一ショップ購入意図に影響を与えない。

> H7 ：電子モール・ロイヤルティは同一電子モール購入意図に正の強い影響を与える。
> H8 ：電子モール・ロイヤルティは他電子モール探索意図に負の影響を与える。

5．構成概念

　実際に上記仮説を実証するための構成概念およびその観測変数について記していく。

　ネットショッピング品質はインターネットによる購買という一連のプロセスの品質を総合的に示すもので，複数の下位因子を想定した。既述のZeithaml et al.（2002）のE-Servqualの研究に加え，Kim, Galliers, Shin, Ryoo, & Kim（2012）は，ネット・ショッピングにおける品質の計測の下位因子として，安全性，アクセス容易性，品揃え，情報量，情報鮮度，迅速性，返品を挙げている。Ha & Stoel（2009）は，プライバシー・安全性，ウェブサイト・デザイン，顧客サービス，雰囲気・経験の各因子を明らかにした。これらの研究などをもとに46の設問を作成した。それらから，下に記す下位因子を抽出した。

　満足については，期待不一致モデルに従って事前と事後の測定を行うことは困難であるので，本研究においては，Reichheld（2003）に従って推奨を利用して測定することし，とくに対面とネット上の両面の推奨からみていく。

　ロイヤルティについては，本来は行動面と態度面の両方で計測したいが，行動面を実際の回数による設問を利用して把握しようとしても，記憶が曖昧なのか，調査方法によるものか判別できないが，必ずしも良好な結果が得られない。今回は，数値そのものを利用しないで，他のショップより購入回数が多いかどうかに関する設問で行動面を把握した。また，電子モール・ロイヤルティそのものについては，既存の研究がない構成概念であるので，eロイヤルティに関する研究成果（Valvi & Fragkos, 2012）や実店舗におけるストア・ロイヤルティ，ショッピング・センター・ロイヤルティの研究（Rabbanee et al., 2012）などを利用して観測変数を作成した。

ロイヤルティが形成されている場合，その後の購買意図については，同一ショップ，同一電子モール，他モールの3つを区別した。観測変数の作成に際しては，Chiu, Chang, Cheng, & Fang（2009），Ahn, Ryu, & Han（2004）などを参考にした。

6．調査結果

仮説検証のために，インターネット調査を合計3回実施した。調査概要を末尾に示す。分析にあたっては，共分散構造分析等を用いた。予備的な位置づけである第1回調査において，多重共線性の可能性があり，因子間相関に注意して調査項目の見直しを行って第2回調査を行った。仮説についても修正を加えた。また，予備調査から本調査への移行に際して，予備調査での回答を想起しにくいことが判明したので，予備調査と本調査の間での回答項目や手続きを改善した。

本稿での分析は主として第2回目の調査によるものである。一部回答は，モール運営会社とショップの差異が明確でなかったので，その73票を除いた。また，不条理回答を除去した。最終的に894票を分析対象とした。調査項目のなかで，フロア効果の認められた項目が2つあったので，それは除去した。

ネットショッピング品質の下位構成概念については，上記のように46の設問から，最終的に，8つの下位因子を設定した。ショップ品揃え価格，ショップ注文情報，ショップ安心感，ショップトラブル対応，モール品揃え価格，モール注文情報，モール安心感，モールトラブル対応の8つの下位因子を，探索的因子分析ついで確認的因子分析により設定した。

今回の構成概念の信頼度については，クロンバッハのαを算出すると，0.719から0.946までの数値であった。一部にやや低い数値があるものの，構成概念の信頼度は確保されていた。

妥当性については，まず収束妥当性に関しては，平均分散抽出度（AVE）を算出した。これは，0.5以上であると収束妥当性があると判断される。今回は，0.50から0.82の間であった。下限の数値はあったものの収束妥当性が認められた。次いで，弁別妥当性については，因子間相関係数の2乗とAVEを比較し，

第6章 電子モール・ロイヤルティに関する実証的研究　111

図表6-2　調査結果

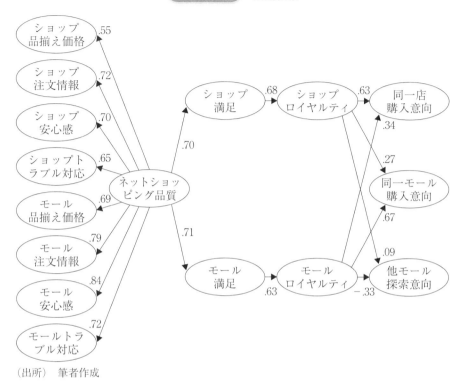

（出所）　筆者作成

後者が上回ることによって判断した（Fornell & Larcker, 1981）。その結果，いずれの構成概念に関しても弁別妥当性が確認された。

構成概念について確認のうえ，第2回調査における共分散構造分析の結果は図表6-2の通りである。

モデルの適合度は，GFI＝0.793，AGFI＝0.768，RMSEA＝0.068であった。GFI，AGFIが0.9以上であることが適合度の目安とされるが，その際には観測変数の数が30程度以下を前提としている。本モデルにおいては，観測変数の数が45であるので，必ずしも0.9以上ではないものの適合度があると判断された。また，RMSEAは0.05以下が推奨され0.08以下は許容されている。ここでは0.068なので，適合度はやや低いと思われるが，本モデルの適合性はあると判断した。なお，各パスは全て0.1％で有意となっていた。

今回の検証における中心部分についてみていく。ショップ・ロイヤルティから同一ショップ購入意図に対しての標準化係数は0.63であった。同一ショップでの購入は同一電子モールでの購入の可能性が高いので，同一電子モールへの標準化係数は0.27と必ずしも全く低くはなかった。これらに対して，他モール探索意向への標準化係数は0.09と極めて低く，ショップ・ロイヤルティが高まると，同一ショップでの購入とそれに伴って同一電子モールでの購入意向が高いと判断された。

電子モール・ロイヤルティをみると，同一ショップでの購入意向は0.34となり，同一モールでの同一ショップでの購入の状況は当然あるが，同一モール購入意向が0.67であった。すなわち，同一電子モール内であれば，同一のショップである必要はなく，他のショップでの購入というスイッチング行動を支持するものであった。この2つに対して他モール探索意向は−0.33であり，電子モール・ロイヤルティの上昇によって，同一電子モール内においてだけ購入先を探索し，他のモールを探索する意向が低下することが判明した。特定の電子モールでのロイヤルティを高めることができれば，その電子モールへの維持が可能であることを意味している。

また，上述の実店舗でのRabbanee et al. の研究にあったショップ・ロイヤルティと電子モール・ロイヤルティの距離による研究に基づいて，ネット・ショッピングでは地理的距離の差が実質的にないことから短距離の場合と同じとなると予測していた。それについて，上記のパス図のショップ・ロイヤルティと電子モール・ロイヤルティの間の因子間相関をみると，0.228と低かった。ネット・ショッピングにおいては，ショップ・ロイヤルティがそのまま電子モール・ロイヤルティに直結もしくは，その逆ではない。したがって，ショップ・ロイヤルティと電子モール・ロイヤルティは別個に構築していく必要があると思われる。

第3回調査はこの結果を利用して，さらに，その後の利用回数をモデルに入れることによって，意向による態度面とその意向が利用回数の行動面の両面から電子モール・ロイヤルティの影響などについて分析しようとした。しかしながら，第2回調査と第3回調査で同一期間，同一対象の利用回数を尋ねたが，その相関が低く，精緻な分析には適さないと判断した。

第3回調査においては，利用状況や影響などについての自由回答の設問も行った。その回答をテキストマイニングのソフトにかけた。その結果，「ポイント」，「安心感」，「検索」，「安さ」，「レビュー」，「比較」といった単語が多く見られている。この結果は，今回の研究で注目していたロイヤルティ以外の購入意向に影響のある要因について分析をするための予備的段階として活用していくことができよう。

7．議　論

電子モール・ロイヤルティのモデルが検証されたことによる理論的インプリケーションを少し記しておきたい。

(1) スイッチング行動

ネット・ショッピングにおける購入先のスイッチング行動についてショップと電子モールを区分すると，**図表6-3**のように整理することができよう。

電子モール内においてはショップ間の価格や条件の比較が極めて容易であるので，実店舗よりもスイッチングの可能性がある。とくに品質がほぼ一定である場合やその推定が容易な場合には，購入先の選択においては，ロイヤルティが影響を及ぼすはずである。その際にショップと電子モールの2次元でロイヤルティを把握することによって，購入者の行動についてより明確に判断することができよう。

(2) オムニチャネル

最近，オムニチャネル化がいわれている。従来よりも顧客側の希望に応じら

図表6-3　ネット・ショッピングにおけるスイッチング行動

		電子モール購入先	
		同一	他
ショップ購入先	同一	同一ショップ・同一電子モール継続購入	他電子モールでの同一ショップ継続購入
	他	同一電子モール内探索行動	広範探索行動

(出所)　筆者作成

れたり，接点の集合体としての魅力を訴求することが可能といえる。その際に接点の集合体全体が，顧客の購買において本稿における電子モールに類似の位置づけとなることが推定される。個々のショップのロイヤルティと，接点の集合体全体としてのロイヤルティの研究が検討されることになろう。

次いで，実務的なインプリケーションについて記す。

(3) 買物費用

ネット・ショッピングにおいては，買物出向地点からの地理的な距離は無視できるほど，買物時間の差はリアルより小さい。ただし，遠隔地送料を請求されることの多い地方の消費者は，自由回答に送料についての記載が多い傾向にあった。機会費用で算出する買物時間を考えると，電子モールでは操作などの統一性や新規購入先でも入力情報の最小化が図られているので，独立サイトでの購入よりも短縮できるはずである。しかし，必ずしもそれぞれのショップにおいて同じではなく，よりスムーズな買物ができるようにすることが，買物費用の最小化の観点から必要である。

(4) 新規参入者

電子モールのテナントになることのメリットの一つとして，参入が容易である。電子モール・ロイヤルティによって，新規参入者であっても購入されることが支持された。電子モール・ロイヤルティの高低は，特定の電子モールに参加するかどうかのカギとなるはずである。ショップ・ロイヤルティがないもしくは低い状況では，電子モール・ロイヤルティの高い電子モールに出店することによって，そのロイヤルティを活用することが可能である。ただし，電子モール・ロイヤルティは多数のショップの存在によっても高まると予測されるため，競争が激しく魅力度が低い場合には必ずしも顧客を吸引できないと考えられる。

(5) 既存店

既存店にとってみれば，電子モールへの参入が増えれば，当然競争の激化につながる。ショップ独自の魅力によるショップ・ロイヤルティが重要となる。今回の分析枠組みでは，そのためには，ショップ満足を向上させ，それにはショップ品質を向上させることが必要であることを示した。ただし，他のショップと同質化してしまっては，価格競争に巻き込まれるので，ショップ独

自の魅力を通じて品質を上げることが重要となる。とくに，電子モール運営会社の政策と自社のそれとの関係を把握して，適切な選択をしないと独自性を追求することは難しいと思われる。

(6) 電子モール運営会社

電子モール運営会社は，電子モールの魅力度を電子モール・ロイヤルティで示すことによって新規参入者を獲得することに説得力を持たせられる。多数の参加者による魅力の向上と同時に，価格競争によるイメージ低下も当然発生しうることになる。両者のバランスが必要である。運営会社にとって，魅力度の1つの指標として電子モール・ロイヤルティの向上が必要であるが，これには，電子モール自体の品質が当然関わってくる。とくに販売条件，オペレーション，信頼性といった要素でのショップ間のバラツキがないよう均質性を上げることが必要である。

8．おわりに

本研究テーマが電子モール・ロイヤルティというほとんど研究されていない概念について扱ったので，モデルの適合性は，全ての基準を満たすほどではなかったが，十分な適合性を示した。さらに精緻なモデルにしていきたい。第2回調査から4ヶ月後に購入実績について追跡調査を行った。しかしながら，記憶が薄れているのか，そもそもネット調査の問題点なのか，予想したよりはるかに回答の精度が低かった。そのために，電子モール・ロイヤルティの事後の行動面を加味したモデルの検証を行うことができなかった。この行動面を加えることによってより実態に近い分析ができると考えられるので，さらに追跡調査の調査技法などの改善を考えている。また，利用実績に影響を与える要因の分析を今後行っていきたい。

謝　辞

本研究は，日本ダイレクトマーケティング学会の研究プロジェクトによる助成と東洋大学国内特別研究員制度によって行われたものであり，深く謝意を表すもので

ある。また，学会誌編集委員会ならびにレビュアーの貴重なコメントに心より感謝申し上げる。

付　記

　本稿は，日本ダイレクトマーケティング学会の学会誌『マーケティングレビュー』（2015）に掲載されたものを，本書の分量，書式に合わせて，修正したものである。「3．既存研究について」のレビュー部分および構成概念，信頼度，妥当性などの詳細については，もとの論文を参照されたい。

注

1　『日経産業新聞』2014年8月22日，19面．『日本経済新聞』2014年2月1日，朝刊，9面．
2　「3．既存研究について」において，基本的な概念の整理については，長島（2012）によっている。
　【調査概要】
　第1回調査
　　調査方法：インターネット調査
　　実 施 日：2013年9月6-7日
　　事前調査：1万票（20歳から59歳，全国男女）
　　本 調 査：516票（事前の設定により本調査に移行した）
　　集計対象：非条理回答などを削除して369票
　　7点リッカート尺度
　　実施機関：マクロミル
　第2回調査
　　調査方法：インターネット調査
　　実 施 日：2013年11月13-14，18-19日
　　事前調査：3万票（20歳から59歳，全国男女）
　　本 調 査：1031票（事前調査の結果をもとに，本調査対象者を選択し実施した）
　　集計対象：非条理回答などを削除して894票
　　7点リッカート尺度
　　実施機関：マクロミル
　第3回調査
　　調査方法：インターネット調査
　　実 施 日：2014年3月18-20日
　　本 調 査：310票（第2回調査の集計対象者に対して追跡調査の形式で実施した）
　　集計対象：310票
　　7点リッカート尺度，自由回答
　　実施機関：マクロミル

参考文献

Abbott, M., Chiang, K., Hwang, Y., Paquin, J., & Zwick, D. (2000). The process of on-line store loyalty formation. *Advances in Consumer Research*, *27*(1), 145-150.

Ahn, T., Ryu, S., & Han, I. (2004). The impact of the online and offline features on the user acceptance of internet shopping malls. *Electronic Commerce Research and Applications*, *3*(4), 405-420.

Anderson, R.E., & Srinivasan, S.S. (2003). E-satisfaction and e-loyalty: A contingency framework. *Psychology and Marketing*, *20*(2), 123-138.

Balabanis, G., Reynolds, N., & Simintiras, A. (2006). Bases of e-store loyalty: Perceived switching barriers and satisfaction. *Journal of Business Research*, *59*(2), 214-224.

Bellenger, D.N., Steinberg, E., & Stanton, W.W. (1976). The congruence of store image and self image. *Journal of Retailing*, *52*(1), 17-32.

Chang, H.H., & Wang, H. (2011). The moderating effect of customer perceived value on on-line shopping behaviour. *Online Information Review*, *35*(3), 333-359.

Chebat, J., El Hedhli, K., & Sirgy, M.J. (2009). How does shopper-based mall equity generate mall loyalty? A conceptual model and empirical evidence. *Journal of Retailing & Consumer Services*, *16*(1), 50-60.

Chiu, C., Chang, C., Cheng, H., & Fang, Y. (2009). Determinants of customer repurchase intention in online shopping. *Online Information Review*, *33*(4), 761-784.

Christodoulides, G., & Michaelidou, N. (2011). Shopping motives as antecedents of e-satisfaction and e-loyalty. *Journal of Marketing Management*, *27*(1), 181-197.

Fornell, C., & Larcker, D.F. (1981). Evaluating structural equation models with unobservable variables and measurement error. *Journal of Marketing Research*, *18*(1), 39-50.

Ha, S., & Stoel, L. (2009). Consumer e-shopping acceptance: Antecedents in a technology acceptance model. *Journal of Business Research*, *62*(5), 565-571.

Jacoby, J., & Chestnut, R.W. (1978). *Brand loyalty: Measurement and management.* Wiley New York.

Jacoby, J., & Kyner, D.B. (1973). Brand loyalty vs. repeat purchasing behavior. *Journal of Marketing Research*, *10*(1), 1-9.

Katz, D. (1960). The functional approach to the study of attitudes. *Public Opinion Quarterly*, *24*(2), 163-204.

Kim, C., Galliers, R.D., Shin, N., Ryoo, J., & Kim, J. (2012). Factors influencing internet shopping value and customer repurchase intention. *Electronic Commerce Research and Applications*, *11*(4), 374-387.

Korgaonkar, P.K., Lund, D., & Price, B. (1985). A structural equations approach toward examination of store attitude and store patronage behavior. *Journal of Retailing*, *61*(2), 39-60.

Lessig, V.P. (1973). Consumer store images and store loyalties. *Journal of Marketing*, *37*(4), 72-74.

Lessing, V.P. (1975). A reply to Murphy and Coney, *Journal of Marketing*, *39*(3), 66-68.

Murphy, J.H., & Coney, K.A. (1975). Comments on "consumer store images and store loyalties". *Journal of Marketing, 39*(3), 64-66.

Oliver, R.L. (1980). A cognitive model of the antecedents and consequences of satisfaction decisions. *Journal of Marketing Research, 17*(4), 460-469.

Oliver, R.L. (1999). Whence consumer loyalty? *The Journal of Marketing, 63*, 33-44.

Parasuraman, A., Zeithaml, V.A., & Berry, L.L. (1985). A conceptual model of service quality and its implications for future research. *Journal of Marketing, 49*(4), 41-50.

Rabbanee, F.K., Ramaseshan, B., Wu, C., & Vinden, A. (2012). Effects of store loyalty on shopping mall loyalty. *Journal of Retailing & Consumer Services, 19*(3), 271-278.

Reichheld, F.F. (2003). The one number you need to grow. *Harvard Business Review, 81*(12), 46-54.

Reichheld, F.F., & Schefter, P. (2000). E-loyalty. *Harvard Business Review, 78*(4), 105-113.

Sirgy, M., & Samli, A. (1985). A path analytic model of store loyalty involving self-concept, store image, geographic loyalty, and socioeconomic status. *Journal of the Academy of Marketing Science, 13*(3), 265-291.

Swaid, S.I., & Wigand, R. (2009). Measuring the quality of e-service: Scale development and initial validation. *Journal of Electronic Commerce Research, 10*(1), 13-28.

Valvi, A., & Fragkos, K. (2012). Critical review of the e-loyalty literature: A purchase-centred framework. *Electronic Commerce Research, 12*(3), 331-378.

Yoo, C.W., Sanders, G.L., & Moon, J. (2013). Exploring the effect of e-WOM participation on e-loyalty in e-commerce. *Decision Support Systems, 55*(3), 669-678.

Yüksel, A., & Rimmington, M. (1998). Customer-satisfaction measurement. *The Cornell Hotel and Restaurant Administration Quarterly, 39*(6), 60-70.

Zeithaml, V.A., Parasuraman, A., & Malhotra, A. (2002). Service quality delivery through web sites: A critical review of extant knowledge. *Journal of the Academy of Marketing Science, 30*(4), 362-375.

経済産業省（2014）『平成25年度わが国経済社会の情報化・サービス化に係る基盤整備（電子商取引に関する市場調査）報告書』。

長島広太（2012）「電子モールロイヤルティの研究」東洋大学『経営論集』80，57-71頁。

日本フランチャイズチェーン協会（2014）．「コンビニエンスストア統計調査年間集計」。

日本チェーンストア協会（2014）．「平成25年暦年のチェーンストアの販売概況について」。

日本百貨店協会（2014）．「平成25年12月・年間　全国百貨店売上高概況」。

山中均之（1968）『マーケティング・ロイヤルティ』千倉書房。

和田充夫（1984）『ブランド・ロイヤルティ・マネジメント』同文舘。

─────（1988）「ストア・ロイヤルティ構築の視座」『流通政策』33，58-66頁。

（長島　広太）

第7章

顧客満足とロイヤルティによる消費者理解
―コーヒー・チェーン店利用客の日印比較から―

◆

1．はじめに

　企業の海外進出に際しては，それが調査を兼ねたスモール・スタートでない限り，事前のフィージビリティ・スタディが不可欠となる。この中で，進出先国のインフラ状況，物流システム，商習慣，税制，国・地方政府との協力関係，潜在的な競合相手――等々のビジネス環境の把握は最重要課題であろう。一方，マーケティング戦略を考える上では，ターゲットとなる潜在顧客の消費者特性を見極めることも，ビジネス環境の把握とともに必要不可欠な課題となる。しかし，日本の実務家にヒアリングを行うと，小売や外食などB2Cサービスであっても，年齢層，所得状況といった人口動態的分析にとどまっており，消費者の価値観，すなわち心理統計的特性に注力する例は稀であるように思われる。
　この背景として，特性把握が必要と感じてはいても，調査自体・結果解釈の両面において困難が伴うことが挙げられる。消費者特性の把握というと，ビジネス・エスノグラフィーに代表されるように，時間をかけて消費者の家庭の様子や生活状況を見せてもらうといったイメージを抱くかもしれない。例えば，パナソニック・インディアが現地調査チームを活用しつつ，ビジネス推進と並行して実施している例が挙げられる。フィージビリティ・スタディのように短期間で結果が得られる保証はない。また，結果は定性情報への依存度合いが高く，解釈に際しても分析者のセンスや洞察力がカギとなるという問題点もある。一言でいえば，時間がかかりかつ有用な結果が得られるとは限らないという性

格を持っている。

　もちろん，消費者像の把握を目的とした地道な定性調査は必要なことではあるが，フィージビリティ・スタディのように予算・時間ともに制約が強い中で一定の成果を期待できる調査，しかも定量的に消費者特性を把握できる調査はないのだろうか。以上の問題意識に基づき，本稿は特定の消費分野に関する消費者特性を，定量的に把握するための簡易調査を提案するものである。調査内容は，顧客満足・ロイヤルティの状況と両者の関連性に焦点を当てたオーソドックスな定量調査であり，それによって得られる知見の情報価値を考察・検討することとする。

　具体例として，インド都市部に居住する中間所得者層を対象とした，コーヒーショップ・チェーン店（以後，「カフェ」とする）の利用に関する消費者特性把握の試みを取り上げる。インド都市部の中間所得者は今後急増する見通しであり，インスタント食品，冷凍食品，紙おむつの需要拡大など，その生活様式も急速に欧米スタイルに近づいている。都市部に居住する若年層にとって外食は一般化しており，同時に社交目的でのカフェの利用機会も増加している。カフェ・チェーンの展開は外資系企業も含め，今後有望なビジネスの1つである。

2．先行研究

　本稿は，特定消費分野における顧客のロイヤルティと顧客満足の構造から消費者特性を探ることを目的とするものである。したがって，ロイヤルティ・顧客満足関連の先行研究の中から本研究と関連の深い概念・考え方を検討する。

2-1．ロイヤルティ

　ロイヤルティは，行動面・態度面双方から捕捉するのが一般的な考え方である。Dick & Basu（1994）は，行動面としての反復購買，態度面としての心理的愛着（以後，「愛着」とする）の両面から，**図表7-1**の4分類を提示する。つまり，行動・態度とも高水準である「真のロイヤルティ」，行動面は高水準でも態度面が伴わない「見せかけのロイヤルティ」，行動面は伴っていないま

図表7-1　ロイヤルティ状況の分類

		態度面 （愛着）	
		高	低
行動面 （反復購買）	高	真の ロイヤルティ	見せかけの ロイヤルティ
	低	潜在的 ロイヤルティ	ロイヤルティ なし

（出所）Dick & Basu（1994）に基づき作成

でも態度面が高水準である「潜在的ロイヤルティ」，両者とも高水準とはいえない「ロイヤルティなし」—の4分類である。

　行動面のロイヤルティは反復購買行動として捕捉，操作化されることが一般的であり，その意味では明確である。一方，態度面のロイヤルティに関してはいくつかの考え方がある。上記のように，Dick & Basu（1994）は態度的ロイヤルティを愛着と捉えた。また，ロイヤルティが一般に行動面から理解されることが多いため，態度面のロイヤルティを「コミットメント」として概念的な区別を行った。Baron, Conway, & Warnaby（2010）も態度的ロイヤルティとしての愛着を重視する。その根拠として，「この心的傾向こそが，将来的な再購買やポジティブな口コミ行動に繋がる」と指摘する。

　一方，サービス・マーケティングの立場からは，顧客満足が再購買意図や他者への推奨意図につながるかどうかが関心領域となってきたとの指摘もある（南，2012）。Reicheld（2003）は主として実務的観点から推奨意図こそが，ロイヤルティを計る上での最重要指標であると結論づける。同論文では，Net Promoter Score（NPS）を以下のように定義する。顧客アンケート調査において，自社製品・サービスの推奨意図を0（全くなし）〜10（絶対に推奨）まで11段階で尋ね，9〜10をPromoter（推奨者），0〜6をDetractor（中傷者）とする。その上で，Promoterの比率からDetractorの比率を差し引くことによって，NPSを導くというものである。2000年初頭の当時，Amazon, Apple, eBayなど超優良企業のNPSは75%超であるとし，業績との相関も高いと指摘する。

Christopher, Payne, & Ballantyne（2002）は「ロイヤルティの梯子（Loyalty ladder）」概念を提示する。ロイヤルティの階層性を指摘し，顧客（Customer）→得意客（Client）→サポーター（Supporter）→代弁者（Advocate）→パートナー（Partner）と進化する可能性を指摘する。要約すれば，顧客が反復購買という行動的ロイヤルティを示せば，得意客となり，商品・ブランド・企業に愛着を抱くに至ればサポーターとなる。さらに，ポジティブな口コミを行う存在は代弁者であり，最終的には企業とともに商品・ブランドを守り発展させるパートナーに登り詰めるとする。この考え方に従うなら，行動的ロイヤルティは愛着を示す前段階であり，愛着を抱く顧客も他者への推奨行動を伴う代弁者に進化する余地を考えていることになる。この意味で，最上位のパートナーは例外的状況とするなら，Christopher, et al.（2002）も推奨行動・推奨意図を究極のロイヤルティと見做す点において，Reicheld（2003）と共通する。

　以上のような先行研究の考え方を踏まえ，本研究ではロイヤルティを行動面，態度面の双方から把握することを試み，態度的ロイヤルティの操作化の方法として，再利用意図，愛着，推奨意図の3通りを扱うこととする。

2-2．顧客満足

　顧客満足と評価に関しては多くの論点が存在する。その中から本研究の論点と密接に関連する，1）ロイヤルティと顧客満足の関連，2）総合評価としての顧客満足と部分評価の関連，3）期待の役割—の3点について概観・検討する。

　まず，ロイヤルティと顧客満足の関連に関しては，閾値効果を考えることが一般的である。すなわち，顧客満足・不満足の一定程度までロイヤルティが反応しない領域が存在し，それを超えることで初めてロイヤルティが変化するという考え方である。閾値効果に加え，Oliva, Oliver, & MacMillan（1992）は"Negativity effect"に即した非対称・非線形の関係性を分析する。

　次に，総合評価としての顧客満足と部分評価の関連に関しては，量的関連性を分析する研究，質的特性を抽出する研究に分けられる。前者の例として，Mittal, Ross, & Baldasare（1998），Nagashima, Nag, & Nagashima（2015）が挙げられ，非対称性・非線形性の存在を確認している。後者には，Stauss &

Weinlich (1997),長島 (2009) の研究例があり,定性調査に基づいてサービス・プロセスの各段階の特徴を抽出するとともに,各段階が総合評価に及ぼす影響を検討する。

最後に,期待の役割に関しては,いわゆる期待不一致モデルが代表的な考え方となる。プロセスと結果の重要性を指摘する Gronroos (1984),代表的なサービス評価モデルである SERVQUAL を提唱する Parasuraman, Zeithaml, & Berry (1988) に見られる考え方である。いずれの研究も,部分的な属性や要素 (以後,「部分評価要素」とする) も事前期待と比較して成果が評価されると考える。そしてその超過分 (不足分) の合成が総合評価に影響する,あるいは直接,総合評価となるという考え方をとる。

以上の諸研究を踏まえ,本稿ではロイヤルティが顧客満足の影響を受けることを仮定しつつも,閾値の存在,非対称・非線形的特質の可能性を考慮する。すなわち,線形的関係やロイヤルティの連続性を仮定することはしない。また,総合評価と部分評価要素の評価の関連性に着目することによって,総合評価に影響力のある部分評価要素を抽出すること,それに基づき消費者特性を検討することを研究目的の1つとする。期待不一致モデルに関しても,その適合性を前提とせず,検証対象とするとともに,まずは事前期待を抱くか否かに関する検討を行うものとする。

最後に,「顧客満足」「総合評価」に関して,多くの研究は前者を感情的反応,後者を認知的反応として概念上区別する。また,評価の多次元性を仮定することも多い。一方,実測上はほぼ同一となるなど,一次元の単一指標で表す総合評価を顧客満足の代理変数と見做すことを支持する研究例もある (Bitner & Hubbert, 1994 ; Spreng, MacKenzie, & Olshavsky, 1996 ; Mittal et al., 1998 等)。本研究は実務上の提案を目的としているため,概念上の違いを認めつつも実測上の近似性を根拠に,総合評価を顧客満足の代理変数と見做す。

3.分析方針と調査データ

特定消費分野 (本研究ではインド都市部中間所得層によるカフェの利用) における消費者特性を把握する方法を検討する。顧客満足とロイヤルティの両側

面を重視し,以下3点について明らかにすることを試みる。すなわち,1）顧客満足,ロイヤルティ状況の現状・分布,2）両者の関連性,3）顧客満足の規定要因——の3点である。

上記1）に関しては,顧客満足水準の分布,およびDick & Basu（1994）の分類に基づくロイヤルティ状況を提示する。ここで,態度的ロイヤルティは愛着を用いる。上記2）に関しては,Dick & Basu（1994）によるカテゴリー別

図表7-2　調査の概要

	インド	日本
＜有効回答数＞	n＝334	n＝93
＜調査対象＞ ：年齢	18歳以上	18歳以上
：地域	デリー,ムンバイ,チェンナイの居住者	関東地方在住の大学生
：世帯年収	世帯年収200,000ルピー（INR）以上かつSEC（Social Economic Class）のAまたはBに属する人	制限なし（私立大学に通学する大学生が中心）
：経験	過去3カ月以内に,コーヒー・チェーン店を利用しており,その体験を鮮明に記憶している人。また,その体験に関して答えることに同意した人。	
＜調査期間＞	2015年2月〜3月	2014年6月〜7月
＜調査方法＞	オンライン調査。InfoBridge Marketing & Promotions Co., Ltd.の管理するモニターを利用	調査協力者に対する調査票の配布と回収による
＜質問項目＞	＊基本属性（年齢,性別,居住地,世帯年収等） ＊コーヒーショップ・チェーン店名,場所,利用時間,利用目的 ＊その経験に対する満足度（総合評価,部分評価要素（待ち時間,清潔さ,店員の応対,雰囲気,立地,利用金額等）に対する評価） ＊その店舗に対するロイヤルティ（最近1年間の利用頻度,再利用意図,愛着,推奨意図） ＊事前期待と実際の経験との比較	

（出所）　筆者作成

の顧客満足，および逆サイドからみる顧客満足によるロイヤルティ状況の差異を提示する。後者において，態度的ロイヤルティは，再利用意図，愛着，推奨意図の3種類を提示する。上記3）は総合評価と部分評価の相関，事前期待の状況と総合評価への影響の視点から分析する。前者において，部分評価要素ごとに Stauss et al.（1997）による "Minimum-requirement factor" もしくは "Value-enhancing factor" への分類が可能か否か検討する。事前期待に関しては，期待形成自体が行われているか，また事前期待は期待不一致モデルが想定するような影響を総合評価にもたらしているかを分析する。インド消費者の特徴を抽出するのが目的だが，日本の消費者を比較対象とすることによって，特徴を明らかにする。以上，上記の分析を実施するため，日本・インド両国において，アンケート調査を実施した。調査の概要を**図表7-2**に示す。

4．分析結果

4-1．ロイヤルティと顧客満足の状況

図表7-3は図表7-1に掲げた形式で，ロイヤルティ状況を表したものであ

図表7-3 ロイヤルティの状況

		態度的ロイヤルティ（愛着）		合計
		高	低	
行動的ロイヤルティ（高頻度利用）	高	India 43.7% Japan 13.7%	India 16.5% Japan 26.3%	60.2% 40.0%
	低	India 19.5% Japan 8.4%	India 20.4% Japan 51.6%	39.8% 60.0%
	合計	India 63.2% Japan 22.1%	India 36.8% Japan 77.9%	100% 100%

（注）　行動的ロイヤルティ：「高」最近1年間に同一店舗を6回以上利用
　　　　態度的ロイヤルティ：「高」当該店舗への愛着を強く感じる（5段階の最高段階）
（出所）　筆者が実施したアンケート調査結果より加工，以下の図表も同じ

る。行動的ロイヤルティは高頻度利用(最近1年間で6回以上利用)を「高」とし,それ以外を「低」としている。一方,態度的ロイヤルティはDick & Basu (1994) の重視する「愛着」の有無とし,5段階リッカートスケールで尋ねる最高段階(大いに愛着を感じる)を「高」,それ以外を「低」とした。

　行動的ロイヤルティ,態度的ロイヤルティとも,インド消費者において高くなっていることがわかる。とくに,態度的ロイヤルティの違いは顕著である。インドにおいて,カフェでコーヒーを飲む,友人などと談笑をするといった習慣がいまだに普及途上にあるため,特別感を感じている可能性がある。一方,日本ではカフェに入ること自体は,学生などにとっても日常的行為の一環であり,行為自体に特別感を感じることは少なくなっている背景があろう。それでも,2割強の消費者が特定店舗に対する愛着を持っている事実は注目に値する。

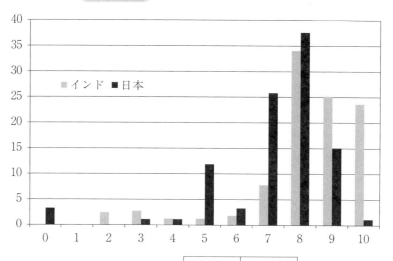

図表7-4　顧客満足(総合評価)の分布

	インド	日本
有効サンプル数	334	93
平均値	9.25	7.13
中央値	9.00	8.00
最頻値	8	8
標準偏差	1.769	1.853

図表7-4は利用したカフェに対する顧客満足（総合評価）の分布を示す。調査における，尋ね方は，0（最低）〜10（非常に素晴らしい）の11段階とし，5を中位（良くも悪くもない）点としている。両国の分布を比較すると，インド消費者の評価は，日本の消費者よりも好意的であることが見て取れる。

4-2．両者の関連性

企業による一般的な理解は以下のようなものであろう。すなわち，「ロイヤルティは主として顧客満足を通じて得られる貴重な資産である」。また「態度的ロイヤルティに関して言えば，顧客満足はこのための十分条件とは言えないまでも，必要条件である」。すなわち，顧客満足が高くても必ずしも（態度的）ロイヤルティにつながるとは限らないが，（態度的）ロイヤルティが高い背景として必ず高い顧客満足が存在しているという推測である。こうした認識は一般論としては正しいと思われる。

ただ，顧客満足とロイヤルティの関連性は，経済・社会情勢，ビジネス環境，提供価値や顧客の性格等々によっても異なる。また，ロイヤルティのうち，態度的ロイヤルティだけをとっても，いずれの側面をみるかによって差異が生じると考えられる。顧客満足とロイヤルティの関連性およびその特徴は，マーケティング戦略を考える上で市場特性の1つとして重要な情報となりうる。

図表7-5はDick & Basu（1994）の分類に即して，顧客満足水準の平均値を示している。分類は図表7-3と同様であり，態度的ロイヤルティは「愛着」を示している。これをみると，インド，日本において全体的傾向に関する共通点をみることができる。つまり，顧客満足の水準は，行動的ロイヤルティの違いによって差異を示さない半面，態度的ロイヤルティの違いによって差異を示す傾向にある。ただし，日本の場合，行動的・態度的ロイヤルティいずれも，顧客満足水準の差は統計的に有意でない。

また細かくみると，態度的ロイヤルティが高いケースでは，両国とも行動的ロイヤルティが低いケースの方が顧客満足水準は高くなっている。愛着は感じていても，所得や時間の制約など何らかの理由によって行動が伴わない場合，より希少感が生じることによって満足評価が高まっている可能性を指摘することができる。

図表7-5 ロイヤルティ状況による顧客満足度の差異

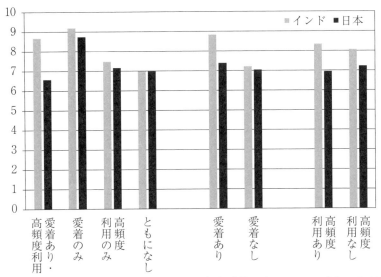

(注) 1）愛着の有無による顧客満足の差異，2）行動的ロイヤルティの有無による顧客満足の差異—が有意か否か検定した結果は以下（t検定による）。表中の数値はp値。

	愛着の有無による差異	高頻度利用の有無による差異
インド	0.000	0.146
日本	0.441	0.483

　図表7-5はインド・日本両国における類似性を示唆するものとして注目されるが，態度的ロイヤルティは愛着だけを対象としている。また，11段階で表現する顧客満足度の平均値を比較するだけでは，満足がロイヤルティに及ぼす非線形的な影響を検討することはできない。そこで，**図表7-6**では顧客満足度の水準を，各ランクの度数が均等に近くなるように両国とも，4つのランクに分け，各段階に応じたロイヤルティを表している。

　ここで分析対象とする態度的ロイヤルティは，再利用意図，愛着，推奨意図である。再利用意図と愛着に関しては，5段階リッカートスケールの最高段階を選択したサンプルがロイヤルティを示すと考える。すなわち，再利用意図で

図表7-6 顧客満足度によるロイヤルティの差異

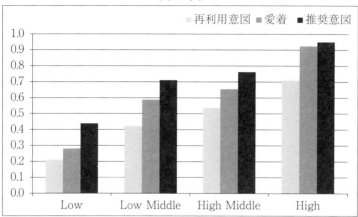

<インド>

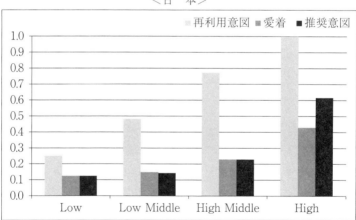

<日　本>

(注1) 顧客満足水準（インド）：Low＝0～7，Low-middle＝8，High-middle＝9，High＝10
　　　同（日本）：Low＝0～5，Low-middle＝6～7，High-middle＝8，High＝9～10
(注2) 顧客満足水準の違いによるロイヤルティレベルの差に関する有意性を帰無仮説
「各顧客満足水準において，ロイヤルティレベルに差はない」とし，F検定を実行
すると，以下の結果を得る（表中の数値はp値を示す）

	再利用意図	愛着	推奨意図
インド	0.000	0.000	0.000
日本	0.000	0.157	0.006

あれば「また必ず利用したい」，愛着であれば「大いに感じる」の選択肢に対応している。推奨意図に関しては，5段階のリッカートスケールとともに，「すでに推奨を行った」という選択肢を設けており，この選択肢と5段階の最高段階である「ぜひ推奨したい」を選択したサンプルがロイヤルティを示すと考える。「まあ推奨してもよい」とする消極的是認，つまり"Passively Satisfied"をロイヤルティの表出と見做さないのは，Reicheld（2003）の考え方と同様である。

図表7-6は両国消費者の相違点と類似点を明確に示している。まず，相違点に関して，インドでは愛着と推奨意図が圧倒的に得やすいことが指摘できる。一方，日本の消費者において，再利用意図よりも愛着，推奨意図を得ることが困難であるという結果は，これらの態度的ロイヤルティが再利用意図より高次元に位置すると考える Christopher et al.（2002）と符合する。日本においては，愛着と推奨意図は満足水準が最高レベルに至らないと獲得するのは困難であることがうかがえる。ただ愛着に関しては，満足レベルによる差異が統計的に有意でない。

次に両国の類似性に関しては，まず満足水準の向上とともにロイヤルティも高まるという一般的傾向を指摘することができる。また，中でも再利用意図に関しては直線的・比例的に変化していることも共通している。

両国において，顧客満足とロイヤルティの関係が統計的に有意であり，かつ観察される関連性に差異がみられる推奨意図に関し，Ordered Logit Model による分析結果を**図表7-7**に提示する。ここで，従属変数は推奨意図，独立変数は図表7-6に対応する満足度の4段階，および利用頻度である。推奨意図は，Reicheld（2003）のNPSの考え方に従っている。すなわち，「1＝Detractor, 2＝Passively Satisfied, 3＝Promoter」とする3段階である。また，利用頻度は図表7-3の行動的ロイヤルティと同定義による2分割，すなわち「低＝1，高＝2」である。

Ordered Logit Model によるパラメータ推定値は図表7-7に示す通り，いずれも有意ではあるが，パラメータの数値が表す意味内容は別途考える必要がある。ここでの独立変数は全てカテゴリーデータであるので，それぞれの取り得る値から，従属変数の累積帰属確率が計算され，これに基づいて，Detrac-

図表7-7 Ordered Logit Model によるパラメータ推定結果

	<インド>		<日本>	
	推定値	p値	推定値	p値
α_1	2.68	0.000	3.02	0.001
α_2	4.25	0.000	4.82	0.000
β_1	1.13	0.000	0.95	0.000
β_2	1.66	0.000	0.77	0.079
Cox & Snell		0.235		0.209
Nagelkerke		0.302		0.236
McFadden		0.178		0.109

(注) モデルは,$\Pr(k_j \leq j) = \exp(\alpha_j - \beta_1 X_1 - \beta_2 X_2)/[1 - \exp(\alpha_j - \beta_1 X_1 - \beta_2 X_2)]$,$j=1, 2$
α_j:閾値,X_1:顧客満足水準(4段階),X_2:利用頻度(2分割)

tor, Promoterとなる確率を求めることができる。次ページの**図表7-8**は,こうして計測した確率を図示したものである。日本では満足度が低い場合にDetractorが発生しやすいこと,インドでは満足度が高い場合,また利用頻度が高ければ満足度が中程度であっても高い確率でPromoterとなる傾向を見て取れる。

4-3. 顧客満足の構造
4-3-1. 総合評価と部分評価要素

図表7-9は,顧客満足に関する総合評価と部分評価要素の相関係数を示す。インド消費者に関し,総合評価と相関の大きい要素を左から降順に並べている。相関の大きさは必ずしも因果関係を示すものではないが,部分評価要素の良し悪しがそれぞれ総合評価に影響を与えるとの解釈は概ね自然である。したがって,ここでは各相関が個々の要素から総合評価への影響度を示すと解釈する。

当分析結果はインド消費者の顕著な特徴を示している。部分評価要素と総合評価は全般に日本の消費者と比べて高く,要素間の差異は小さいことがわかる。一方,日本の消費者は,特定の要素を重視していると推測される。「店員による応対」「飲食物の美味しさ」「店内の雰囲気」「椅子・テーブルの快適さ」「店内の清潔感」「会計時の丁重さ」が総合評価を規定する上で重要な要素となっ

図表 7-8 満足水準・利用頻度別の Detractor, Promoter の推定確率

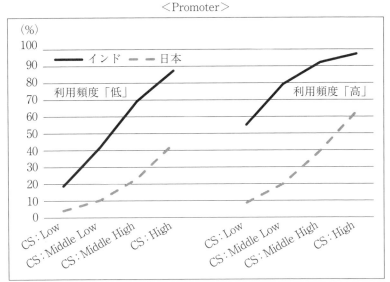

(注) 図表7-7のパラメータ推定値に基づく確率の推定値。Ordered Logit Modelによる従属変数の推定値は累積帰属確率となるため、Pr(Detractor)=Pr(k<1), Pr(Promoter)=Pr(k≧2)=1−Pr(k<2) より推定。

図表7-9 総合評価と部分評価の相関

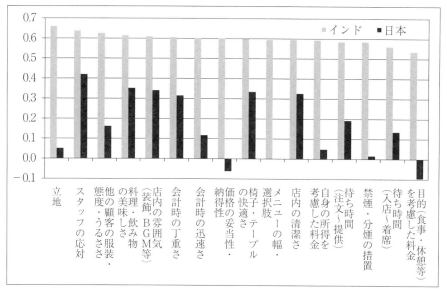

（注）縦軸は各部分評価要素と総合評価の相関係数（Pearson's correlation coefficient）を示す。日本の調査では「メニューの幅・選択肢」に関する評価を尋ねていないため、該当箇所はゼロとした。

ている。ただ、いずれの要素もインド消費者と比べて相関は小さな値にとどまる。要約すれば、インドの消費者は全方位的、日本の消費者は選択的であるといえる。全方位的な消費者を満足させることは難しいとも考えられるが、一方でいずれの要素においてもその改善が顧客満足につながりやすい、すなわち投資や努力の成果が表れやすいという特徴も指摘できるだろう。

Stauss & Weinlich（1977）は部分評価要素を2つのタイプ、すなわち"Minimum-requirement factor"と"Value-enhancing factor"に分けた。前者は、評価が中位点を下回ると総合評価に悪影響を及ぼす要素、後者は逆に評価が中位点を上回ると総合評価に好影響を及ぼす要素と定義される。狩野他（1984）の「当たり前品質」「魅力的品質」の分類も類似した考え方である。平易に表現するなら、"Minimum-requirement factor"は「満たされて当たり前・なければ不満」な要素、"Value-enhancing factor"は「なくても仕方ない・あれば嬉しい」要素である。

部分評価要素と総合評価の相関係数によって2要素への分類を試みるなら，各要素について中位点を下回るサンプル，上回るサンプルに分け，それぞれ総合評価との相関を計測することが考えられる。もし，中位点を下回るサンプルと総合評価との相関が高ければ"Minimum-requirement factor"，中位点を上回るサンプルと総合評価との相関が高ければ"Value-enhancing factor"であると推測することが可能である。しかし，得られたインド消費者のサンプルをみると，総合評価だけでなく，ほぼ全ての部分評価要素の評価が7点以上に分布している。このため，中位点を下回るサンプルは外れ値と見做しうるほどに希少であり，"Minimum-requirement factor"は検出されない。一方，全ての部分評価要素において総合評価との相関が1％水準で有意となっているため，ほぼ全ての要素が"Value-enhancing factor"に分類される。

本研究における日本の消費者サンプルは90強とインド消費者より少なく，やはり検出力は高くない。ここでは，日本の消費者が本研究のサンプルを含み，さらにファミリー・レストラン，回転寿司を同一項目で評価した300人強のサンプルについての分析結果に言及することとする。ここでは，"Minimum-requirement factor"の特徴を示すのは，「スタッフの応対」「注文から飲食物提供までの待ち時間」「価格の納得性」となる。一方，"Value-enhancing factor"は「店内の清潔感」「店内の雰囲気（装飾・BGMなど）」「椅子・テーブルの快適性」「禁煙・分煙環境」「会計の迅速さ」「会計の丁重さ」となる。また，「スタッフの応対」「店内の清潔感」「価格の納得性」はいずれの方向でも有意な相関を示すため，双方の性格を併せ持つ重要な要因であると推測される。

4-3-2．期待の役割

本項では事前期待の役割を検討する。アンケート調査では，各部分評価要素について，事前期待よりも「良かったか」「悪かったか」「ほぼ同程度だったか」あるいは「その項目に関する事前期待は特に持たなかったか」，選択肢4択での回答を得た。これに関し，1）期待形成の実態，2）期待不一致モデルの適合性─の2つの観点から検討する。ここで，「期待」の意味内容は，「こうであろう」という予想水準であり，「かくあるべき」という規範的意味ではない。

「期待形成の実態」に関しては，｜利用頻度が低い人は個々の要素に関する予

想は困難であるため,事前期待を持つことは少ない一方,利用頻度が高い人は事前の予想を行いやすく,予想水準と実際のパフォーマンスとの一致度も高い」との推測を仮説としている。「期待不一致モデルの適合性」に関しては,Gronroos (1984),Parasuraman, et al. (1988) の考え方に従って,「事前期待よりも良かった要素が多いほど総合評価は高まる一方,事前期待よりも悪かった要素が多いほど総合評価は低くなる」と仮定する。

まず「期待形成の実態」に関して,**図表7-10**からインド人消費者がほぼ仮説通りの行動を示していることがうかがえる。つまり,利用頻度が高いグループは,より期待形成を活発に行っており,かつ正確に予想している。これに対して,日本の消費者は利用頻度の高低による差異が認められない。類似サービスの氾濫等によって,必ずしも同一店の利用頻度が期待行動の活発さや正確さにつながらないことなどが類推され,先進国経済・成熟消費社会における消費行動の複雑さを想起させる結果となった。

しかし,「期待不一致モデルの適合性」に関しては,全く異なる結果を得る。仮説と部分的にでも適合しているのは日本の消費者であり,インドの消費者に期待不一致モデルを当てはめることは不可能であるとの結論に至った。分析結果を敷衍すれば,高頻度利用者に関しては,両国とも統計的に有意な関係は得られなかった。利用頻度が低いグループに関し,日本の消費者については,予想を上回る評価を得た要素数から下回る評価の要素を差し引いた値と総合評価の相関は0.271となり,5％水準で有意な相関が得られた。これに対し,イ

図表7-10 事前の予想行動の状況および予想との一致度

		利用頻度「低」	利用頻度「高」	p値
インド	予想水準と一致した要素数	2.3	6.2	0.000
	事前予想しなかった要素数	5.9	3.0	0.000
日本	予想水準と一致した要素数	6.2	6.3	0.837
	事前予想しなかった要素数	2.5	1.6	0.107

(注1) 本文では先行研究に従い,「期待」と表記しているが,上記表中はアンケート調査の質問文に即し,「予想」の用語を用いている。
(注2) 利用頻度の高低は図表7-3の行動的ロイヤルティの定義と同じ。
(注3) インドは部分評価要素14個中,日本は13個中の該当数(グループ平均値)を示す。

ンドの消費者では，同相関係数は−0.178（5％水準で有意）となり符合が逆転している。日本では利用頻度の少ない顧客に対して，さまざまな面で期待を超えるサービスを提供することが求められるものの，インドではむしろ期待の高さ自体が高い満足感につながる傾向を推測することができる。少なくとも，インドにおいては，期待の顧客満足への影響は検出されないため，「顧客による期待上昇を抑制しなくてはならない」と考える必要はなさそうである。

5．おわりに

5−1．結論の整理

本研究は，外食に関する顧客満足とロイヤルティの視点から，インド，日本両国の消費者特性を比較するとともに，方法論的な有効性を検討するものであった。これまでの分析結果は以下4点に整理することができる。

1．インドの消費者は，日本の消費者よりも訪れた店舗を高く評価する傾向が強く，同一店に対するロイヤルティも形成しやすい傾向にある。ただ，利用頻度が高い（行動的ロイヤルティが高い）消費者が高い満足を感じているわけではないことは，両国で共通している。

2．高い満足感が再来店意向に結びつく傾向は両国共通である。しかし，インドでは満足が店舗に対する愛着や推奨意図に結びつきやすい点で大きな相違がある。日本において，愛着や推奨意図を獲得するのは，満足感が最高レベルのケースであっても容易ではない。

3．インドでは，総合的な顧客満足（総合評価）が多くの部分評価と高い相関によって結びついている。一方，日本では一部の部分評価だけが総合評価とつながっている。また，日本では，「満たされて嬉しい要素」と「満たされないと不満な要素」が分かれる傾向にあるが，インドにおいては分割困難である。

4．インドの消費者は，来店頻度が増すごとに，事前期待を形成しやすくなり，期待との一致度も高まる傾向にある。この意味では，インドで常識的パターンが適合しているように見える。しかし，日本では利用頻度の低い顧客において期待不一致モデルが成立する傾向にある一方，インドでは全

く成立しない。インド消費者は，成果が期待を下回ろうとも，高い期待を抱かせることそのものが高い満足感につながっている可能性がある。

5-2．インプリケーションと今後の課題

　以上の分析結果から，以下のようなインプリケーションを導くことが可能である。まず，インドにおけるビジネス展開，本研究が対象としているカフェ展開に即して言えば，部分的要素を1つ1つ積み重ね，全ての要素を満遍なく底上げしていくことがポイントになる。このような方向性が顧客満足の向上に直結しやすいことを分析結果は示している。日本のように，評価ポイントを絞ることは逆に困難である。また，最低合格ラインまで引き上げることを優先すべき"Minimum-requirement factor"，そしてこれに該当する要素全てが合格水準に達したのちに特徴を出すための"Value-enhancing factor"の区別や，順序性はあまり意識しなくてもよさそうである。おそらくは，各要素はこうした特徴を示すには未分化である。

　全方位的な取組によって顧客満足度の向上が果たせれば，それは再利用意図，愛着，推奨意図といった態度的ロイヤルティの向上に明確に寄与すると推測される。分析結果は，この関連性が明確かつ線形に近いことを示した。つまり，閾値効果は大きくなく，各段階に応じた成果が得られやすいことを意味している。日本では再利用意図を除き，最高段階の満足を達しない限り相応のロイヤルティが得られないこととは対照的である。また，最高段階の満足感においても，両国の消費者の愛着・推奨意図に関しては大きな温度差がある。愛着や推奨意図に関するこうした違いは，SNS等を通じた口コミ戦略の有効性を示唆するものでもあろう。日本ではいずれの大手チェーンでもSNSを用いた試みが一般化している反面，効果が見えにくいとの指摘も多い。インド都市部の中間所得者層に関しては，明確な反応・成果を得られる可能性が高い。

　また，インド消費者においては，期待をどれだけ上回るかといった相対的評価よりも，絶対水準がどの程度であったかによって最終的な評価が決まる傾向にある。したがって，日本の利用者に対するような，期待値を下げるといった工夫は不要である。むしろ，期待が高まるような要素が多ければ，そのこと自体が水準の高さを物語るものと受け取られ，結果的に期待を多少下回ったにせ

よ，最終的には高い総合評価に寄与するとみられる。

　以上，インドにおいて比較的単純な消費者像を考えることが可能となった。都市部中間層以上の消費者であってもこの状況にある。インフラ，物流，複雑な税制，商習慣，地方政府の協力等々，困難な課題が多いとして進出を躊躇する日本企業は多いが，当面のターゲットとなりそうな都市部中間層の消費者は，日本の消費者よりも純粋に満足を感じてもらいやすい。満足を感じてもらえれば，日本の消費者以上にロイヤルティ獲得・評判拡張も容易であるというインプリケーションが得られた。

　特定消費分野を対象とした，顧客満足・ロイヤルティに焦点を当てた調査・分析から，消費者特性を探る本研究の方法論は機能していると言えるのではなかろうか。ビジネス・エスノグラフィーが必要として，進出前のフィージビリティ・スタディから除外されることが多いことを考慮するなら，少なくとも，簡易調査として有効であると言えよう。ただ，総合的な満足感を規定する部分要素の特定，消費分野による差異等は今後の検討課題となる。

謝　辞

本研究はJSPS科研費JP26885085の助成を受けたものである。

参考文献■

Baron, S. Conway, T, & Warnaby, G. (2010). *Relationship Marketing : Consumer Experience Approach*. Sage Publications.

Bitner, M. J & Hubbert, A.R. (1994). Encounter Satisfaction Versus Overall Satisfaction Versus Quality : The Customer's Voice. In R.T. Rust and R.L. Oliver (Ed), *Service Quality : New Directions in Theory and Practice* 72-94. Thousand Oaks, CA : Sage Publications.

Christopher, M., Payne, A., & Ballantyne, D. (2002). *Relationship Marketing*, Oxford : Butterworth-Heinemann.

Dick, A.S. & Basu, K. (1994). Customer Loyalty : Towards an Integrated Conceptual Framework. *Journal of the Academy of Marketing Science, 22*(2), 99-113.

Gronroos, C. (1984). A Service Quality Model and Its Marketing Implications. *European Journal of Marketing, 18*(4), 36-44.

Mittal, V., Ross Jr., W.T., & Baldasare P.M. (1998). The Asymmetric Characteristics of Impact of Negative and Positive Attribute-Level Performance on Overall Satisfaction and Repurchase Intentions. *Journal of Marketing, 62*, 33-47.

Nagashima, N., Nag, B., & Nagashima, Y. (2015). How Are Shopping Experiences Evaluated? A Methodological Proposal to Understand Consumers as Shoppers, *Journal of Marketing Development and Competitiveness, 9*(1), 115-128.

Oliva, T.A., Oliver R.L., & MacMillan I.C. (1992). A Catastrophe Model for Developing Service Satisfaction Strategies. *Journal of Marketing, 56*, 83-95.

Parasuraman, A., Zeithaml, V.A. & Berry, L.L. (1988). SERVQUAL : A Multiple-Item Scale for Measuring Consumer Perceptions of Service Quality. *Journal of Retailing, 64*(1), 12-40.

Reicheld, F. (2003). The One Number You Need to Grow. *Harvard Business Review*, 2-10.

Rust, R.T. & Oliver, R.L. (1994). Service Quality : Insights and Managerial Implications from the Frontier. In R.T. Rust and R.L. Oliver (Ed), *Service Quality : New Directions in Theory and Practice.* Thousand Oaks, CA : Sage Publications, 1-19.

Spreng, R.A., MacKenzie, S.B., & Olshavsky, R.W. (1996). A Reexamination of the Determinants of Consumer Satisfaction. *Journal of Marketing, 60*, 15-32.

Stauss, B. & Weinlich, B. (1997). Process-Oriented Measurement of Service Quality : Applying the Sequential Incident Technique. *European Journal of Marketing, 31*(8), 33-55.

Zeithaml, V.A. (1988). Consumer Perception of Price, Quality, and Value : A Means-End Model and Synthesis of Evidence. *Journal of Marketing, 52*(3), 2-22.

狩野紀昭・瀬楽信彦・高橋文夫・辻新一（1984）.「魅力的品質と当り前品質」『品質』14(2), 39-48頁。

近藤隆雄（2013）『サービス・マーケティング―サービス商品の開発と顧客価値の創造（第2版）』生産性出版。

長島直樹（2009）「サービスプロセスにおける評価要素の推移―非対面サービスを中心として」消費者行動研究 16(1), 37-58頁。

南千惠子（2012）「サービス品質と顧客満足」『流通研究』14(2), 1-15頁。

（長島　直樹）

第 II 部

マーケティングの規範的研究

第8章　シェア No.1 メーカーは PB を供給すべきか？
第9章　ラグジュアリー・ファッションとブランド・
　　　　レゾナンス

第8章

シェアNo.1メーカーはPBを供給すべきか？

1．はじめに

　小売業のPBが売上高を伸ばしている。例えば，2010年の日本の食品のPBの売上高は2兆1,586億円であったが，2017年には3兆2,093億円になるという予測もある（富士経済，2012，p.3）。それだけPBを供給する消費財メーカーも増えてきていることが予想される。消費財メーカーがPBを供給する一般的理由は，工場の操業度を上げるためである。そのため，計画的に販売できにくい下位メーカーほどPBを供給する傾向がある。小売業の集中度が高まるにつれて，今後もPB供給をするメーカー数は増えるものと考えられる。

　しかし，業界シェアNo.1の消費財メーカーがPBを供給することは極めて少ないというのが従来の常識だったのではないだろうか。なぜなら，大手小売企業にPBを供給すれば，それだけNB市場は狭くなるので，NBのトップメーカーは自らの首を絞めるような選択はしないはずである。むしろNB市場を拡大するように製品開発などに力を入れるはずである。

　ところが，日本では業界シェアNo.1の消費財メーカーであるにもかかわらずPBを供給している食品メーカーが数多く存在する。彼らの意思決定は単に誤っているのか？　それとも何か正当な理由があるのか？　あるいは日本独自の行動をする理由が何かあるのか？　その点をこの論文では問題にする。

　そのために，最初に消費財メーカーがPBを供給することのメリットとデメリットを整理し，次に消費財メーカーがPBを生産・供給することについての

チャネル戦略の視点からの評価を行っておきたい。その上で，なぜ日本の業界シェア No.1 の消費財メーカーが PB を供給するのかについての仮説を提示する。

2．PB 供給のメリットとデメリット

2-1．PB 供給のメリット

(1) 工場の稼働率を上げるため

　工場の稼働率が損益分岐点比率を下回っているような状態なら，PB の生産をすることによって稼働率が上がり，製品1個当たりの固定費が低下する。また，PB の販売には，営業費用がかからないために，PB 生産の生産量に占める比率が一定以下なら，メーカーにとっては売上高を増やし，利益確保につながる可能性がある。工場の稼働率を上げるために PB を供給するというのが，消費財メーカーが PB を供給する一番多い理由になっている。

　例えば，「トップバリュはディスカウント向けと同じくらい値下げ圧力が強い。ただ，ロットが大きく，冬場の裏期でも注文が一定量あるので稼働率の面でも非常に助かる」（週刊東洋経済編集部，2012，p.40）という消費財メーカーの証言がある。また，「オエノンは，シソ焼酎『鍛高譚』というブランド力のある焼酎を持ちながら，PB 商品の製造受託を積極的に請け負っている。トップバリュのチューハイ，セブンプレミアムの焼酎，ローソンのノンアルコールビールなど幅広く PB の受託生産をしている。オエノンの PB 受注は年々増え，07年には売上高の22％が PB だったが，11年には33％の245億円まで拡大している。PB 製造受託が増えることによって，売上高が押し上げられるだけではなく，工場の稼働率が上がり，原材料の購買時にスケールメリットも働く。」（週刊東洋経済編集部，2012，p.52）と言われており，やはり PB の供給が工場の稼働率を上げ，それが企業の成長に貢献している例としてあげられる。

(2) チェーン小売業との関係改善のため

　かつては「お付き合い PB」と NB メーカーの方々が呼んでいたように，チェーン小売業のバイヤーに PB 開発のノルマが課されている小売企業が多かったので，バイヤーのノルマ達成に協力して PB を提案し，製造するという形があった。現在では，PB 開発の専門部署を小売業が設けるようになってき

ているので，従来の「お付き合いPB」とは異なるが，チェーン小売業との関係を良好に維持していきたいという考えがメーカーにあって，PBを生産しているNBメーカーもある。例えば，あるビールメーカーの幹部は「ビール会社とすれば，流通の2強との関係は強い。ビール会社のPBには2強との関係を強化するというよりも，維持しようとする狙いがある」（月刊BOSS編集部，2014，p.85）と述べている。

(3) 自社技術を活かすため

ロッテアイス製造のファミリーマートのPB「GELATO」（ジェラート）が自社技術を活かすためという例にあたる。2012年5～8月の高級アイス販売ランキングで，1～3位をジェラートが独占した。ハーゲンダッツを押しのけ，1～3位を独占したのである。ロッテアイスは，低価格品が主力である。採算が合うためには高級アイス1品目で150万個の製造・販売が必要とされていて，ロッテアイスは技術は確立したものの製造・販売できる自信がなかった。そこにファミリーマートから「定番でマンネリ化したアイス売場に新機軸が欲しい」という相談があった。ロッテアイスは，それに対してジェラートを提案した。発売にあたって，ファミマはテレビCM，交通広告，ネット広告で強烈に訴求した。その結果，投入した約50万個の「シチリアンブラッドオレンジ」が2週間で完売した。発売後1週間で5品目の出荷量は計画の5倍の100万個超だった。年間400万個の出荷目標を早くも突破し，年間で1,000万個出荷することが見込まれていた[注1]。

この事例のように「技術力のあるメーカーでも，単独で新領域を立ち上げるにはリスクが大きい。だがPBを通じてなら挑戦できるというメーカーも増えている」（週刊東洋経済編集部，2012，p.41）と言われている。このように，消費財メーカーが技術を有していても，採算が合うだけの販売力があるかどうか疑問なときに，チェーン小売業のPBを生産することによって，その技術を活かせることを示している。

(4) インストアシェアを逆転するため

シェア2位のメーカーがインストアシェアを1位にする方法としてPBを受託生産するという場合もある。周知のように，マヨネーズ市場の7割はキユーピーが占めている。セブン-イレブンでの事例だが，2007年にセブン-イレブン

へのマヨネーズの出荷量はキューピーが，114万本，味の素が1万本だったが，2008年に味の素がセブンプレミアムのマヨネーズを製造するようになったため，2011年度は，キューピー144万本に対して，味の素は153万本の出荷量であった。インストアシェアが逆転したのである[注2]。

日本の消費財メーカーは，このように，自社NBと自社生産のPBを合わせて，インストアシェアを考える場合がある。他社に生産されたPBが棚に並ぶのなら，自社で生産したいという考えのNBメーカーがあるのである。しかし，この考え方は正しいのだろうか。PBはあくまでPBであって，自社のNBの陳列スペースを奪う競合品だと考えるべきではないのだろうか。このような考え方をする日本の消費財メーカーは少なくないのだが，大いに疑問である。

(5) NBの陳列スペースを拡大するため

NBの陳列スペースを拡大することを条件にPB生産をするメーカーもある。このパターンならシェア1位のメーカーがPBを受託生産するのは正当化できる。例えば，ツナ缶を除く水産缶詰で6割のシェアをもつマルハニチロに対して，東日本大震災の後，安定供給した同社の底力を評価した小売業から，「納入価格の引き上げ」と「NBの棚確保」を提案してきたため，PBの生産を始めることになった。今では缶詰売上高の1割がPBである[注3]。もちろん，このような事例は極めて稀なものである。

(6) 製品開発力を磨くため

100年を超える歴史をもつ不二家が，PBを手がけたのは2011年からである。コンビニスイーツに乗り出したのである。そして，2013年には，不二家が生産し，提供するコンビニやスーパーのPBや限定品は200種類を超えた。生産している洋菓子のうち2割は外販用になった。不二家は，外販（コンビニやスーパーへの供給）によって，収益を改善してきている。2012年12月期に洋菓子事業の赤字を3億円まで圧縮し，黒字化も視野に入ってきた。このPBの受託生産のメリットについて，担当部長は「コンビニ商品を手掛けることで，開発力が磨かれる」といっている。コンビニに新商品を提案し，バイヤーから感想・意見を言われて，さらに修正して，提案する。この繰り返しが開発力につながっているという[注4]。もちろん，このようなメリットを感じるのも外販用が2割だということに注目しないといけない。8割は自社の店舗で販売できてい

るからメリットを感じていると考えることができる。外販比率がさらに増えたら，逆に巨大なバイイング・パワーに苦しむことになる可能性が高い。

不二家の例のように PB 供給が製品開発力を磨くこともあるし，また，PB 供給が NB の新製品に結びつくこともある。「PB で新製品の導入を試し，販売実績を見て，NB 商品化を決定する方式は新製品開発のリスクを削減する効果が大きい」（矢作，2014，p.203）と言われており，その実際の例として日本ハムの「テリヤキミートボール」「とろける 4 種のチーズハンバーグ」「あらびきソーセージステーキ 3 枚」がある。

(7) 消費者の声

PB を供給することによって，その新商品（PB）に対する消費者の反応・声がすぐにわかるという価値が大きいという評価もある。「消費者の声がダイレクトに届くことです。普段から我々も必死になってマーケティングをやっているし，お客様の声を集めています。でも，やはり流通の最前線のところの情報のほうが，価値が高い。PB を請け負うことで，そうした情報を入手することができる。しかも商品の評価のレスポンスが無茶苦茶早い。発売してから 1 週間もすれば，売れるか売れないかがわかるし，売れた場合，何が受けたのかも見えてくる。その情報を受け取ることで，我々の次の商品開発にフィードバックできる。」（月刊 BOSS 編集部，2014，p.79）このような価値があるため PB 供給をしているという理由もある。

従来，消費財メーカーが PB を供給する理由としては，「(1)工場の稼働率を上げるため」か「(2)チェーン小売業との関係改善のため」であったことが多い。しかし，主にコンビニエンス・ストアの PB 供給において，共同開発することが多く，それが新たな PB 供給の理由を増やしているように思う。とくに「(6)製品開発力を磨くため」という理由は，今後，消費財メーカー（とくに食品メーカー）としては，(1)，(2)に次ぐ，PB 供給の理由になるように考えられる。見方によっては，「(3)自社技術を活かすため」という理由や「(7)消費者の声」も「(6)製品開発力を磨くため」という理由に含まれるかもしれない。

2-2. PB 供給のデメリット

(1) PB は利益率が低い

　工場の操業度を上げることを第1に考えて、変動費をカバーできる販売価格であれば、受託生産することが多かったために、一般的にPBは消費財メーカーにすれば利益率が低い場合が多い。

　また、同時に「流通側のメーカーに対する品質追求は厳しい。それだけでなく、徹底的にコスト削減を求め、どこにどれだけのコストがかかっているのか、どれだけの利益が出ているのか、全て開示を求めるという」(月刊BOSS編集部，2014，p.80) と記述されたり、「メーカーの立場に立つと、小売側が売価を決めるうえに、原価格を含めて原価構成は全て把握されているので、うま味が乏しい」(矢作，2014，p.238) と記述されているように、小売企業からの低コスト・低価格の要求も厳しいものがある。そのため、PBは消費財メーカーにとって利益率が低いことが多い。

(2) PB の受託生産が中心になると技術開発に投資することが難しくなり、技術力が低下する

　NSファーファ・ジャパンはPBの受託生産に頼りすぎたために業績を悪化させた企業の1つである。NSファーファ・ジャパンの創業は1937年で、創業以来ほぼ70年間OEM (相手先ブランドによる生産) やPBの受託生産が売上の7～8割を占めていた。1970年～1980年代にはダイエーの「セービング」など有名PBの日用品を数多く手がけ、18期連続の増収増益も遂げた。しかし、大手小売業が低価格を追求するために、PBの生産委託を工賃の安い海外に順次移管したことから売上が激減した。このままでは先がないと強い危機感を抱いたのが当時の社長であり、現会長である齋藤洋氏である。再起をかけ、なんとか強い自社ブランドを持てないかということで模索していたときに、世界有数の家庭用品メーカーのユニリーバが日本で展開していた柔軟剤ブランド「ファーファ」を撤退させる方針であると知ったのである。齋藤社長 (当時) は2006年12月に「ファーファ」ブランドを買収した。買収直後は苦戦し、2009年2月期には営業赤字に陥ったが、柔軟剤1品だったところに、洗剤、芳香消臭剤、入浴剤などを投入し、業績を回復した。買収前にユニリーバが積極的な広告をしており、かわいいクマのキャラクターの認知度は高かった。そこで商

品を拡充し，キャラクターをより前面に打ち出したところ，若い主婦層を中心に人気が高まった。一方でPBの生産は縮小した。現在は自社ブランドが売上高の7割を占めている。現社長の猪熊氏は「PBに頼りきりのメーカーになったら，開発や営業のいい人材は流出し，細々と生きていくしかなくなる」と指摘する[注5]。

(3) PBとNBを生産している場合には，PBはNBの競合品になるのであるから，自社が競合品を生産していることになり，NBの陳列スペースを少なくする可能性がある

これは自明のことであるが，これに関連して「コンビニの冷蔵ショーケースの容積は変わらない。限られたスペースに，ビール各社のPBが陳列されることで，メインで売りたいNBの陳列スペースは縮小されてしまう。つまり，NBとPBが競合してしまうのだ」（月刊BOSS編集部，2014，p.86）とか「コンビニでは共同開発商品のビール類がPBとして次々に投入されると，NBは追いやられてしまう。同じチェーンでも，あるNBが置いてある店とない店に分かれる。NBのブランド力は毀損されるケースも起きよう」（月刊BOSS編集部，2014，p.86）などという意見が述べられている。

(4) 社外秘情報の漏洩の可能性

㈶食品産業センターが食品メーカーを対象に毎年のようにアンケート調査している。そのアンケート調査の報告書を見ると，2004年頃からバイング・パワーの内容として「社外秘情報の開示要求」が出てくる。使用原料，製法などについて必要以上に詳細な，また企業ノウハウに属する社外秘情報まで小売企業が開示要求してきていることが記述されている。例えば，次のようなフリーアンサーの回答がある[注6]。「生協に置いて，安全，安心をスローガンに企業ノウハウを全て開示しなければならないような書式で書かされる。年々内容が細かくなる」「長い間かかって築き上げた製品の原料配合の公開要求。これらの情報が他業者へ書式記載事例として不用意に提供されている。」「総合スーパーにある商品を出荷していたが，構成比率と原材料配合比率を書くように言われ，3ヶ月ほどしたら発注がこなくなり，関連会社で作られていた。」「弊社のブレンド内容の開示など要求される。また，加工先，仕入れ先などの全開示も要求され，開示した後，直取引される。」

このように PB の受託生産をすることによって，原料の構成比率や配合比率などの社外秘に相当する情報まで求められることもあり消費財メーカーは問題にしている状況がある。したがって，このような可能性があることを理解しておく必要がある。

このように PB の供給には，デメリットもあることを十分に理解した上で，供給するかどうかの意思決定をする必要がある。

3．NB メーカーが PB を供給することについてのチャネル戦略の視点からの評価

3-1．デービスの見解

ゲーリー・デービスは，「ブランドを持っている製造業者が，工場を所有していない小売業に PB を供給するかどうかという問題は，トレード・マーケティングにおける最大の問題である」(デービス，1996, p.160) と主張している。彼は，消費財メーカーの PB 供給に関する 3 つの選択肢についての意見を次のように述べている[注7]。

(1) **PB の供給業者になるという選択について**

ウィットワースは，イギリスのドライフルーツ市場の75％のシェアを持っていた。その後，市場は急激に変化し，ドライフルーツ市場の70％は PB になった。しかし，ウィットワースはそのように市場が激変したにもかかわらず，相変わらず支配的供給業者である。彼は PB の最大の供給業者にもなっていたのである。

このように消費財メーカーが PB の供給業者になって成功する場合もある。

ただし，PB 供給の固有の問題点は，小売企業に依存してしまうことである。もしも，小売企業がその PB の販売を停止したら，あるいは PB の供給業者を変更したら，PB の供給業者は大きな経営上の痛手を負うことになる。依存度が高ければ，企業存亡の危機になる可能性もある。

このように PB の供給業者になるのであれば，特定の小売企業への販売依存度を考えないといけないし，またその PB が消費者から支持されることなどが必要になってくる。

PB の供給業者になることは，利益を生むかもしれないが，小売企業に手錠をかけられていることを忘れてはいけない。

(2) PB と NB を供給するという選択について

消費財メーカーが，小売企業の要望に対応して PB を供給すると，メーカーと小売企業の関係は良好なものになる可能性が高い。メーカーにとっても，低価格の PB を供給するといっても，変動費をカバーする価格で販売できるのであれば，実質的に赤字になるわけではない。

そのため，「この限界費用アプローチは，小売業者に対して低価格で PB の供給をすることを正当化するために多くの企業によって使用されてきている」と述べている。

ただ，このように NB と PB の両方を供給することについて，「PB を供給する代わりに NB の陳列スペースを広くするという同意が成立しなければ，メーカーとしては長期的に失敗する可能性がある」とデービスは指摘する。そして，さらに「PB と NB を供給することは実際には別々の事業である。両方を一緒にやろうとするのは非常に危険性の高い戦略である」と述べている。

(3) NB だけを供給するという選択について

多くのメーカーは PB の供給を拒否してきている。例えば，シリアルのケロッグ，コーヒーのネスレ，洗剤のユニリーバ，清涼飲料水のコカコーラなどである。彼らの成長計画は，第 2 ブランドを駆逐するか，あるいはヨーロッパ市場全体に拡大することを基本に置かなければならない。

このようにデービスは，リーディング・ブランドを所有する NB メーカーが PB を供給することには否定的である。彼は，戦略上は「専用商品」の開発をすることによって小売企業との関係をよくするようにすべきだと考えている。PB の供給と専用商品（特定の小売企業だけで販売するメーカーブランド品）の供給は明確に異なる点を意識する必要がある。

また，リーディング・ブランドを持たないメーカーが PB を供給する際には，注意深く行う必要があることを指摘している。

3-2．NB と PB の両方を供給する日本の消費財メーカーの考え方

既述のデービスの考え方からすれば危険性の高い，NB と PB の両方を供給

している消費財メーカーが日本には数多く存在する。彼らはどのような考え方をしているのだろうか，矢作らの調査結果から整理してみよう。

矢作らの調査結果を読むと，NBとPBの両方を供給している消費財メーカーが，PBを供給する理由は，既述したPB供給のメリットと重複部分が多いが，あえて彼らの調査結果を整理すると以下の通りである。

(1) 是々非々で対応

「『PBへの取り組みは販路維持・拡大の一環であり，是々非々で対応する』という慎重派が約85％と圧倒的多数を占めている」（矢作，2014，p.217）と記述されているように，是々非々での対応を考えている消費財メーカーが多い。例えば，「サントリー酒類の相場社長は，PB商品供給の考え方として，①メーカー名を表示し，商品づくりと深く関われる，②取引に継続性がある，③NBだけではカバーしきれない需要をすくい取れることをあげ，供給量やその他の取引条件を満たせば『是々非々で対応する』と述べている」（矢作，2014，p.151）ようにメーカーによって，PB供給の条件を考えているようである。

(2) 生産設備の稼働率維持のため

やはり工場の稼働率維持のためという理由がしばしば記述の中に出てくる。例えば，「品質を重視するPBが増え，収益的にも以前より改善されており，生産設備の稼働率維持を考えると，断る理由がなくなったというのが最大公約数的反応だった」（矢作，2014，p.18）と述べている。

ただ，矢作らの著書にしばしば出てくる「シェア維持のため」のPB供給とか「圧倒的シェアをとるため」のPB供給という表現[注8]には抵抗を感じる。この場合のシェアとは，おそらく企業別シェアのことで，ブランド別のシェアのことではない。このような表現，あるいは考え方を日本の消費財メーカーがしばしばするのは理解しているが，NBかPBかという議論をしているときに企業別シェアを問題にするのは適当なのかという疑問が残る。

(3) 取引関係強化のため

これも従来から言われてきていることであるが，「PB商品はその取引関係強化の一手段として位置づけられており，仮にPBそれ自体の利益率が厳しくても，アカウント・マネジメントでは売場を埋め尽くす多様な商品群が生み出す囲い込み効果は大きい」（矢作，2014，p.213）とキユーピーの事例のところ

で述べている。

(4) 戦略的PB供給

コンビニエンス・ストアと共同でPB開発を行って，消費者の反応を見て，その結果によっては，NBとして新発売する方法や，NBの取引だけでは大手コンビニエンス・ストアとの取引が困難だったメーカーがPBの共同開発で，大手コンビニエンス・ストアと取引を行って，NBの取引のチャンスを窺うという方法などは戦略的なPB供給と考えられる。

このように矢作らの調査によって，NBとPBの両方を供給している日本の消費財メーカーのPB供給の理由を整理することができた。ただし，取引関係の強化を狙いにしているのであれば小売企業の専用商品（消費財メーカーのNB）の提案で十分にできると考えられるので，そのためのPB供給というのは再考の余地が大きいと思う。また，是々非々でというのは慎重のように思えなくもないが，PB供給への企業としての方針が明確ではないだけなのではないかという疑問も出てくる。

3-3. 販売依存度とバイイングパワー

メーカーが，総売上高のうち何パーセント以上を特定の小売企業へ販売すると，その小売企業がバイイングパワーを持つのかという問題がある。一般的に，販売依存度が高まるにつれて取引相手にパワーを与えると解釈されてきている。

それでは具体的には何パーセント以上の依存度なら取引相手のパワーが取引に影響を与えるほどに強くなるのだろうか。

デービスは，「製造業者と小売業者のうち，一方のビジネス主体がもう一方の主体に対し，その全取引額の約10%以上を占めた場合はパワー関係に変化が生じると考えられる」（デービス，1996, p.285）と述べている。また，市川は，「全社の売上高の15%以上を，特定の1社に依存すると，独立性を失う」（市川，2008, p.115）と述べている。そして，次のような事例を紹介している。「あるメーカーが大手コンビニエンス・ストアのPB商品の受託に成功して，1年間で売上高が20%以上伸びました。当然，メーカーは売上高が向上して喜んだのですが，その大手コンビニエンス・ストアの売上高依存度は30%程度にもなりました。その結果，その大手コンビニエンス・ストアとの商談では相当の『プ

レッシャー(シビアな価格交渉)』を受けることで，なかなか利益が確保できない体質になってしまいました。」(市川，2008，p.116)。

　1人は10%と述べ，もう1人は15%と述べている。ただ，2人ともにその数値に根拠があるわけではない。この小売企業がわが社との取引を停止したらわが社が赤字になるという状況で商談をしたら，是が非でも商談をまとめないといけないであろうし，多少の赤字でも取引をまとめることになると考えられる。つまり，その取引しだいでは会社が赤字になる可能性があるのであれば，その企業との取引の重要性は増し，赤字になるかどうかがその企業の判断しだいとなれば，当然，取引先のパワーは強くなる。逆に，その小売企業との取引が停止されても会社の業績にたいした影響がないのであれば，交渉する担当者も強気で臨むことができる。

　つまり，メーカーにとって，損益分岐点比率が重要でなのある。もしも，損益分岐点比率が86%であるのなら，1小売企業との取引が総売上高の14%(100−損益分岐点比率)以上になったとき，その小売企業との取引は是が非でも継続しないといけないことになる。その小売企業との取引しだいでは赤字になる可能性があるのであるから，メーカーの交渉力は低下する。つまり，特定の小売企業への販売依存度が「100−損益分岐点比率」以上にならないようにするというのは消費財メーカーのチャネル戦略にとって大原則である。

4．日本のシェアNo.1のメーカーはなぜPBを供給するのか？

　それぞれの業界でシェアNo.1の消費財メーカーは，PBを供給しないのが普通である。PBはNB市場を縮小するように作用するので，No.1の消費財メーカーがPBを供給したら，それはNB市場を縮小するように作用し，NBの販売額を減少させるように作用する可能性がある。その上，シェアNo.1の消費財メーカーがPBを供給するとPBの品質が向上する可能性が高く，ますますPBが成長しやすくなる可能性が高い。

　ところが，例えば図表8−1のように，日本では業界No.1のメーカーもPBを供給している例が数多く見られる。また，『PB食品市場の最新動向と将来

図表 8 - 1 トップシェアのメーカーが PB を製造している例

商品	メーカー	小売業
即席麺	日清食品	セブン・プレミアム ローソンセレクト スタイルワン（ユニー・イズミヤ）
パン	山崎製パン	セブン・プレミアム ローソンセレクト スタイルワン（ユニー・イズミヤ） マイルライフ（ライフコーポレーション）
加工肉	日本ハム	セブン・プレミアム
冷凍食品	ニチレイ	ローソンセレクト 食卓応援セレクト（いなげや）
茶飲料	伊藤園	セブン・ゴールド ローソンセレクト
アイスクリーム	ロッテアイス	セブン・プレミアム ローソンセレクト
スナック菓子	カルビー	セブン・プレミアム スタイルワン（ユニー・イズミヤ）

（出所）『日経 MJ』2010年9月28日号。なお，上記以外の有力メーカーの PB 供給としては，キリンビールが供給している「セブンゴールド　まろやかエール」（セブン＆アイ HD の PB）がある。

展望 2013』を見るとさらに詳しくどの消費財メーカーがどの小売業の PB を供給しているかが記載されている。

それによると，キューピー（マヨネーズ），カゴメ（ケチャップ・ソース類），ブルドックソース（ケチャップ・ソース類），ハウス食品（スパイス類），森永製菓（パン粉・プレミックスパウダー），ミツカン（みりん），味の素（インスタントスープ），永谷園（即席味噌汁），サトウ食品工業（無菌包装米飯），マルハニチロ（缶詰），森永製菓（チョコレート），江崎グリコ（チョコレート・チョコレート菓子），カルビー（スナック菓子），なとり（おつまみ・珍味）アサヒ飲料（炭酸飲料）カルピス（果汁飲料），伊藤園（野菜飲料），サントリー（お茶類），伊藤園（紅茶・お茶類），紀文食品（練製品），日本水産（練製品），

紀文食品（パウチ惣菜），日本ハム（パウチ惣菜），丸大食品（パウチ惣菜），フジッコ（煮豆・佃煮），山崎製パン（パン），雪印メグミルク（牛乳），明治（牛乳），明治（ヨーグルト），日本ハム（ハム・ベーコン），伊藤ハム（ハム・ベーコン）マルハニチロ（冷凍めん・冷凍米飯），味の素冷凍食品（冷凍めん・冷凍米飯），森永乳業（アイスクリーム），ロッテアイス（アイスクリーム），江崎グリコ（アイスクリーム），明治（アイスクリーム），このように数多くの有力食品メーカーがPBを供給している（㈱富士経済，2012，pp.28〜39）。

日本の業界No.1消費財メーカーはどうしてこのようにPBを供給するのだろうか？　この小論では，この現象を解釈する仮説として次の2つを挙げる。

4-1．仮説1：日本の消費財メーカーは，ブランド認識が低い

ネスレ日本社長の高岡浩三氏は，「日本企業にはいまだにマーケティングがないというのが私の実感です[注9]」とインタビューで述べている。その意味は，「①ブランドへの考え方が全く異なる。ブランド・マネジメント制をとっている企業は実に少ない。②日本企業はトップを見てもほとんどが営業か技術畑の方である。ネスレの世界各地の現地法人のトップの95％はマーケティングの出身である」ということです。

例えば，森永製菓のあるアイスクリームは，常にアイスクリームの売上ベスト3に入っている。それはなんというブランドだろうか？　森永のアイスというのが消費者の認知ではないだろうか？　そこをネスレの社長は指摘している。「チョコモナカジャンボ」というブランドを消費者がみんな知っていないといけないのではないかと指摘しているのである。ネスレは知らなくても「キットカット」は知っているのではないだろうか。ブランドを育てるというよりは，次々と新製品を出すことに力を入れているのが日本の消費財メーカーではないのだろうか。そんな疑問をネスレ日本の社長は指摘している。

数年前，イオンはネスレの「キットカット」に似たPBを発売し，大量に陳列した。しかも，その横に本物のキットカットをわずかな量だけ並べた。このとき，ネスレは，イオンに対して販促費を一切ストップしたのである。ネスレにとって，イオンは，約10％の販売依存度のある取引先だが，ネスレはイオンに対して販促費を一切出さないようにした。もちろん，ネスレの売上高は減少

した。

　ネスレは,「キットカットは中身をPBと入れ替えたとしても必ず売れる」「本物のブランドは,味と品質に優れるだけでなく,消費者の感情に入り込んでいる」と主張している[注10]。

　グローバルなメガブランドの育成・成長のためには,日本という国での大手小売業の嫌がらせやバイイングパワーに屈する必要はない。そのブランドを守るという姿勢を貫くことによって,小売業もまた,そのメーカーを認めるのである。もちろん,ネスレはPBの受託生産などしない。その後,イオンはネスレのブランドへの姿勢を評価し,関係を修復している。

　ネスレの一貫したブランド育成の姿勢,そして,消費者を見方にして巨大な小売企業と交渉していこうという方針は揺るがない。

　例えば,ネスレは,現在,フェイスブックやツイッターなどに書き込まれた自社製品に関する口コミをコンピュータで自動収集している。1日最大で1万件。ネスレには,書き込んだ人に対して,ネスレ日本から返事のメッセージを送ることを仕事とする部署がある。コンシューマーリレーションズ部である。この部は「消費者をナンパするのが我々の役割」と言っている。といっても誤解されると困るので,できるだけ丁寧な言葉遣いで行っている。そのために,担当者には計70時間の講習を義務付けている他に,返信件数を1日20件にとどめて,内容が雑にならないように配慮している。そして,次のような予定がある。「全国10都市でパーティを開催予定で,計1万人を招く。」「年内に消費者を交えて開発した新商品を投入予定」。このように,消費者にいっそうメーカーに近づいてもらって,消費者をネスレのファンにしていこうと考えている[注11]。そして,そのファンを背後にもって,スーパーと交渉しようという考え方である。

　日本の業界No.1のメーカーには,ネスレのようなブランドに対するこだわりやブランド育成の考え方が欠如しているのではないだろうか。下位メーカーが,NBの競合となる可能性のあるPBを供給する理由は理解できるが,シェアNo.1のメーカーがPBを供給するとなると意味は異なってこよう。ネスレジャパンの高岡社長が述べているように日本のメーカーにはブランド育成の覚悟がないので,シェアNo.1のメーカーさえPBを供給しているのかもしれない。

4-2. 仮説2：日本の消費財メーカーは，PB対応では短期志向

　日本的経営の特徴として，長期志向であることが指摘されてきている。例えば，日本的経営の基本理念として，「人間中心の経営」と「長期的視野に立った経営」を指摘している。そこでの「長期的視野に立った経営」とは「長期的視野に立った事業計画，設備投資，人材育成など長期志向の経営姿勢は長期継続雇用の上に成り立つもの」（福田，1999，p.75）と説明されている。このように日本企業の経営の特徴として，長期志向を指摘する人は多い。

　しかし，日本の消費財メーカーの大手小売企業対応は長期志向になっているのだろうか。例えば，長期志向ならば，大手小売企業との良好な関係維持が最も重要であるから，個々の商談でも商品販売第一ではなく，良好な関係第一にしないといけないはずであるが，担当者は販売第一の場合が多い。これは消費財メーカーが大手小売企業との取引・関係をどのようにしていこうとしているのか，その方針が明確ではないからである。

　それがPB対応に明確に表れている。大手小売企業のPBが成長すれば，当該カテゴリーのNB市場は縮小するのであるから，PBを供給することは長期的にはNB市場の縮小につながる。PBを供給しなければ，店頭から自社商品が排除される可能性の高い下位メーカーがPBを供給して生き残りをかけるのは自然な流れであろう。しかし，業界No.1のメーカーがPB供給することは，短期的には売上・収益に貢献する可能性はあろうが，長期的には自社のNBの売上高低下につながる恐れがあるのであるから，PB供給は長期志向とはいえない。

　短期的には売上・収益に貢献するため，シェアNo.1のメーカーがPBを供給する理由を，「デュアル・ブランド戦略を円滑に進めるためには，強力な製品開発力とブランド構築力が前提となるということである」（矢作，2014，p.205）と説明される場合もある。シェアNo.1のメーカーは，それだけ強力な製品開発力がある場合が多く，ブランド力も競合メーカーよりはあるかもしれないので，下位メーカーよりもよりPBを作りやすいという考え方も成り立つのである。つまり，製品開発力とブランド力があるからこそPBを供給しても，NBとは実質的に競合しないので（差異化できるので），棚を少しでも多く確保し，工場の稼働率を上げるために条件しだいでPBを供給するのであるという解釈

が成り立ちそうなのである。しかし，この考え方は PB を供給すべきかどうかという判断とは別次元のものであることに注意する必要がある。既述の考え方は，なぜシェア No.1 の食品メーカーが PB 供給をしているのかという現実を説明するのに有力な仮説だと思うが，同時にそのような考え方こそが短期志向なのではないかと考える。

　また，「NB，PB，専用商品，業務用という 4 つの異なる取引次元で構成される取引関係のマネジメントがメーカーの新たな戦略課題となり，すでに特定小売業態との商品開発プロジェクトや専用工場への投資が活発化していた」（矢作，2014，p.110）という記述は，短期志向ではなく長期的にお互いをロックインする関係になり，お互いにメリットがあると主張していると考えられる。たしかに，国内市場だけをみると食品の分野では，大手コンビニエンス・ストアチェーンは明らかに重要な取引先となる。その重要な取引先（キーアカウント）と長期的に良好な関係を築くことができるのであれば，シェア No.1 のメーカーが一定の投資をしたり，一定以下の販売依存度を保てる範囲内で PB を受託製造するという意思決定は選択肢となりうる。ただ，これはあくまでもコンビニエンス・ストアが重要なチャネルとなっている食品メーカーの話であり，大手コンビニエンス・ストアの協同組合に参加しているメーカーに限られるのではないだろうか。つまり，一般論として論ずることには無理があるのではないだろうか。

　大手小売企業との関係を良好なものに維持するために PB 供給をしているのだという主張であれば，それは PB 供給ではなく，それぞれの小売企業用の専用商品を開発していくべきである。専用商品は，特定の小売企業だけで販売する商品であるが，メーカーが企画生産するもので，メーカーがブランドも設定している。PB とは全く意味が異なるものである。また，NB の棚スペースを増やすという条件付きで PB を供給する場合には，そのカテゴリーの下位メーカーを振り落とす効果があるので，必ずしも短期志向とはいえない場合もあるかもしれない。

　このように日本の消費財メーカー，中でも業界シェア No.1 のメーカーでさえ，PB 対応については短期志向なのではないかと思わせる。

5．おわりに

　この論文では，消費財メーカーがPBを供給するメリットを7つ，デメリットを4つ，それぞれ現実の企業の行動から導き出している。また，NBとPBの両方を供給している日本の消費財メーカーの考え方が4種類あることを明らかにしている。

　その上で，業界シェアNo.1の消費財メーカーが，PBを供給しているのは，「ブランド認識が低い」からではないかという仮説と，「PB対応については経営陣が短期志向」なのではないかという仮説を提唱している。

　なぜこのような点を問題にしているかといえば，メーカーはいつ製品開発につながるかわからないような各種の基礎研究をしているが，小売業はいかに巨大になっても基礎研究をしていないということである。長期的にメーカーが健全な収益を上げることができないと，日本の基礎研究・技術力は向上しないし，グローバルな競争にも打ち勝てない可能性が高くなるということである。そのためにも消費財メーカーにとって，PB対応は重要な意思決定であるから，とくに業界シェアNo.1のメーカーは，この点について再考・熟慮する必要がある。

注

1　ロッテアイスの事例は，「PB奔流」『日経MJ』2012年9月28日号に依拠している。
2　味の素のマヨネーズの事例は，前掲新聞記事（「PB奔流」）に依拠している。
3　マルハニチロの缶詰の事例は，前掲新聞記事（「PB奔流」）に依拠している。
4　不二家の事例は，『日経MJ』2014年2月5日号に依拠している。
5　NSファーファ・ジャパンの事例は，週刊東洋経済編集部（2012）65頁に依拠している。
6　㈶食品産業センター（2004）～（2007）に詳細に記載されている。
7　このゲーリーの3つの選択方針については，ゲイリー・デービス（1996），177～181頁に依拠している。
8　例えば，この表現は，矢作敏行編著（2014），157頁や193頁に出てきている。
9　高岡社長の発言および森永製菓のアイスクリームの事例については，「商品ブランドを磨き続ける」『日経MJ』2013年2月18日号に依拠している。
10　キットカットとイオンの取引については，「ブランド死守したネスレ」『日経MJ』2013年1月28日号に依拠している。

11 ネスレの「ナンパ大作戦」については,『日経MJ』2014年2月21日号に依拠している。

参考文献

Davies, Gary (1993). *Trade marketing strategy*, Paul Chapman Pub.（住谷宏・伊藤一・佐藤剛訳（1996）『トレード・マーケティング戦略』同文舘出版）

市川晃久（2008）『店長・バイヤーは,あなたが動かす。』日本経済新聞出版社。
㈱富士経済（2012）『PB食品市場の最新動向と将来展望　2013』。
月刊BOSS編集部（2014）「一冊まるごとプライベートブランド」『月刊BOSS』2014年3月号,臨時増刊号。
㈶食品産業センター（2004）『平成15年度食品産業における取引慣行の実態調査報告書』
――――――――――（2005）『平成16年度食品産業における取引慣行の実態調査報告書』
――――――――――（2006）『平成17年度食品産業における取引慣行の実態調査報告書』
――――――――――（2007）『平成18年度食品産業における取引慣行の実態調査報告書』
週刊東洋経済編集部（2012）「PB商品の裏側」『週刊東洋経済』2012年12月22日号。
住谷　宏編著（1992）『大転換期のチャネル戦略』同文舘出版。
住谷　宏（2000）『利益重視のマーケティング・チャネル戦略』同文舘出版。
―――（2012）「バイイング・パワーと消費財メーカーの対応」『流通』（日本流通学会誌）No. 30, 69-76頁。
福田義孝（1999）「日本的経営の行方―日経連『報告』と『調査』を手がかりとして―」大阪市大『季刊経済研究』Vol. 22 No. 3, 73-84頁。
矢作敏行編著（2014）『デュアル・ブランド戦略』有斐閣。

（住谷　宏）

第 9 章

ラグジュアリー・ファッションと
ブランド・レゾナンス

◆

1. はじめに

　本稿はラグジュアリー・ファッションの頂点にあるあつらえ衣裳，通称パリ・オートクチュール（Haute Couture）に注目して，アメリカで発達したマーケティング研究におけるグローバル時代の課題を示すことを目的とする。

　1970年代以降英仏の経済史家は産業革命や工業化過程の再検討に取り組んでいるが，WTO発表の衣類輸出額におけるEUの強さ（2012年度1位中国1,596億1,400万ドル，2位EU1,088億9,600万ドル，3位香港225億7,300万ドル，4位バングラデシュ，5位トルコ）を見ると，伝統的に限定された生産地の天然繊維を用いる欧州発のラグジュアリー・ファッション・ブランドもここに含まれるわけであり，この研究対象についてはとくに，「民主化された贅沢」（Williams, 1982, p.11）がフランスに広がった19世紀後半に遡りそのルーツを正確に把握する必要があると思われる。

　厳格に階層化された社会では登場し得なかった，ビジネスとしてのあつらえ衣裳が，19世紀半ばにはじまる女性用のパリ・クチュール組合（Chambre syndicale de la Haute Couture，その母胎は1868年にデザイン保護のための職人組合として設立された）の製品である[注1]。実務界では一般に，価格セグメントにより衣料品を，①オートクチュール，②プレタポルテ（デザイナーの名を冠する既製服。3月と9月に行われるパリ・コレクションの他にミラノ，ロンドンそしてニューヨークで開催されるショー出品ブランドが中心），③デザ

イナーによるブランドの普及品（diffusion），④ブリッジ（高級品メーカーの格安品），⑤大衆向けアパレルに分ける（Corbellini and Saviolo, 2009（邦訳）p.140）が，マーケティング研究の対象となることのない①と②と③の中でも特別に高額な衣料が本稿の対象ということである。ヴァレンティノ社（伊）のオートクチュールは，伊勢丹新宿店（当時）が2007年秋冬物を日本で初めて受注販売したが，そのときの1着の価格は1,000万円〜3,000万円であった。

　実証研究に適さないため，欧州の学術雑誌 *Journal of Fashion Marketing and Management* [注2] を除けば上の区分の①はもちろん②や③に属するブランドはほとんどマーケティング研究の対象にならない。しかし，これらの対極にあるアパレルの先進諸国における価格競争は，2013年のバングラデシュの悲劇（縫製工場ビルの崩壊による1,100名を超す若い女性の圧死）[注3] と無縁であろうか。上の①②③の顧客がむしろ，先進諸国における「国産品メーカー」の縫製労働者の常識的な賃金を容認していると考えることも可能ではないだろうか。

　世界的映画スターなど，世界のファッション・リーダーとして影響力を持つ人々を主な顧客とする本稿の対象は，古典的な地位表示財（status goods，すなわち，量的に希少で常に高価であり，特別のエリート層のみ所持（19世紀からは購買）され，社会的名声がニーズの根本にあるようなもの）と必ずしも同一ではないけれども，所有による地位の投影という使命は，今日も新興市場においては消費の駆動力となるようである。

　一般にラグジュアリー・ファッションとされるマーケティングの研究対象は服飾雑貨（伝統的トランク以外のルイ・ヴィトンのバッグ類がその代表）であり，それらは付加価値価格設定あるいはプレミアム価格と同義と考えるべきであろうと思う。欧州には，本稿でいうラグジュアリー・ファッション・ブランドの管理と，本稿はプレミアム価格と見做す製品のマーケティングの両方に成功した経営者が登場しているのである。

　こうした経営者によるラグジュアリー企業の代表はLVMH（2013年12月期の売上高291億4,900万ユーロ，日本円換算で約4兆円）とリシュモン（Richemont，2013年3月期の売上高約101億5,000万ユーロ），そしてケリング（Kering，旧PPR。2013年12月期売上高97億4,800万ユーロ）の3つのグループだが，加えてプラダ（伊）のグループ，またエルメスやシャネル（仏），ジョルジオ・ア

ルマーニ(伊)など独立系の企業がある。このうち最大の売上規模をもつのが，フランスを代表するワインやスピリッツのブランドを含むLVMH，(Louis Vuitton Moët Hennessyと書いてモエ・ヘネシー・ルイ・ヴィトンと読む，本社パリ。2012年のフランス国内総資産ランキング1位の経営者Bernard Arnaultが率いる持株会社)であり[注4]パリ・オートクチュール・コレクションに参加する複数のブランドを傘下にもつ。21世紀最初の10年で，パリ・オートクチュール全体の売上は93％の伸びだがあつらえ服(クチュール)は5％しか伸びていない。対してデザイナーの既製服(プレタポルテ)は女性用123％，男性用35％の伸び，服飾雑貨は124％の売上の伸びを示したとされる(Grau (邦訳) p.37)。

　以下，時代を区切って，地位表示財としてスタートしたパリ・オートクチュールの確立期と黄金期における消費者の経済的行動に関する研究を概説するところからはじめ，K.L. Kellerが提示したブランド・レゾナンスのピラミッドから「経営者の時代」を迎え衰退期を乗り越えようとしているオートクチュールの今日的存在意義について考える。なお，紙幅の制約のため，人名は英・仏語表記とし，誤解を避けるために社名はカタカナ表記にした。

2．オートクチュール確立期と顕示的消費に関する経済学者の描写

　オートクチュール確立期は2期に分けられる。その前期は，パリ・オートクチュールの創始者である英国生まれのCharles F. Worth(それまでの王侯貴族御用達あつらえ衣裳とは根本的に異なる，①デザイナー名が明白な，②再生産方式で，③ショー形式で発表する新製品の明確化を特徴とするビジネスモデルを創始した)のメゾンの開店(1858年)から2代目のウォルト店にPaul Poiretが入る(1900年)まで，そして確立期後期はモードの帝王となったPoiretが破産し(1回目の破産は1924年)，同時にGabrielle Chanelがアメリカ市場で大成功する過程で，ラグジュアリー・ファッションのブランド戦略の原型ができあがる第二次世界大戦勃発前までの時代である。

　オートクチュール確立期前期をアメリカで描いたのはThorstein B. Veblen

であった。『有閑階級の理論』の執筆開始（1895年）は初代 Worth が没した年であり，出版の翌年に青年 Poiret は 2 代目ウォルト店に入社するのであるから，まさにウォルト社製のドレスが Veblen の描くアメリカの大富豪夫人による「時間の不生産的な消費の方法」の代表例であった。

　また英国にも地位表示財を意識していた Alfred Marshall と Arthur C. Pigou が登場している。すなわち，前者は「慣習上要求される最低限と許容される最上限」を示す品物の種類も費用も常に増大してきたと記し，また勝ち取った社会的成功を確かなものにするために許される顕示的消費（conspicuous consumption）と虚栄心に操られた純粋な浪費である地位志向的支出（reinforce achieved social standing and those expenditures）とを区別している（Marshall, 1890, p.87）。また後者は，ダイヤモンドに対する需要は「希少なものへの欲求」から喚起され，シルクハットに対する需要は「流行に乗り遅れまい」とする欲求によるとした上で，特定の階層の所有物が奇跡的に大量に製造されても，想定される階層が所有する限り効用曲線はあまり影響されないが，下層階級においてこうした被り物が着用されるなど，驚くべきことが起こった場合には，効用曲線は影響を受けるとした（Pigou, 1903, p.60）。いずれも，日本産を含むシルク素材の市場拡大と共に進んだオートクチュール確立期における代表的な経済学書である。

　1858年に開店したウォルト店は，特別の身分または途方もない資産家の（あるいは彼らをスポンサーとする）女性を共に顧客とし，最古のファッション・ショー（新作デザインの発表）を 1 人の顧客のために豪華な一室で繰り広げ，しかも純絹織物からさまざまな交織物まで素材選択の余地を残し（完成品の価格に幅をもたせ），地位表示財をビジネスの対象に転換した。アメリカ人のパリ観光旅行団の呼び物の 1 つが皇后のお抱えのウォルト店となる。第二帝政崩壊で短期的にメゾンは閉鎖されたが，1871年に同社はパタナーやカッター，お針子，刺繍職人に加え，店員，モデル，セールスマンまで合計1,200名を雇っている。

　斯学研究者で同社について詳述したのが，オートクチュールの確立期後期にファッション・マーケティングの基本をまとめあげた Paul H. Nystrom である（塚田，2006）。オートクチュール史は，この制度が存在しない新興経済大国の

巨大流通企業の知的財産侵害との戦いの歴史であり，Nystrom（1932）は，最後に長いページを割いて，アメリカにおけるデザイン保護の緊急性を論じた。当時，アメリカの大手流通企業にとって，パリ・モードのコピー商品は特別な利益をもたらす商材であったのだ（塚田，2005，第7章）。

　Nystromは，パリのモードの帝王のアメリカ市場における悲劇（塚田，2005，第5章）を当然知っていたであろう。20世紀初頭，第一次世界大戦までのカリスマ的デザイナーはパリ生まれのPaul Poiretであった。アメリカ人バイヤーは彼のメゾンに文字通り殺到し，アメリカ中にコピー商品は溢れ（Laver, 1986, p.224），コカコーラの瓶のヒントになったことで歴史に残ったPoiret創作のスカートもある。香水の生産やブティック（オートクチュール店の片隅での香水や小物の販売）に初めて挑戦したのもPoiretであった（Breward, 2003, pp.38-39）。しかしPoiretは欧州市場以外での売上に期待しなかったこともあって破綻し，オートクチュール・メゾンで販売する財をビジネスとして成功させたChanelがパリ・モードの新時代を切り開くことになる。

　他の商品との識別を目的としたブランド要素（ブランド・ネーム，ロゴ，シンボル）に留意した最初のオートクチュール部門をもつデザイナー兼経営者がフランス人Chanelであった。ネーミングやパッケージングの工夫も見られた香水を売上高世界一にし，ロゴマークの認知を高め，またカメリアなどのシンボルを顧客に浸透させたChanelについても，Nystrom（1928）はデビューしたばかりの本人に言及した。

3．オートクチュール市場拡大期と顕示的消費を対象とする研究

　オートクチュールの黄金期は1950年代だが（50年代にはパリ・クチュール組合全体で2万人ほどの常連客がいたとされるが，創業期から客層の大幅な変更をしなかったウォルト社の廃業は1950年代であった），1970年代前半までにはパリ・プレタポルテ（デザイナーの既製服）が成長を開始し，高級あつらえ服市場を侵食する。廃業を免れたごく少数のオートクチュール・メゾンもライセンス・ビジネスを重要な収益源とするに至る。

1947年にオートクチュール界にデビューし，パリを再びモードの都にしたフランス人 Christian Dior のスポンサーはフランス最大級の繊維会社ブサック社であった。もっとも，世界大戦で壊滅的打撃を受け衣料品制限が続いたためクチュール組合の再スタートは繊維産業を再びフランスが国家的に支援することにより実現したようである。コルベール委員会[注5]の設立，また，Poiret が発足させた認定制度「創作クチュール（couture création）」も47年にはじまったフランス政府のクチュール組合助成策の一環として改めて組織化され，資格審査委員会も同年公布の工業省令に基づいて設置されている（Bourdieu, 1984（邦訳1991）p.157）。

　こうした，国家の強力な後押しの中で，ビジネス・センスにも優れていた Dior は（戦間期の Chanel 同様に）アメリカの豊かな大衆を顧客にもち，同国内の「外資ファッション業界のプロモーション」を活発に行った。48年に香水と化粧品を扱うパルファム・クリスチャン・ディオール社を設立しニューヨークに支社を設け，49年にはライセンス事業に乗り出し，まさに今日のブランド・ビジネスの基礎は短期間に築かれたのである。しかし Dior 本人は57年に急逝する。本人の御眼鏡にかなって採用されていた Yves H.D.M. Saint-Laurent がディオール社の2代目デザイナーとして斬新なモードを提案しはじめていたが，Dior の死後，彼はブサック社に更迭される。その後，オートクチュールをはるかにしのぐ経済的規模のさまざまなファッション関連企業が市場を拡大する時代が到来しパルファン・クリスチャン・ディオール社をモエ・ヘネシー社が買収した後，ブサック社は78年に倒産しディオール社は国営企業となる。

　この時期から（2014年に引退するまで）パリのオートクチュールとプレタポルテの両方を率いることになったのが Didier Grumbach である（いわゆる「fashion を追う伝統産業」というべきパリの中小メーカー集団をまとめあげたリーダーというべき存在である）。

　第二帝政期から1960年代まで続いた古典的なオートクチュールを支えてきたパリの伝統産業[注6]は徐々に消え，60年代に入るとオートクチュールを必要とする女性も一気に減少した—50年代の常連客2万人から減少し，世界で2〜3,000人程度，定期的に購入するのは1,000人以下とされた。創作クチュールの認定制度を厳格に守っていたとすれば，パリ・オートクチュールはこの時点で

衰退していたであろう。

　逆に，一般的な意味でのラグジュアリー・ファッション市場は猛烈な勢いで拡大し，今日的ラグジュアリーに手が届く消費者集団が世界の広い地域で拡大し続け，ロンドンやミラノのプレタポルテのファッション・ショーが活況を呈するのも1970年代後半からである。

　しかし2014年も例年通り1月と7月に2014年春夏と2014-15年秋冬のオートクチュール・コレクションはパリで開催され，6代目デザイナーによるDiorブランドも，1980年代からChanelブランドの新作を発表し続けるデザイナーによる作品も発表されている。実際，ごく最近は，東アジアや中東の新市場に支えられ，あつらえ服としてのオートクチュールは再び存在感を示している。

　この大規模なショーの実施主体を率いるのが「プレタポルテのデザイナーも，クチュリエ同様にブランドとして確立できる」と主張し，長くフランス・オートクチュール・プレタポルテ連盟会長職にあったGrumbachなのである。

　さて，この時期の研究であるが，Dior本人が活躍した時代に顕示的消費に言及する経済学者が登場している。最初は依存効果を発見したJohn K. Galbraithであった。贅沢が「身分の違いを表すものとして有効ではなくなった」時代を初版1958年の『ゆたかな社会』は分析したが，これはDiorがアメリカで注目され（アメリカ人向けプロモーションが大規模に実施され），対抗するChanelもアメリカのファンにシンプルなスタイルを再提案した時代であった。

　また，Harvey Leibensteinは実用本位の需要と非実用的な需要を区別した（Leibenstein, 1976, pp.49-52；Mason, 1998, p.92）。バンドワゴン効果，スノッブ効果，ヴェブレン効果各々について厳密さを欠いていることを彼自身が認めていたが，LVMHはしばしばLeibensteinの説明を注記して同社のポートフォリオを説明してきた。さらに「デモンストレーション効果」についてMary Douglasらは，James Dusemberryが記述するような社会（高度の社会的可動性）では，消費者により多く支出させようとする持続的な圧力が働くこと，また，たえざる文化的変化が消費増加への要求を強めていくことがその原因だとする内容を，人類学者にとって非常に受け入れやすい議論だと指摘している（Douglas & Isherwood, 1979（邦訳）p.53）。

　こうした経済学者らの研究に加え，日本でも注目された初期の消費者行動研

究者の一人が Francesco M. Nicosia であり,また同時期に George Katona は,(少数の人にとっての非常に多くのものではなく)多くの人にとってのより多くのものという新しい意味の豊かさ(affluence)を議論した。ただし,いずれもラグジュアリー・ファッションが対象外であったことは言うまでもない。

4．ラグジュアリー・ファッションの「経営者の時代」

　こうして斯学がラグジュアリー消費を研究対象としない間に,欧州には,ラグジュアリー・ブランドのコングロマリットが誕生していた。Grumbach によるオートクチュール・プレタポルテ連盟改革の最大の貢献はコングロマリット LVMH のトップ Bernard Arnault（Dior を所有する国営企業ブサック社の買収に成功した後,LVMH の大株主になり,90年5月には Arnault 経営会議議長が兼任して LVMH の社長に就任した）に代表される,（創業者であるデザイナーの名前がブランドそのものであるオートクチュールとは相容れない関係と思われていた）プロの経営者の活躍の制約を軽減したことであったろうと思う。そしてオートクチュールを有する企業経営者の実践は,振り返れば,斯学におけるブランド論の進展と同時進行的であった。

　才能あるデザイナーを失ったディオール社は,旧態依然のオートクチュールと同時に高額なライセンス商品（老舗百貨店の日本人客を重要な顧客とした）を提供した3代目デザイナーを擁したが,急速に競争力を失い国営企業となったのであった。Arnault は,この3代目を更迭した—ラグジュアリー・ファッションの「経営者の時代」はその時に,このブランドからはじまったのだ。

　その上で Arnault はディオール社の再生に挑むのだが,特筆すべきは,シャネル社復活の立役者を引き抜いてディオール社の副社長に任命したことと,（パリを代表するブランドの）デザイナーに気鋭のイタリア人を抜擢し注目度を高めたことである（塚田, 2008）。こうして,破綻したディオール社のオートクチュール部門に関する限り,ブランドは容易に（少なくとも短期間に）再構築されたのである。

　次に,ディオール社を中心とするグループ全体のブランド戦略を Arnault は徹底する。すなわち,1991年12月にパリ証券取引所に上場した同社はライセン

ス中心から直輸出へと方向転換し（97年に，まず鐘紡との婦人服ライセンス契約を解消），ディオール社のイメージの統一が図られる。さらにその後，LVMHは積極的なM&Aを行い，オートクチュール（ジバンシィなどのブランド），プレタポルテ（ケンゾーなどのブランド），またLVなど服飾雑貨のブランド各々の経営陣に，主にMBA取得者をあてる。その結果，互いにライバルでも，広告費については地域のLVMH支社が各地域媒体と交渉し一括して広告枠を買うことで単独出稿と比べ大幅なコストダウンが可能となり，また，子会社の優秀な人材の異動にグループ化の利点が活かされ，日本の高額ファッションを製造する企業とは根本的に異なるスケールと発想のビジネスが世界の新興富裕層に向けて展開されていった。

LVMHのグループの中で最も大衆市場に浸透しブランド・エクイティを高めたのは，荷造用木箱製造兼荷造職人が1854年に創業したルイ・ヴィトン・マルティエ（以下，LV）社である。ソフトバッグという新製品の大量販売を1970年代以降の日本で大成功させた日本法人の経営者は秦郷次郎（慶應義塾大学卒業後，米ダートマス大学でMBA取得）であり，彼はやはりMBA取得者であるフランス本社のCEO，故 Yves Carcelleと長く協力してアジア市場を開拓した。LVブランドのパリ・プレタポルテへの参入（1997年）は，定番商品主体のLVへの，シーズンごとに新作を発表する商品の導入を意味し，ライバルの服飾雑貨ブランドとの差別化に寄与したものと思われる。LVの市場拡大についての研究のいくつかは，P. Martineau（1958）の知見，すなわち，社会経済的地位の低い人がより「人目につく」品目を購買する傾向があるという調査結果，あるいはこの「人目につく」という属性が社会経済的に低い階層の消費者の意思決定過程の関連変数であることを示すものとして分析したF.M. Nicocia（1966）を想起させる。

ところで，オートクチュールの新設には，Arnaultは失敗している。

19世紀までの地位表示財ではない，しかも黄金期と比べ顧客数が少なすぎる現代のオートクチュールの新設だけは，ほとんど不可能であることがここに示されたというべきであろう。

パリ・オートクチュール組合員の条件が見直され（組合員の多くが偉才と評する）若いデザイナーも参加できるようになった1992年時点で，18のパリ・ク

チュール組合員が常連として年2回新作を発表していた。DiorやChanelやSaint Laurentといったブランドに加え，Arnaultが投資し続けた唯一のデザイナーであるChristian Lacroixもそこに含まれた。「パリ最後のクチュリエ」「Saint Laurent以来の本格派」等といわれたLacroixにArnaultは投資を続けた（Wetlaufer, 2001）が，ラクロワ社は一度も利益を出さないまま2009年に経営破綻した（塚田，2012, p.61）。

　LV日本法人の顧客がLVMHグループ全体を潤しM&Aの資金を準備した後，一般にラグジュアリー・ファッションと呼ばれる（しかしオートクチュールをもたない）企業の多くがアジア市場においてLV日本法人をモデルとしているように見受けられる[注7]が，こうして得られた潤沢な投資によっても，また一般的なラグジュアリー・ファッションの顧客に向けた情報発信網を整えていても，Arnaultはオートクチュールの新設には失敗したということである。

　オートクチュール単体での経営環境がますます厳しくなる中で，2004年の正式加盟の参加は最低の8社であった。この時点で，1回のショー開催費だけで約2億円程度は必要とされたにもかかわらず，1990年代のうちにオートクチュールの顧客は200人程度になったというのだ（Grau, 2000（邦訳）p.17）。「経営者の時代」のオートクチュールの存在意義をどう理解すればよいのか？

5．ブランド・レゾナンス（BR）のピラミッドから考えるオートクチュールの存在意義

　ブランド・エクイティについてはいくつかの見解が提出されているが，ラグジュアリー・ファッションに関しては，「あるブランドのマーケティング活動に対する消費者の反応にブランド知識が及ぼす差別化効果」（Keller, 2003, p.59）と定義されるCBBE（Customer-Based Brand Equity）を提唱するKevin L. Kellerが示したブランド・レゾナンス（brand resonance，以下BR）のピラミッドの図式に沿って説明するのが適切だろうと思われる。

　製造プロセスや製品デザインと異なり「製品体験によって個人や組織に植えつけられた印象」の複製は容易でないことから，企業にとってブランドは「消費者行動に影響を与え，売買でき，将来の持続的な収益を確保してくれる，非

常に価値の高い法的財産」である（Keller, 2003, p.13）。つまりブランド・エクイティの核心は，製品そのものなのである。また「突き詰めればブランドとは消費者のマインド内に存在するもの」であり，マーケターは「消費者が選択する状況にあるときには必ず，ブランディングの力を借りることができる」（Keller, 2003, p.11）。既述の Arnault によるディオール社の再生はまさにその具体例であったろう。すなわち，CBBE モデルの基本的な前提から，ブランドの力は何が顧客のマインドに残っているかにあり，CBBE は，消費者がブランドに対して高いレベルの認知（awareness）と親しみを有し，自分の記憶内に強く，好ましく，ユニークなブランド連想を抱いた時に生まれるもの（Keller, 2003, p.67）であるから，パリ・モードの代表と（アメリカと日本では特に）考えられていた Dior 創業のブランドとりわけオートクチュール部門が容易に復活したと推論できる。

　Keller による周知のピラミッドの最上階，すなわち4層で視覚的に説明される図の頂点がレゾナンス（Resonance，共鳴しあうことでありブランドと顧客のリレーションシップの完成）である。そしてこのピラミッドの最下層はセイリエンス（Salience，顧客に認知される顕著さ）である。

　既述の通り Arnault は Christian Lacroix という，パリ・オートクチュール界が認める才能のデザイナーに投資し続けたが，この第一段階で，顧客に長く認知されているブランドとの顧客（の心）の奪い合いに失敗したと解釈できよう。とりわけオートクチュールは長くライセンス・ビジネスを展開したため，日本の老舗百貨店の古くからの顧客にはパリ・クチュール組合員の名前が広く知られていたことも事実であるからなおさら，オートクチュール以外のブランド・ビジネスで収益を上げるにも，新設ブランドは不利なのであろう。

　BR のピラミッドの中間の2層は左右に分けられる。左側の合理的ルートはパフォーマンス（Brand Performance）とその上のジャッジメント（Consumer Judgments）に分かれ，右側の情緒的ルートはイメージ（Brand Imagery）とその上のフィーリング（Consumer Feelings）に分かれる。実務においては一般に上から2段目のジャッジメント＆フィーリング（つまりレスポンスの段階）が注目されてきた。

　しかし，Keller はその上，すなわち顧客がブランドにどれだけ同調している

かをいうレゾナンスの重要性を主張する。その意味はラグジュアリー・ファッションを例に説明するとわかりやすいようである。

高いレゾナンスは，①行動上のロイヤルティ，②態度上の愛着，③コミュニティ意識，④積極的エンゲージメントに分けて考えることができ，ブランド・ロイヤルティが最も強く確定するのは，顧客がブランドにエンゲージするとき，すなわち，購買以外に，時間もエネルギーもお金その他の資源もそのブランドに投入する意思があるとき（ファンクラブに入り，ブランド使用者と公式・非公式に情報交換し，サイトに訪問し会話に参加する等）とされる（Keller, 2003, pp.92-93）。あつらえ服はこの点で見事に当てはまる。何よりオートクチュールのメゾンは服をあつらえる客にとって特別のサービス空間なのである。しかし，オートクチュールの顧客は減り，単体では赤字なのであった。

パリ・オートクチュールの（高）価格は，デザイナーのネーム・バリューに加え，優れた品質（職人の熟練），パリという特定の場所での発表（製造もフランス国内）により容認されてきた。そしてこれがオートクチュールを創作するデザイナー本人による（あるいは傘下の）プレタポルテに，さらにブランドを冠する服飾雑貨のブランド・エクイティにも影響すると考えるべきであろう。しかもLVMHグループでは，各々がロイヤルなファンと顧客をもつオートクチュールのデザイナーは定期的に入れ替えられ，その都度，世界中のファッションに造詣の深い顧客の注目を集め，BRのピラミッドで言えばブランドのファンのフィーリングを再活性化しつつ今日に至ると解釈できよう。もちろんオートクチュール・デザイナーの名を冠した商品群も，選択的流通のみを用い，高級感のある広告を用いており（一流の写真家の起用，国際空港など特別な場所での巨大広告の掲示，世界的なファッション雑誌以外での掲載はない）[注8]，各々を，オートクチュールと同じようにBRのピラミッドで説明できるが，これら傘下の商品群のロイヤルな顧客に対して，オートクチュールの顧客（例えば世界的な女優）が強く影響する点は見逃せない（コレクションに招かれた女優たちは，ショーの終了後には試着室に殺到することが知られている）。

次に，BRピラミッド中段の合理的ルートについてChanelブランドを1983年から率いるデザイナー（同時にフェンディ社でも50年近くデザイナーとして活躍している）Karl Lagerfeldの「メティエダール・コレクション」から考え

てみよう。

　シャネル社の株式は非公開だが，2001年のシャネル日本法人の売上構成は化粧品33％，バッグ27％，衣料23％であった（塚田，2013，p.92）。このうち衣料の責任者であるLagerfeldはChanelブランドの新作発表会（コレクション）を年6回行う。すなわちオートクチュールとプレタポルテを2回（春夏物，秋冬物）ずつ，他にクルーズ専門のショー，そして彼の発案で最近開始された「メティエダール・コレクション」である。メティエダールとはオートクチュールを支えてきた工房であるが，こうした企業をシャネル社は1980年代から少しずつ傘下に収めはじめ，最近ではその技術を一部用いたプレタポルテも発表している。刺繍，羽根飾りやカメリアの工房，金銀細工の工房など10社に及ぶ買収や支援は，自社だけではなく，ファッション業界の将来のために継承しなければならないと考えた結果だったとされるのであるから，オートクチュールをもつフランス企業に特殊な社会的責任とも考えられよう。

　例えば，パリ郊外のルマリエ社（1880年代から続く羽根細工工房，1997年にシャネル社が買収）が，他社のオートクチュールやプレタポルテも請け負い，Chanel本人が用いたシンボルの1つであるカメリアも年間約2万点製造してきた。伝統産業のほとんどが閉鎖されていく中で，1900年時点で300社以上あったパリの羽根飾りメーカーは1960年に50社に，現在はルマリエ1社になっている。このような工房の技術を用いたメティエダール・コレクションが注目を集めているのである。実際，最新データでは，オートクチュール部門の対前年比の業績はディオール社2桁増，シャネル社120％，ヴァレンティノ社30～40％の売上増と発表された（WWD，2014年7月21日）。

　こうしてシャネル社は今も，創始者提案のシャネル・スーツやチェーンバッグやカメリア等々を継承しブランドのファン（オートクチュールもしくはプレタポルテのロイヤルな顧客，さらにそれらには手が届かなくとも服飾雑貨などを購入するファッション・リーダーたち）を維持し開拓し続けている。

　より大規模なLVMHは，時計やジュエリーの老舗ブランドに加え，欧州のなめし皮やカシミアの伝統的家族経営等を徐々に傘下に組み込んでいる。

6．おわりに

　競争相手がロゴやマークや製品自体を模倣することは可能であるが，製品体験によって植えつけられた印象の複製は難しいと考えれば，Lacroixのような新設ブランドとは異なる，オートクチュール黄金期に成立していたブランドの歴史は重要なレゾナンス構築の要因となろう。さらにパリ・オートクチュール全体にとって，他の諸国が技術を模倣できないメティエダールの存続が，BRのピラミッドでいうパフォーマンスの要となっているのであろう。メティエダールはおそらく必要不可欠だと，Chanelブランドの30年以上にわたるデザイナーが認識し，また，「経営者の時代」のラグジュアリー・ファッションのトップもそう認識したことで，欧州の（多くは同族経営による）高級品製造の伝統が守られ，服飾専門家のいう「モードの実験室としてのオートクチュール」が維持されるものと思える。それら素材メーカーや製造技術者への妥当な報酬を可能にする「新製品」を生み出すクチュリエ，そしてそのファンである顧客（ほとんど全てはオートクチュールの客ではない）の影響力をBRのピラミッドを用いてより精緻に説明する作業により，マーケティング研究に新たな課題を示すことが可能であろう。

　またKellerは当初「ブランド・エクイティのピラミッド」として発表した内容を「ブランド・レゾナンスのピラミッド」と呼び換えレゾナンスの存在を強調しているが，この概念を精緻化する上でラグジュアリー・ファッション研究の意義も示され得よう。いずれも今後の課題である。

　現段階で言えることは，猛烈な勢いで世界中に拡大する広義の「ラグジュアリー・ファッションの顧客」に対する，経営のプロによるブランド戦略が競われる時代に入り，パリ・オートクチュールからプレミアム価格の服飾雑貨まで管理の対象とする経営者の実践に注目する意義があるということである。

　オートクチュール単体での存続はほとんど不可能に近い時代となって久しいが，経営者の時代を迎えたラグジュアリー・ファッションの世界では，傘下のプレミアム価格の商品群による収益に支えられて伝統的製法を維持する環境がある限り（これらの模倣は困難であるから），パリ・クチュール組合の構成員

は強力なレゾナンスの維持機能をもつと推論することができよう。この点をさらに詳細に分析することが斯学のグローバル時代の1つの課題であろう。

次に，研究が遅れているラグジュアリー・ファッションの分野における実践史の重要性が認識されるべきだと主張したい。

経験的研究を進める場合の現実的なハードルの1つは，仮説をテストするためのデータの入手可能性であり，データ入手が制約される場合には，それが足かせとなって経験的研究の進展はそれだけ遅いものとなる（阿部，2013，p.102）。プレミアム価格の服飾雑貨などは別として，ラグジュアリー・ファッションの実証研究は現実には難しい（王族たちやアカデミー女優または世界的人気アスリートの恋人等々，オートクチュールの主要な顧客は数的には少ないが対象者へのインタビュー調査やアンケート調査は不可能である）。P.H. Nystrom (1928) は「はしがき」で *Harper's Bazar*, *Vogue*, *Women's Wear* といったファッション雑誌（日本の雑誌と異なり古くからパリ・モードの掲載権を有する）を情報源としたと記したが，知的財産権が全てといってよい業界に関しては，今日も状況は変わらないのである。そこで，ラグジュアリー・ファッション・ブランドの実践史（経営者による社会実験のプロセスの記述と分析）[注9]を積み重ねることは，グローバル時代のブランド管理に新たな課題を提示するという意味で意義があると考える。

注

1　パリ・オートクチュール組合は，1900年のパリ万国博覧会で1つのパビリオンを全館展示会場とした。1925年のパリ万博にはPoiretやChanel等72人のデザイナーが参加し，またカルティエ社の宝飾品も展示された。しかし1937年のパリ万博には29のメゾンしか出店せず，その後組合は新作ドレスの輸出（これはコピー商品の増加を生んだ）や既製服産業との提携といった打開策を講じる（Fiero, 2000（邦訳）p.70）。1945年制定のオートクチュール規約「クチュール分類」第6項によれば，正式には「クチュール・クレアシオン」のグループに分類された企業のみが，クチュリエ，オートクチュール，またはクチュール・クレアシオンの名称を使用する権利を有し，ブランド表示，商業手形，行政，民間証書においては「クチュール・クレアシオン」の名称を使わなければならないとされる。しかしそれ以外の企業も，毎年の夏と冬25着以上の新作モデルをマヌカンに着せて発表するなら，申請を条件にオートクチュールの名称を使うことができる（Grau, 2000（邦訳）p.116，および組合の公式サイトhttp://www.modaparis.com/enより）。ValentinoはGrumbachの改革後に参加が可能となった「海外招待メンバー」であった。

2 同誌では2013年（Vol. 17 No. 4）に続き2014年（Vol. 18 No. 2）にもラグジュアリー・ファッション・ブランドの特集が組まれた。
3 周辺諸国と比べても低賃金であり縫製業以外に就労先が少ないバングラデシュのアパレル製造業では，2012年にも100人以上が命を落とすアパレル工場火災がありethical fashion研究の開始につながった。
4 1987年6月，ルイ・ヴィトン社とモエ・ヘネシー社が折半で出資してLVMHは誕生した。2013年度の売上高約4兆円（純利益4,699億1,000万円）の内訳は，本稿で対象としたファッション＆レザー部門が約1兆3,538億3,400万円，ウオッチ＆ジュエリー部門（デビアス，ブルガリなど）が約3,814億800万円，パフューム＆コスメティックス部門（パルファン・クリスチャン・ディオールなど）が約5,092億2,900万円，セレクティブ・リテール部門（DFS，ル・ボン・マルシェなど）が約1兆2,245億600万円である。
5 長く社会的表象手段として宝石やレースとともに用いられた絹リボンについては松原建彦（2003，第5章）に詳しい。
6 1954年にゲラン（香水メーカー，現在はLVMH傘下）社長とパリ・クチュール組合長Lucien Lelongが共同で立ち上げ12社でスタートした。業界は，オートクチュールとそれ以外のファッション，香水，皮革製品，出版と装飾，銀・銅製品，金・貴金属，クリスタル，陶器，ホテルとレストラン，シャンペン・ワイン・コニャックに区分される。
7 それは次のようにまとめられるビジネスモデルである。すなわち，①祖業は服飾雑貨などだが優秀なデザイナーを迎え入れ，パリやミラノのコレクションに参加する。②多額の広告宣伝費をかけてイメージ戦略を徹底し，またブランドの世界を表現する直営の大型路面店を各国主要都市に出店する。③現実の収益は服飾雑貨の大量販売による。
8 ラグジュアリー・ファッションは，視覚的コミュニケーション（例えば写真，ショー，ビデオなど）にアートディレクターを用い，彼らは，広告キャンペーンから店舗デザインまであらゆる側面で（すでに存在する）ブランド・レゾナンスを再活性化し続けることを使命とする。
9 LVMHによる数々のM&Aを，オートクチュール新設に失敗したArnaultが漸次的社会工学的「社会実験」（塚田，1989）を行ったプロセスと見ることができる。

参考文献

Bourdieu, Pierre (1984). *Questions de Sociologie*.（安田尚訳『社会学の社会学』藤原書店，1991年）.

Breward, Christopher (2003). *Oxford History of Art : Fashion*, London : Oxford University Press.

Corbellini, Erica & Stefania Saviolo (2009). *Managing Fashion and Luxury Companies*（長沢伸也・森本美紀監訳『ファッション＆ラグジュアリー企業のマネジメント』東洋経済新報社，2013年）.

Douglas, Mary & Baron Isherwood (1979). *The World of Goods*, NY : Basic Books.（および浅田彰・佐和隆光訳『儀礼としての消費：財と消費の経済人類学』新曜社，1984年）.

Duesenberry, James Stemble (1949). *Income, Saving and the Theory of Consumer Behavior*,

Cambridge, Mass.: Harvard University Press.（および大熊一郎訳『所得・貯蓄・消費者行為の理論』厳松堂出版，1955年）．

Galbraith, John K. (1999). *The Affluent Society*, (new ed.), London: Penguin Books.（および鈴木哲太郎訳『ゆたかな社会（第三版）』，岩波書店，1978年）．

Grau, François-Marie (2000). *La haute couture*.（中川髙行・柳嶋周訳『オートクチュール：パリ・モードの歴史』白水社，2012年）．

Katona, George (1951). *Psychological Analysis of Economic Behavior*. New York: McGraw-Hill.

────── (1964). *The Mass Consumption Society*. New York: McGraw-Hill.（および社会行動研究所訳『大衆消費社会』ダイヤモンド社，1966年）．

Keller, Kevin L. (1993). Conceptualizing, Measuring, and Managing Customer‐Based Brand Equity. *Journal of Marketing*, Vol. 57 No. 1, 1-22.

────── (2003). *Strategic Brand Management: Building, Measuring and Managing Brand Equity* (2nd ed.). Upper Saddle River, N.J.: Prentice Hall.

────── (2009). Managing the Growth Tradeoff: Challenges and Opportunities In Luxury Branding. *Journal of Brand Management*, Vol. 16 No. 5/6, 290-301.

Kotler, Philip & Kevin L. Keller (2009). *Marketing Management*, (13th ed.). Upper Saddle River: Pearson Prentice-Hall.

────── & ────── (2012). *A Framework for Marketing Management*, (5th ed.). Harlow: Pearson.

Laver, James (1986, reprinted). *Costume and Fashion: A Concise History*. London: Thames and Hudson.

Leibenstein, Harvey (1950). Bandwagon, Snob and Veblen Effects in the Theory of Consumers' Demand. *Quarterly Journal of Economics*, Vol. 64 May, 183-207.

────── (1976). *Beyond Economic Man: A New Foundation for Microeconomics*. Cambridge, Mass.: Harvard University Press.

Marshall, Alfred (1890). *Principles of Economics*, London: Macmillan.

Martineau, Pierre (1958). Social Classes and Spending Behavior. *Journal of Marketing*, Vol. 23 October, 121-130.

Mason, Roger (1998). *The Economics of Conspicuous Consumption: Theory and Thought since 1700*. Cheltenham, UK: Edward Elgar Publishing Limited.

Nicosia, Francesco M. (1966). *Consumer Decision Processes: Marketing and Advertising Implications*, Englewood Cliffs, New Jersey: Prentice-Hall.

Nystrom, Paul H. (1928). *Economics of Fashion*. New York: The Ronald Press Company.

────── (1932). *Fashion Merchandising*. New York: The Ronald Press Company.

Pigou, Arthur C. (1903). Some Remarks on Utility. *Economic Journal*, Vol. 13 March, 58-68.

Poiret, Paul (1930). *En Habillant L'Epoque*（能澤慧子訳『ポール・ポワレの革命：20世紀パリ・モードの原点』文化出版局，1982年）．

Wetlaufer, Suzy (2001). The Perfect Paradox of Star Brands: An Interview with Bernard Arnault of LVMH. *Harvard Business Review*, Vol. 79 No. 9, 116-123.

Williams, Rosalind H. (1982). *Dream Worlds : Mass Consumption in Late Nineteenth-Century France*. University of California Press.

阿部周造（2013）『消費者行動研究と方法』千倉書房。
塚田朋子（1989）「マクロマーケティング論序説：漸次的社会工学的アプローチに基づく研究構想」『三田商学研究』第32巻第4号，43-57頁。
―――（2005）『ファッション・ブランドの起源』雄山閣。
―――（2006）「ポール・H・ナイストロムの流行商品計画論」『三田商学研究』第49巻第4号，149-161頁。
―――（2008）「LVMH：高級ブランド店の世界戦略」（マーケティング史研究会編『ヨーロッパのトップ小売業』同文舘出版）
―――（2012）『ファッション・ブランドとデザイナーと呼ばれる戦士たち』同文舘出版。
松原建彦（2003）『フランス近代絹工業史論』晃洋書房。
水嶋　敦・恩藏直人・Kevin L. Keller（2005）「強いブランドを構築するためのピラミッド・モデル」『マーケティング・ジャーナル』95号，日本マーケティング協会，31-46頁。
森　英恵（1993）『ファッション』岩波書店。

（塚田　朋子）

第III部

流通の理論的・規範的研究

第10章　食料品購買における消費者の業態選択行動
第11章　食品供給システムと価値共創

第 10 章

食料品購買における消費者の業態選択行動

1．はじめに

　本研究は，拙稿（峰尾，2011，2012）に残されていた課題である，包括的な業態選択モデルの提示および仮説の導出・検証を行い，消費者の業態選択行動におけるメカニズムの解明を目指した継続的研究である。
　店舗属性，店舗イメージ，ストア・ロイヤルティ（態度的ストア・ロイヤルティ，行動的ストア・ロイヤルティ）という概念を含んだ包括的なモデルを用いて，食料品の購買行動における業態選択を例に，既存研究から導出したモデルによる分析・考察を行うことで，百貨店，総合スーパー，食品スーパー，高級食品スーパー，コンビニエンス・ストアという5つの業態における消費者の選択行動の構造および差異を明らかにし，業態選択行動に関する既存研究を改善・発展させ，各業態に対する戦略上の示唆を目的とするものである。

2．消費者の業態選択行動と店舗選択行動に関する諸理論

　消費者の業態選択とは，小売業態，つまり小売ミックスのパターンが異なる店舗間での選択をさすため，小売店舗選択の一形態として行われるものである（池尾，1993，14頁）。この小売店舗選択行動に関する研究はすでにさまざまな視点から行われているものの，業態選択のみに焦点を絞った研究は，家電製品の購買における消費者の業態選択を，消費者の購買関与度と品質判断力という

2つの概念から説明しようとした前述の池尾（1993）の研究などがあるが，比較的少ない。ゆえに，業態選択行動研究には店舗選択行動研究の枠組の援用が有効となると考え，拙稿（峰尾，2011）では，業態選択行動研究における店舗選択行動研究の意義について研究を行った。

　店舗選択行動研究においては，店舗イメージ，店舗属性，ストア・ロイヤルティが重要な概念となるが，その具体的内容および関係性については，拙稿（峰尾，2011，136-140頁）を参照されたい。また，消費者の店舗選択の包括的なモデルを提示した研究としては，Monroe & Guiltinan（1975），重要な成果指標であるストア・ロイヤルティの概念を包含した店舗選択モデルとしては，Baker, Parasuraman, Grewal & Voss（2002）の研究が挙げられ（峰尾，2011，141-142頁），これらの店舗選択モデルにおける概念と因果関係を消費者の業態選択行動や店舗選択行動に関する議論に反映させることで，店舗属性，店舗イメージ，ストア・ロイヤルティを組み込んだ包括的な消費者の店舗選択モデル，ひいては業態選択モデルの提案が可能となる。

3．消費者の業態選択行動に関する分析枠組および調査仮説

3-1．消費者の業態選択行動に関する実証的研究

　消費者の業態もしくは店舗選択行動に関しては，以前から田村（1976，1982）など消費者の店舗選択要因を小売ミックスに求める研究は多い（上田，1988，63頁）が，消費者調査データを用いた実証的研究も，日本において以前よりいくつか行われてきている。なかでも店舗属性や店舗イメージを用いた研究としては，川嶋（1977），佐藤（1980），小川（1984），野口（1987），上田（1988），横田（1991），塩田（1998），岩崎（1998）などが挙げられる。ただし，これら既存研究においては，研究目的にあわせて諸々の工夫がなされてはいるが，包括的なモデルではない点，成果指標として複数の指標が用いられていない点など，消費者の業態もしくは店舗選択行動の全体図を示すものとはなっていない。

　この点に対して，一定の工夫がなされている研究が寺島（2007，2008，2009a，2009b）である。各論文において段階的に研究が進められ，店舗属性，

満足度,意図的ロイヤルティ,行動的ロイヤルティという概念の吟味とそれらが組み込まれたモデルを最終論文では初期モデルとして提示した上で,共分散構造分析を行っている。モデルの吟味をしていく過程で,行動的ロイヤルティという潜在変数が削除されるなど課題も残るが,重要な概念を組み込んだ包括的な店舗選択モデルを提示し,変数の工夫をしている点などは評価できる。しかしながら,基本的には個々の店舗属性に対する評価そのものを用いているため,店舗選択において各店舗属性をどの程度重要視するのか,といった個人間の差異がモデルには十分に反映されていない。また,来店回数と購入金額を行動的ロイヤルティの観測変数として分析が開始されているが,モデル修正を施した結果,最終的には,来店回数のみに変更されるなど,改善の余地も残されているように思われる。かつ,中小食品スーパーのみに限定した店舗選択研究であるため業態選択研究ではなく,業態間における差異や競争構造に関しても考慮されてはいない。

　本研究は,上述の既存研究に残された問題点や課題を現実に即した形で補いながら修正していくことで,消費者の業態選択モデルをより発展させるとともに,複数業態間のモデルを吟味し,業態間の差異(差別化)および競合関係にも言及することを目指すものである。これが,先人の研究者たちによって行われている業態もしくは店舗選択行動という研究分野における本研究の位置づけであり,かつ独自性となることも意図している。

3-2. 消費者の業態選択行動に関する分析枠組と調査仮説

　店舗属性,店舗イメージ,ストア・ロイヤルティ(態度的ストア・ロイヤルティ,行動的ストア・ロイヤルティ)における因果関係および尺度の議論を踏まえ,Monroe & Guiltinan (1975) および Baker, Parasuraman, Grewal & Voss (2002) のモデルを援用することで,本研究における分析枠組を提示する。

　Monroe & Guiltinan (1975) の店舗選択モデルには,Fishbein らによって消費者行動の説明,予測,制御のために開発されたモデルである多属性態度モデルの考え方が用いられている。多属性態度モデルは,製品属性の評価と価値を統合することで態度が形成されると想定したモデルの総称であり,代表的なモデルとしては,前述の Fishbein モデル以外にも,Bass モデル,Rosenberg モ

デル，拡張モデルである行動意図モデル（Fishbein & Ajzen, 1975）などが挙げられ(注1)，それぞれ問題点を抱えているのも事実ではあるが，その基本的な考え方は，一部読み換え等修正が必要なものの，本研究にも援用できると考える。本研究では，各店舗属性を構成する属性構成要素各々に対する「購買時の重要性ウェイト」と「当該業態における評価」の積和を「店舗属性に対する態度」として利用することができよう。また，RFM分析については拙稿（峰尾, 2012, 63-64頁）を参照されたい。

　以上を踏まえ，かつ，"店舗属性が機能的と心理的という2つに分けられ，それらを統合したトータルなイメージが店舗イメージである"というMartineau（1958）の考え方を用いて整理すると，**図表10-1**および**図表10-2**が本研究における分析モデルおよび質問項目となる。消費者の各店舗属性に対する態度（店舗属性を構成する各要素に対する重要性ウェイトと評価の積和）が機能的店舗イメージと心理的店舗イメージを形成し，それらがトータルな店舗イメージとしてストア・ロイヤルティに影響を及ぼす。ストア・ロイヤルティは態度的ストア・ロイヤルティと行動的ストア・ロイヤルティに分かれ，ロイヤルティの4段階の考え方に従えば，態度的ストア・ロイヤルティが形成され，それが次の段階の行動的ストア・ロイヤルティへとステップアップする。なお，各店舗属性および各ストア・ロイヤルティを構成する具体的な質問項目は，髙橋（2008）における複数の調査・分析および前節までにレビューした既存研究において使用されていた質問項目を参考に作成したものである。

　分析に先立ち，以下のような調査仮説を立てた。これらは主に，前節までの議論の内容から導いたものとなる。

H1：全業態において，消費者の各店舗属性への態度と機能的店舗イメージおよび心理的店舗イメージの関係は全て正の関係である。
H2：全業態において，機能的店舗イメージは，態度的ストア・ロイヤルティに正の影響を及ぼす。
H3：全業態において，心理的店舗イメージは，態度的ストア・ロイヤルティに正の影響を及ぼす。

H4：全業態において，態度的ストア・ロイヤルティは，行動的ストア・ロイヤルティに正の影響を及ぼす。

図表10-1　**本研究における業態選択モデルおよび構成概念**

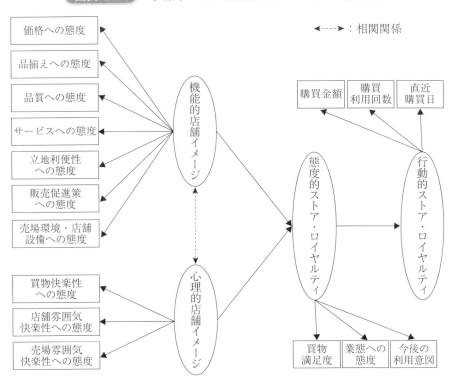

図表10-2　本研究における質問項目

		変数・質問項目	分析利用変数
価格への態度	X_1	通常価格の割安感【重要性】×【評価】	$X_1 + X_2$
	X_2	特売価格の割安感【重要性】×【評価】	
品揃えへの態度	X_3	新商品・流行品の品揃えの豊富さ【重要性】×【評価】	$X_3 + X_4 + X_5$
	X_4	定番商品の品揃えの豊富さ【重要性】×【評価】	
	X_5	欠品状況（欠品のなさ）【重要性】×【評価】	
品質への態度	X_6	商品品質の良さ【重要性】×【評価】	$X_6 + X_7$
	X_7	品質表示の正確さ【重要性】×【評価】	
サービスへの態度	X_8	店員の商品知識の豊富さ【重要性】×【評価】	$X_8 + X_9 + X_{10}$
	X_9	接客レベルの高さ【重要性】×【評価】	
	X_{10}	独自サービスの充実さ【重要性】×【評価】	
立地利便性への態度	X_{11}	家からの近さ（来店所要時間）【重要性】×【評価】	$X_{11} + X_{12}$
	X_{12}	駐車・駐輪場の広さと使いやすさ【重要性】×【評価】	
販売促進策への態度	X_{13}	テレビ広告・チラシ広告等の情報【重要性】×【評価】	$X_{13} + X_{14}$
	X_{14}	特売など催事イベントの充実さ【重要性】×【評価】	
売場環境・店舗設備への態度	X_{15}	買物環境の快適さ【重要性】×【評価】	$X_{15} + X_{16} + X_{17}$
	X_{16}	商品・売場の見つけやすさ【重要性】×【評価】	
	X_{17}	店舗内設備レベルの高さ【重要性】×【評価】	
買物快楽性への態度	X_{18}	買物（そのお店で買物をすることの）楽しさ【重要性】×【評価】	$X_{18} + X_{19}$
	X_{19}	買物（そのお店で買物をすること）のおしゃれさ【重要性】×【評価】	
店舗雰囲気快楽性への態度	X_{20}	店舗（外装・内装を含め）の雰囲気の良さ【重要性】×【評価】	$X_{20} + X_{21}$
	X_{21}	店舗（外装・内装を含め）の雰囲気のおしゃれさ【重要性】×【評価】	
売場雰囲気快楽性への態度	X_{22}	レイアウトや陳列の面白さ【重要性】×【評価】	$X_{22} + X_{23}$
	X_{23}	レイアウトや陳列のおしゃれさ【重要性】×【評価】	
態度的ストア・ロイヤルティ	L_1	買物満足度（当該業態での買物にどれくらい満足しているか）	
	L_2	業態への態度（当該業態に対する好ましさ）	
	L_3	今後の利用意図（当該業態を今後も利用しようと思う程度）	
行動的ストア・ロイヤルティ	L_4	年間購買金額比率（食料品全体への支出を100とした時の当該業態への支出割合）	
	L_5	1カ月の平均購買利用回数	
	L_6	直近購買日（一番最近の利用日：調査回答日から何日前か）	

　これらの仮説を検証するために，本研究では，食料品の購買行動^(注2)における業態選択について，百貨店，総合スーパー，食品スーパー，高級食品スーパー，コンビニエンス・ストアの5業態に関する消費者の調査データを用いた。調査手法は，インターネットリサーチによるアンケート調査（Web調査）を行った。

また，本研究の調査対象品目が食料品であることから，食料品の主たる購買層と考えられる25歳から64歳の女性，および食料品の購買先として多様な業態・小売企業の選択が可能な地域という側面から，首都圏（東京都・埼玉県・千葉県・神奈川県）在住者を調査対象とした。調査期間は2009年1月30日（金）から2月2日（月）の4日間で，回収サンプル数と有効サンプル数はともに1,108人であった。

4．消費者の業態選択行動に関する分析と考察

4-1．操作的規定と調査の概要

図表10-1の分析モデルに基づき，仮説を実証的に分析するために，分析を行う前に以下の作業を行った。まず，10個の各店舗属性に対する態度に対し，図表10-1に示された通り，各店舗属性の構成要素に対する購買時の重要性ウェイトと評価の積和を各店舗属性に対する態度とした[注3]。なお，購買時の重要性ウェイトと評価，および態度的ストア・ロイヤルティの観測変数である買物満足度，業態への態度，今後の利用意図は，各々5段階評定尺度のデータとなる。

また，行動的ストア・ロイヤルティの観測変数である購買金額，購買利用回数，直近購買日を，RFM分析の手法に則り，各々1～5のランクに読み換えた[注4]。なお，このR・F・Mのうち，購買金額に関しては，業態間の競争・競合という要素を反映するため，実際に支払った具体的な金額ではなく，食料品全体への支出を100とした時の当該業態に対して支払った割合を質問している。

そして，各業態のサンプルとして，全体1,108人の中から食料品の購買において当該業態を利用した経験がある人のみを抽出した結果，百貨店770人，総合スーパー1,011人，食品スーパー1,043人，高級食品スーパー459人，コンビニエンス・ストア918人となり，このサンプルのデータが各業態における分析に用いられた。

本研究の分析枠組および構成概念や変数は基本的に既存研究から導出されたものであるが，分析に入る前に，構成概念妥当性を確認しておく。

図表10-1で提示した機能的店舗イメージと心理的店舗イメージの2つに店

舗属性態度を分割したものと，1つの構成概念（店舗イメージ）としてまとめたモデルに対し，確認的因子分析を行った結果，後者のモデルでは，百貨店（GFI：0.876，AGFI：0.815，CFI：0.867，RMSEA：0.124，AIC：488.430），総合スーパー（GFI：0.776，AGFI：0.647，CFI：0.811，RMSEA：0.170，AIC：1093.836），食品スーパー（GFI：0.771，AGFI：0.640，CFI：0.789，RMSEA：0.172，AIC：5200.518），高級食品スーパー（GFI：0.860，AGFI：0.779，CFI：0.876，RMSEA：0.126，AIC：2108.352），コンビニエンス・ストア（GFI：0.870，AGFI：0.796，CFI：0.869，RMSEA：0.126，AIC：3974.875）であり，極めてあてはまりが悪かった（下線は特に顕著）。これに対し，前者のモデルでは，百貨店（GFI：0.948，AGFI：0.917，CFI：0.944，RMSEA：0.081，AIC：249.367），総合スーパー（GFI：0.922，AGFI：0.874，CFI：0.930，RMSEA：0.104，AIC：450.408），食品スーパー（GFI：0.911，AGFI：0.856，CFI：0.914，RMSEA：0.112，AIC：516.914），高級食品スーパー（GFI：0.959，AGFI：0.933，CFI：0.968，RMSEA：0.065，AIC：140.911），コンビニエンス・ストア（GFI：0.943，AGFI：0.908，CFI：0.939，RMSEA：0.088，AIC：315.73）であり，下線のRMSEAが0.10を超えているので，本来であれば総合スーパーと食品スーパーにおいては棄却すべきモデルではある。かつ，百貨店では，「価格への態度」の因子負荷量が0.189，「立地利便性への態度」の因子負荷量が0.094と極めて低いので，一般的な≧0.5という基準に基づけば，この点も本来であれば修正が必要であるが，共分散構造分析を行うプロセスにおいて，この点は改善をモデルに施したい。同様に，「価格への態度」の因子負荷量が高級食品スーパー（0.226），コンビニエンス・ストア（0.362），「立地利便性への態度」の因子負荷量が高級食品スーパー（0.319）と0.5を下回っているが，考え方は百貨店の場合に従いたい。ごく一部だけ許容範囲を超えている数値があるものの，5業態で分析に用いる初期モデルを統一させるという観点から，モデルの修正は本分析を行いながら後に行うことを前提に，図表10-1に示されているモデルを採択して分析を行うこととする。

そして，態度的ストア・ロイヤルティと行動的ストア・ロイヤルティについては，探索的因子分析（最尤法，プロマックス回転）を行った結果，5業態全てにおいて両概念ともそれぞれ1因子に要約された[注5]。また，導出したクロン

図表10-3 店舗属性，店舗イメージ，ストア・ロイヤルティによる包括的業態選択モデルの分析結果（最終モデル）

★：固定母数

			百貨店 (N=770)	総合スーパー (N=1,011)	食品スーパー (N=1,043)	高級食品スーパー (N=459)	コンビニエンス・ストア (N=918)
機能的店舗イメージ	→	価格への態度		0.517 (p=0.000)	0.481 (p=0.000)		0.381 (p=0.000)
機能的店舗イメージ	→	品揃えへの態度	0.674 (p=0.000)	0.782 (p=0.000)	0.727 (p=0.000)	0.668 (p=0.000)	0.645 (p=0.000)
機能的店舗イメージ	→	品質への態度	0.715 (p=0.000)	0.791 (p=0.000)	0.753 (p=0.000)	0.731 (p=0.000)	0.715 (p=0.000)
機能的店舗イメージ	→	サービスへの態度	0.603 (p=0.000)	0.758 (p=0.000)	0.745 (p=0.000)	0.788 (p=0.000)	0.668 (p=0.000)
機能的店舗イメージ	→	立地利便性への態度		0.525 (p=0.000)	0.517 (p=0.000)	0.341 (p=0.000)	0.452 (p=0.000)
機能的店舗イメージ	→	販売促進策への態度	0.553 (p=0.000)	0.582 (p=0.000)	0.554 (p=0.000)	0.512 (p=0.000)	0.505 (p=0.000)
機能的店舗イメージ	→	売場環境・店舗設備への態度	0.805 ★	0.812 ★	0.845 ★	0.833 ★	0.778 ★
心理的店舗イメージ	→	買物快楽性への態度	0.871 (p=0.000)		0.829 (p=0.000)		
心理的店舗イメージ	→	売場雰囲気快楽性への態度	0.901 (p=0.000)		0.873 (p=0.000)		
心理的店舗イメージ	→	売場雰囲気への態度	0.769 ★		0.804 ★		
態度的ストア・ロイヤルティ	→	買物満足度	0.747 ★	0.759 ★	0.758 ★	0.748 ★	0.758 ★
態度的ストア・ロイヤルティ	→	業態への態度	0.715 (p=0.000)	0.739 (p=0.000)	0.700 (p=0.000)	0.623 (p=0.000)	0.614 (p=0.000)
態度的ストア・ロイヤルティ	→	今後の利用意図	0.697 (p=0.000)	0.637 (p=0.000)	0.585 (p=0.000)	0.652 (p=0.000)	0.629 (p=0.000)
行動的ストア・ロイヤルティ	→	購買金額	0.616 ★	0.710 ★	0.593 ★	0.682 ★	0.590 ★
行動的ストア・ロイヤルティ	→	購買利用回数	0.787 (p=0.000)	0.815 (p=0.000)	0.810 (p=0.000)	0.792 (p=0.000)	0.834 (p=0.000)
行動的ストア・ロイヤルティ	→	直近購買	0.735 (p=0.000)	0.745 (p=0.000)	0.676 (p=0.000)	0.726 (p=0.000)	0.624 (p=0.000)
態度的ストア・ロイヤルティ	→	機能的ストア・ロイヤルティ	-0.787 (p=0.000)	0.639 (p=0.000)	0.717 (p=0.000)	0.604 (p=0.000)	0.561 (p=0.000)
心理的ストア・ロイヤルティ	→	行動的ストア・ロイヤルティ	0.324 (p=0.000)	0.181 (p=0.041)	-0.168 (p=0.003)	0.270 (p=0.000)	0.312 (p=0.000)
機能的店舗イメージ	⇔	心理的店舗イメージ	0.806 (p=0.000)		0.717 (p=0.000)		

適合度指標	百貨店	総合スーパー	食品スーパー	高級食品スーパー	コンビニエンス・ストア
χ^2値	359.829	400.803	792.624	131.323	278.147
df	73	63	100	52	63
p値	0.000	0.000	0.000	0.000	0.000
GFI	0.938	0.937	0.899	0.954	0.955
AGFI	0.911	0.909	0.863	0.931	0.935
CFI	0.938	0.934	0.901	0.955	0.930
RMSEA	0.071	0.073	0.082	0.058	0.061
AIC	423.829	456.803	864.624	183.323	334.147
Hoelter (0.05)	201	208	164	244	273

クロンバッハα係数 (初期モデルにおけるα係数)	百貨店	総合スーパー	食品スーパー	高級食品スーパー	コンビニエンス・ストア
機能的店舗イメージ	0.719	0.857	0.848	0.800	0.792
心理的店舗イメージ	0.883	0.884	0.875	0.878	0.886
態度的ストア・ロイヤルティ	0.759	0.752	0.718	0.709	0.699
行動的ストア・ロイヤルティ	0.674	0.787	0.728	0.716	0.694

バックのα係数の値（初期モデルにおける機能的店舗イメージ，心理的店舗イメージ，態度的ストア・ロイヤルティ，行動的ストア・ロイヤルティのα係数）は，最終分析結果である**図表10-3**に掲載の通りである。

4-2．分析結果と結果の解釈

図表10-1の分析枠組を初期モデルとして5業態各々に対して共分散構造分析を行った。先の確認的因子分析の結果等も踏まえ，各指標の値を参考にしながら各業態のモデルに対して段階的に改善を施した最終モデルにおける分析結果は，図表10-3である。なお，最終モデルに至るまでのプロセスおよび結果と解釈は**図表10-4**の通りである。この分析結果から，先に示した仮説を検証していく。

図表10-4 包括的業態選択モデルにおける改善プロセスおよび結果

百貨店	【初期モデルにおける結果】 GFI：0.918，AGFI：0.888，CFI：0.908，RMSEA：0.076，AIC：611.528，パス係数は全て1％ないしは5％で有意であったが，重相関係数の平方値が「価格への態度」0.037，「立地利便性への態度」0.014と極めて低かった。 【最終モデルに至るまでの改善プロセス】 上記の2つの変数に関しては，α係数においても，機能的店舗イメージを構成する7変数のα係数が0.719であるのに対し，両変数を削除した場合は，各々，0.729，0.735になると示されていたことから，前者のみ削除した場合（GFI：0.923，AGFI：0.893，CFI：0.917，RMSEA：0.077，AIC：546.073），後者のみ削除した場合（GFI：0.933，AGFI：0.907，CFI：0.930，RMSEA：0.071，AIC：482.851），両者ともに削除した場合と分析を行った結果，最終モデルとなった。
総合スーパー	【初期モデルにおける結果】 GFI：0.912，AGFI：0.880，CFI：0.921，RMSEA：0.077，AIC：777.943であったが，「心理的店舗イメージ」から「態度的ストア・ロイヤルティ」のパスが，p＝0.436と大きく非有意であった。 【最終モデルに至るまでの改善プロセス】 初期モデルにおいては非有意だった上記のパスを削除して，最終モデルとなった。
	【初期モデルにおける結果】 GFI：0.899，AGFI：0.863，CFI：0.901，RMSEA：0.082，AIC：864.642であった。GFIとAGFIが0.9をわずかではあるが下回り，RMSEAも0.082

食品スーパー	とわずかではあるが0.08以上であった。パス係数は全て1％水準（p＝0.000と1つのみ0.003）で有意であった。
	【最終モデルに至るまでの改善プロセス】 　パス係数が非有意なものはなかったため，重相関係数の平方値が0.231，0.267と比較的低かった「価格への態度」と「立地利便性への態度」を1つずつ削除した。前者のみ削除した場合（GFI：0.927，AGFI：0.898，CFI：0.928，RMSEA：0.073，AIC：626.440），後者のみ削除した場合（GFI：0.916，AGFI：0.883，CFI：0.916，RMSEA：0.079，AIC：710.444），*両者ともに削除した場合（GFI：0.944，AGFI：0.920，CFI：0.945，RMSEA：0.067，AIC：478.546）* であった。
	【最終モデルに至るまでの改善プロセスにおける結果に対する判断】 　適合度指標からのみ判断すれば，イタリックで表記したモデルとなるが，初期モデルのパス係数のp値が極めて低いこと，重相関係数の平方値も低いとはいえ百貨店の場合と異なり極端に低いわけではないこと，「機能的店舗イメージ」から「価格への態度」へのパスの標準化係数は0.481とわずかに下回っているがほぼ0.5に近いこと，α係数も，当初の機能的店舗イメージを構成する7変数の場合が最高値であること，そして何よりも，本研究は仮説を検証するための分析であり，既存研究から導出したモデルにおける「価格への態度」と「立地利便性への態度」を削除する論理的かつ合理的な理由はないことから，ややあてはまりは悪いが，初期モデルを採用すべきであると判断した。
高級食品スーパー	【初期モデルにおける結果】 　GFI：0.943，AGFI：0.923，CFI：0.960，RMSEA：0.050，AIC：287.533であり，あてはまりは良かったが，「心理的店舗イメージ」から「態度的ストア・ロイヤルティ」へのパスが非有意であった（p＝0.383）。
	【最終モデルに至るまでの改善プロセス】 　上記の非有意であったパスを削除したモデルは，GFI：0.950，AGFI：0.928，CFI：0.950，RMSEA：0.056，AIC：208.458であったが，「価格への態度」の重相関係数の平方が0.061と極めて低かった。α係数も，初期モデルの機能的店舗イメージを構成する7変数の場合は0.800であるが，「価格への態度」を削除すると0.812となることからも，この変数を削除したものが，最終モデルとなった。
・ストア・コンビニエンス	【初期モデルにおける結果】 　GFI：0.938，AGFI：0.915，CFI：0.929，RMSEA：0.064，AIC：550.382であり，あてはまりはある程度良かったが，「心理的店舗イメージ」から「態度的ストア・ロイヤルティ」へのパスが大きく非有意であった（p＝0.788）。
	【最終モデルに至るまでの改善プロセス】 　上記非有意であったパスを削除して，最終モデルとなった。

仮説Ｈ１：全業態において，仮説通り，各店舗属性への態度は機能的店舗イメージおよび心理的店舗イメージと正の関係を有していた[注6]。ただし，最終モデルにおいては，百貨店では「価格への態度」と「立地利便性への態度」の２変数，高級食品スーパーでは「価格への態度」が削除される結果となったが，百貨店も高級食品スーパーも価格の割安感を戦略上の差別化および訴求ポイントとしていない業態であること，また，首都圏にある百貨店の主な店舗所在地を考えれば，これらは妥当なものであると思われる。

仮説Ｈ２：仮説通り，全業態において，機能的店舗イメージは，態度的ストア・ロイヤルティに正の影響を及ぼしている。

仮説Ｈ３：仮説とは異なり，百貨店および食品スーパーにおいては，値は小さいものの負の影響を及ぼす結果となった。また，総合スーパー，高級食品スーパー，コンビニエンス・ストアにおいては，大きく非有意[注7]であった。快楽的買物動機という側面から，ストア・ロイヤルティ形成に正の影響を及ぼすと想定したが，食料品という日常生活と密着している最たる生活必需品であるカテゴリーにおける購買行動には適切な構成概念ではないことが明らかとなった。これは，生鮮食品を中心に多頻度少量購入となる食料品の買物は，楽しさ・おしゃれさ・面白さといった心理的快楽性よりも，精神的エネルギーや時間といったコストをいかに削減できるかという点が重視される結果であると推測できる。

さらに，総合スーパー，高級食品スーパー，コンビニエンス・ストアにおいては影響を及ぼす概念とはなっていないが，百貨店と食品スーパーにおいては，機能的店舗イメージが態度的ストア・ロイヤルティに正の影響を及ぼす反面，消費者は心理的店舗イメージの側面は重視していないばかりか，ロイヤルティ形成に対してはマイナスの要因となる。機能的店舗イメージと心理的店舗イメージの相関が各々0.806，0.717であることを考えれば，心理的店舗イメージの向上は機能的店舗イメージの向上につながる場合のみロイヤルティ形成にプラスに作用するが，その逆は否である。このことは，例えば，店頭戦略としてビジュアル・マーチャンダイジングなどは有効な手段ではあるが，その使い方を間違えれば効果がないばかりではなく，負の影響をもたらしかねないということなどを示唆しているといえよう。

仮説H4：仮説通り，全業態において，態度的ストア・ロイヤルティは，行動的ストア・ロイヤルティに正の影響を及ぼしていた。つまり，全業態において，態度的ストア・ロイヤルティが高まれば，行動的ストア・ロイヤルティも高まることとなる。

全業態において正の影響を及ぼすものの，最終的な行動的ストア・ロイヤルティを高めるには，態度的ストア・ロイヤルティを高めるだけでは不十分であり，態度的ストア・ロイヤルティを行動的ストア・ロイヤルティにまで結びつけるだけの，＋αの要素が小売店には必要不可欠であることを示唆している。

これらの構成上および影響の差異を考慮に入れ，次項において業態別に考察をしていきたい。

4-3．消費者の業態選択行動の分析結果における業態別考察

最初に，百貨店では，態度的ストア・ロイヤルティが行動的ストア・ロイヤルティに及ぼす影響は0.324であり，態度的ストア・ロイヤルティが形成されれば，それが行動的ストア・ロイヤルティにまでつながる業態であるといえよう。また，機能的店舗イメージが態度的ストア・ロイヤルティに及ぼす影響は0.787，機能的店舗イメージと各店舗属性に対する態度との関係は，売場環境・店舗設備，品質，品揃え，サービス，販売促進策の順であり，価格と立地利便性は関係ないことから，価格や立地利便性とは異なる点での訴求が店舗イメージの向上，ひいてはストア・ロイヤルティの形成につながる。

一方，百貨店の大きな特徴は，心理的店舗イメージが態度的ストア・ロイヤルティに負の影響を及ぼす点である。機能的店舗イメージと心理的店舗イメージの相関が0.806であることから，心理的店舗イメージの向上が機能的店舗イメージの向上につながる場合のみ，ストア・ロイヤルティに対しても正の影響を及ぼしうるが逆の関係は否である。百貨店においては，買物の快適性や商品・売場の見つけやすさという買物のしやすさを向上させる売場づくりは非常に重要となるが，それはあくまでも機能的側面を重視・特化したものであるべきで，楽しさなどの心理的快楽性の側面は考慮すべきではないことが結果から読み取れる。

いわゆるデパ地下を中心とする現在の百貨店の食料品売場の中には，ビジュ

アル・マーチャンダイジングの強化，対面パフォーマンス販売の導入など，食のファッション化とエンターテイメント化を追求している側面も見受けられるが，あくまでも機能的店舗イメージの向上につながるものでなくてはならない点を十分に理解した上で売場づくりをしていくべきであろう。また，以前よりも総合スーパーや食品スーパーに対抗するため，低価格化を推進する売場も増えてきているが，価格割安感は百貨店の場合は，ストア・ロイヤルティの形成には有効ではないため，品質・品揃え・サービスといった他の店舗属性とのバランスを十分に保ちつつ展開しなくてはならない点にも注意を払うべきであろう。消費者の業態選択行動における百貨店の他業態との差異を反映させた差別化が十分に戦略的に展開しきれていないことなども，百貨店のなかでは比較的好調といわれる食料品の売上高も伸び悩んでいる[注8]一因であると思われる。

　次に，総合スーパーでは，態度的ストア・ロイヤルティが行動的ストア・ロイヤルティに及ぼす影響は0.181であり，態度的ストア・ロイヤルティが形成されれば行動的ストア・ロイヤルティにまでつながるが，態度的ストア・ロイヤルティに影響を及ぼすのは機能的店舗イメージのみである。その機能的店舗イメージと各店舗属性に対する態度の関係は，売場環境・店舗設備，品質，品揃え，サービス，販売促進策，立地利便性，価格の順であり，その影響度の違いはあるものの，機能的属性の側面はトータルに影響を及ぼすことから，各店舗属性への態度をトータルにより高めるような戦略を取らなければならない業態であろう。

　価格と品質・サービス等という一面では相反する双方の店舗属性への態度を高める必要があるが，食料品を扱うスーパーが過剰店舗状態であるなか，総合スーパーという業態の売場面積の広さゆえの効率性維持の難しさや，広域からの集客力という要素ゆえの地域密着型の戦略展開の難しさなどから，実際にはこの点が十分に達成できていないために，ストア・ロイヤルティの確立にまでつながらないことが，業態の厳しい現状に結びついていると推測される。価格も重要ではあるが，それは他の店舗属性の側面とのバランスがとれて初めて有効に機能するため，価格の割安感を重視しつつも，非価格面での差別化をいかに打ち出すか，そして，態度的ストア・ロイヤルティを行動的ストア・ロイヤルティにいかに結びつけるかということに対する競合他業態を意識した努力が

業態としての最大の課題と思われる。

　3番目に，食品スーパーでは，態度的ストア・ロイヤルティが行動的ストア・ロイヤルティに及ぼす影響は0.270，機能的店舗イメージが態度的ストア・ロイヤルティに及ぼす影響は0.717であり，機能的店舗イメージをいかに高めるかということが重要となる。機能的店舗イメージと各店舗属性に対する態度の関係は，売場環境・店舗設備，品質，サービス，品揃え，販売促進策，立地利便性，価格の順であり，その影響度の違いはあるものの，機能的属性の側面はトータルに影響することが分かる。各店舗属性への態度をトータルにより高めることが，機能的店舗イメージの向上，ひいてはストア・ロイヤルティの形成につながる。

　また，食品スーパーの大きな特徴は，百貨店と同様，心理的店舗イメージが態度的ストア・ロイヤルティに負の影響を及ぼす点である。機能的店舗イメージと心理的店舗イメージの相関が0.717であることから，心理的店舗イメージの向上が機能的店舗イメージの向上につながる場合のみ，ストア・ロイヤルティに対しても正の影響を及ぼしうるが逆の関係は否である。食品スーパーにおいては，売場環境・店舗設備への態度の機能的店舗イメージとの関係が0.845であることからも，買物の快適性や商品・売場の見つけやすさという買物のしやすさを向上させる売場づくりは非常に重要となるが，それはあくまでも機能的側面を重視・特化したものであるべきで，楽しさなどの心理的快楽性の側面は考慮すべきではないことが結果から読み取れる。食品スーパーは「食」というどの業態よりも日常に密着している，いわゆる"家庭の冷蔵庫代わり"という基本的役割を期待されている買物に特化した場であるため，より機能的側面が重視されるべきなのであろう。

　食品スーパーは百貨店や総合スーパーと比べると，比較的業績が好調な企業が多いとされるが，総合スーパーによる食料品強化や新興の食品スーパー勢力の台頭などにより，食料品を扱うスーパーは過剰店舗状態である。他業態と比べると，食品スーパーの出店戦略はドミナント戦略に基づくことが比較的多く，地域と密着していることから，商品・サービス面において，生活の変化や地域ニーズにきめ細かく対応した戦略展開がなされ，とくに生鮮食品の品揃えで差別化を図り，新鮮で安全・安心でかつ低価格な商品提供を展開しているところ

は，最後の行動的ストア・ロイヤルティにまで結びつき，好調な業績を呈することとなっているのであろう。逆にいえば，これらができなければ，ストア・ロイヤルティの形成にはつながらず，好業績は望めないということになる。

　4番目に，高級食品スーパーでは，態度的ストア・ロイヤルティが行動的ストア・ロイヤルティに及ぼす影響は0.362であるが，態度的ストア・ロイヤルティに影響を及ぼすのは機能的店舗イメージのみであることから，機能的店舗イメージを高める必要がある。機能的店舗イメージと各店舗属性に対する態度との関係は，売場環境・店舗設備，サービス，品質，品揃え，販売促進策，立地利便性であり，価格は関係ないことから，非価格面での差別化の訴求が重要であることがうかがえる。

　これらのことから，高級食品スーパーは価格や利便性とは異なる点で他業態との差別化を訴求することで，機能的店舗イメージの向上，ひいてはストア・ロイヤルティの形成につながると考えられる。例えば，味に対するこだわりが比較的強い顧客が多いとされているのに対応するための品質や品揃えの展開や，食品スーパーの基本となるセルフサービスをある程度抑制しても，従業員のあり方等を工夫することで商品価値を十分に伝えたり，百貨店よりは小商圏であることから地域の顧客ニーズを反映した戦略を展開するなど，他業態との差別化が重要となるであろう。さらに，他の業態よりもターゲットとすべき層が狭いことを活かし，既存顧客により特化した戦略で，差別化を訴求することが長期的な観点からは必要と思われる。

　最後に，コンビニエンス・ストアでは，態度的ストア・ロイヤルティが行動的ストア・ロイヤルティに及ぼす影響は0.312であるが，態度的ストア・ロイヤルティに影響を及ぼすのは機能的店舗イメージのみである。機能的店舗イメージと各店舗属性への態度との関係は，売場環境・店舗設備，品質，サービス，品揃え，販売促進，立地利便性，価格であり，トータルに関連しているとはいえ，コンビニエンスという名称からも，立地利便性への態度が最も影響力を有していると想定していたが，実際には，それはほぼ前提条件となっていて，他の側面での差別化が求められている業界の現状が推測される。

　今日のように総合スーパーや食品スーパーでも営業時間の延長・24時間営業などを行うところが増え，従来の24時間営業という最大の強みの訴求力が弱

まっている現状では，コンパクトで小商圏な業態だからこその売場環境の設定や品揃え展開がますます重要となると思われる。コンビニエンス・ストアでの主な食品は，弁当，おにぎり，調理パン，惣菜，パスタや飲料，菓子を指すことから，生鮮食品が取り扱われる他業態とはやや異なるため，顧客ニーズの変化に敏感に対応しながら，この商品群でいかなる差別化が展開できるかがカギとなろう。コンビニエンス・ストア市場もほぼ飽和状態である現状で，コンビニエンス・ストア各社はPBをはじめとした自社オリジナル商品の充実に積極的に取り組んでいることが，他業態との差別化に結びつき，機能的店舗イメージの向上につながり，以前のような成長は見られないものの，一定の業績を保っていると思われる。また，コンビニエンス・ストアは他業態とは異なり，店内での平均滞在時間が非常に短い業態である。その点も，いかに買物が快適に効率的にできるかという売場環境づくりが重要であることと結びついていると考えられる。

5．おわりに

本研究は，百貨店および総合スーパーの低迷という現状が生じた原因はいかなるものなのかという問題意識から，流通構造を考える上で重要となる消費者の業態選択行動およびそれが生じるメカニズムの解明を目指したものであり，店舗属性，店舗イメージ，ストア・ロイヤルティ（態度的ストア・ロイヤルティ，行動的ストア・ロイヤルティ）という重要な概念を含んだ包括的なモデルを用いて分析を行った。食料品の購買行動における業態選択を例に，既存研究から導出したモデルを用いた分析・考察を行うことにより，百貨店，総合スーパー，食品スーパー，高級食品スーパー，コンビニエンス・ストアという5つの業態における消費者の選択行動の構造および差異を一定の範囲で明らかにすることができ，業態選択に関する既存研究に残されていた問題点や課題等を改善・発展させたものとなったと考えている。

しかしながら，一定の示唆を提示することができたものの，いくつかの課題も残されている。分析に用いたモデルのフィットネスがある程度高いことを考えれば，モデル自体は適切であるものの，態度的ストア・ロイヤルティから行

動的ストア・ロイヤルティまでのパス係数や行動的ストア・ロイヤルティの決定係数があまり大きい値ではなかったことは，行動的ストア・ロイヤルティが形成されるには，態度的ストア・ロイヤルティ以外の要因が大きく関わるということである。その一例が，FSPなどを代表とする顧客維持戦略であると思われるため，これら顧客維持戦略の有無等もモデルに組み込むことが，より包括的な業態選択モデルの構築へとつながると考えられる。また，年齢，結婚の有無，同居人数，子供の数，世帯収入，職業分類などの消費者属性要因は，5業態間では大きく異なることはなかったが，店舗イメージやストア・ロイヤルティの形成に影響を及ぼす要因であろう。この消費者属性要因によって分類したグループごとにモデルを構築して分析を行ったり，これら消費者属性要因をも構成概念や変数として組み込んだモデルを構築することが，より具体的かつ現実的な業態選択を説明するためには必要となろう。さらに，食という必要不可欠かつ最重要なカテゴリーであるだけに，日頃の食意識（つまり関与），そして情報感度（情報探索力）などでも，業態選択は異なるはずである。

　なお，本研究の各業態における分析に用いたサンプルは，全て同一母集団から抽出したものであるため，多母集団分析を行い，5業態間におけるパスのウェイト等を比較することは不可能であった。これら業態間のモデルを厳密に比較するためには，分析に用いるサンプルの収集・抽出を再度工夫した上で，配置不変の制約を課した多母集団分析を行うことも求められるであろう。

　これら本研究に残された課題である多面的な要素を組み込んだモデルの構築，分析を行うことで，より詳細な消費者の業態選択のメカニズムの解明に今後で取り組みたいと考えている。

注

1　詳しくは，清水（1999），小島（1984），堀越（2006）を参照されたい。
2　食料品を調査対象とした理由については，拙稿（峰尾，2012，70-71頁）を参照されたい。
3　従来の既存研究では，店舗属性を，例えば「価格の安さ」「品質の良さ」「品揃えの豊富さ」…といったレベルで捉えて調査・分析を行っているものが多いが，現実の消費者の購買行動を考えれば，価格も一次元での判断・評価ではなく，通常商品と特売品とを分けて判断・評価し，状況に応じて購入先を使い分けている。同様に，品質の良さの判断も，商品そのものの品質に対しての側面もあれば，今日のように表示の正確さや信頼性

が重要な側面ともなっている。このように，価格，品質，品揃え…という大きな括りでの店舗属性評価は現実を反映するには適切ではないと考え，本研究では，その店舗属性レベルよりも1つ下げた属性構成要素のレベルにおける調査を行った。この点も，従来の多くの研究との違いであり，より現実を反映させた点となっていると考えている。

4 R・F・Mの各数値の1～5ランクへの具体的な数値の読み換えに関しては，峰尾（2013, p.76）を参照されたい。

5 全てにおいて累積寄与率は約50～55％と低めではあったが，因子負荷量は約0.60～0.85の間の値であった。

6 図表10-2の最終モデルでは，百貨店では「価格への態度」，「立地利便性への態度」の2変数，総合スーパーでは心理的店舗イメージの3変数，高級食品スーパーでは「価格への態度」および心理的店舗イメージの3変数の計4変数，コンビニエンス・ストアでも心理的店舗イメージの3変数が削除されているが，初期モデルにおいては，百貨店（価格：0.191, p＝0.000, 立地利便性：0.117, p＝0.002），総合スーパー（買物快楽性：0.853, p＝0.000, 店舗雰囲気快楽性：0.901, p＝0.000, 売場雰囲気快楽性：0.785（固定母数）），高級食品スーパー（価格：0.227, p＝0.000, 買物快楽性：0.847, p＝0.000, 店舗雰囲気快楽性：0.921, p＝0.000, 売場雰囲気快楽性：0.759（固定母数）），コンビニエンス・ストア（買物快楽性：0.860, p＝0.000, 店舗雰囲気快楽性：0.881, p＝0.000, 売場雰囲気快楽性：0.809（固定母数））であり，各々が機能的および心理的店舗イメージと正の関係を有していた。

7 初期モデルにおいて，心理的店舗イメージから態度的ストア・ロイヤルティへのパス係数は，総合スーパー：−0.004（p＝0.436），高級食品スーパー：−0.008（p＝0.383），コンビニエンス・ストア：0.002（p＝0.788），機能的店舗イメージと心理的店舗イメージの相関係数は，順に，総合スーパー：0.745，高級食品スーパー：0.799，コンビニエンス・ストア：0.807であった。

8 日本百貨店協会による百貨店の食料品売上高推移データによれば，前年度比（店舗数調整後）は，2003年度（▲1.8），2004年度（▲1.9），2005年度（▲0.2），2006年度（0.2），2007年度（1.2），2008年度（▲1.0），2009年度（▲4.5），2010年度（▲1.9），2011年度（0.3），2012年度（▲1.1）と，2006年度と2007年度および2011年度以外は全てマイナスを示している。

参考文献

Baker, Julie, A. Parasuraman, Dhruv Grewal & Glenn B. Voss (2002). The Influence of Multiple Store Environment Cues on Perceived Merchandise Value and Patronage Intentions. *Journal of Marketing*, 66(2), 120-141.

Fishbein, M. & Ajzen, I. (1975). *Belief, Attitude, Intention, and Behavior : An Introduction to Theory and Research*. Reading, MA : Addison-Wesley.

Martineau, P. (1958). The personality of the retail store. *Harvard Business Review*, 36, 47-55.

Monroe, Kent B. & Joseph P. Guiltinan (1975). A Path-Analytic Exploration of Retail Patronage Influences. *Journal of Consumer Research*, 2(1), 19-28.

池尾恭一（1993）「消費者業態選択の規定因：購買関与度と品質判断力」『慶應経営論集』第10巻第2号，13-29頁。
岩崎邦彦（1998）「消費者の店舗評価基準からみた中小小売店のリテイリング・ミックスへの示唆」『上智経済論集（上智大学経済学会）』43巻2号，123-138頁。
上田隆穂（1988）「地域内複数店舗における店舗選択および売場等部門別評価要因の検討」『学習院大学経済論集』第25巻第1号，63-92頁。
小川純生（1984）「態度概念と購買行動の関係―店舗イメージと消費者選択―」『名古屋商科大学論集』28巻2号，133-153頁。
川嶋行彦（1977）．「消費者の店舗選択行動とMDS」『国際商科大学論叢（国際商科大学）』第15号，95-106頁。
小島健司（1984）「多属性態度と行動意図モデル」（中西正雄編著『消費者行動分析のニューフロンティア―多属性分析を中心に―』誠文堂新光社，第2章）
佐藤芳彰（1980）「消費者の店舗選択行動と店舗管理―店舗属性に対する態度要因による選択店舗業態の判別分析―」『経済学研究（北海道大学）』第30巻第2号，127-150頁。
塩田静雄（1998）「消費者購買行動と店舗特性―その実証的研究―」『中京商学論叢（中京大学商学会）』45巻2号，1-41頁。
清水聰（1999）『新しい消費者行動』千倉書房。
髙橋郁夫（2008）『三訂消費者購買行動―小売マーケティングへの写像―』千倉書房。
田村正紀（1976）『現代の流通システムと消費者行動』日本経済新聞社。
―――（1982）『流通産業大転換の時代』日本経済新聞社。
寺島和夫（2007）「中小食品スーパーにおけるサービスクオリティと顧客満足の因果関係に関する研究」『龍谷大学経営学論集』第47巻第3号，41-52頁。
―――（2008）「中小食品スーパーにおけるサービス・クオリティと顧客満足の因果関係に関する研究(2)―因果関係の普遍性の検証―」『龍谷大学経営学論集』第48巻第3号，28-47頁。
―――（2009a）「中小食品スーパーにおけるサービス・クオリティと顧客満足の因果関係に関する研究(3)―共分散構造分析による適合性の検証―」『龍谷大学経営学論集』第48巻第4号，38-53頁。
―――（2009b）「中小食品スーパーにおけるサービス・クオリティと顧客満足の因果関係に関する研究(4)―購買特性と顧客満足・店舗ロイヤルティとの係わり―」『龍谷大学経営学論集』第49巻第2号，19-32頁。
野口智雄（1987）「消費者の店舗評価基準と商品分類」『中京商学論叢』33巻4号，65-93頁。
堀越比呂志（2006）「消費者行動研究の展開と方法論的諸問題―行動科学的研究プログラムの帰結―」『三田商学研究（慶應義塾大学）』第49巻第4号，231-248頁。
峰尾美也子（2011）「業態選択行動研究における店舗選択行動研究の意義」『経営論集（東洋大学）』第78号，135-148頁。
―――（2012）「食料品購買における消費者満足とストア・ロイヤルティ」『経営論集（東洋大学）』第79号，61-72頁。

――――――(2013)「食料品購買における消費者の業態選択行動」『経営論集（東洋大学）』第82号，63-78頁。

横田澄司（1991）「最近の小売業界事情と消費者の利用条件―ライフスタイル志向の店舗コンセプトの探索」『経営論集（明治大学経営学研究所）』38巻3・4合併号，1-27頁。

参考資料

日本百貨店協会ホームページ百貨店売上高売上高推移
　　http://www.depart.or.jp/common_department_store_sale/list
　　（アクセス日：2013.09.04）

（峰尾　美也子）

第11章

食品供給システムと価値共創
―買い物難民(注1)対応としての継続性を主体に―

1．はじめに

　近年のわが国では平均寿命が長くなる一方で少子化が進展することで，人口に占める高齢者の割合が高まっている。先進諸国においては高齢者の割合が高まる傾向が顕著であるものの，わが国は先進国の中でも高齢化率が急速に高まることで，世界に先駆けて超高齢化社会(注2)を迎えている。超高齢化社会においては，医療や介護などが社会的な問題として顕在化しているものに加えて，昨今のわが国では買い物を自由に行えないことが社会的に問題化している。買い物は，医療や介護などと比較すると超高齢化社会においても深刻な課題であると考えられ難いものであるが，「買い物」という日常生活の行為が，社会的にも注目される背景を確認する。わが国において，高齢化の進展を契機に身体的にも経済的にも対応が困難になり，高齢者を中心に深刻な問題になっていることを，初めて指摘したのは杉田（2008）の著書である『買い物難民』によってである。杉田は，「商店街の衰退や大型店の撤退などで，その地域住民，とくに車の運転ができない高齢者が，近くで生活必需品を買えなくなって困っている状態」と定義している。なかでも，これらの現象が自動車等の移動手段を持たず(注3)，身体的にも経済的にも対応が難しい高齢者を主体に深刻な問題になりつつあると指摘されている。国立社会保障・人口問題研究所「人口統計資料集」の2012年版で，わが国における2020年の人口に占める60歳以上の割合は，35％に達すると推計されている。このことは，今後において人口構造的にみて

も高齢化が進展することを意味しており，高齢化に伴う買い物難民問題が社会問題として，より顕在化することを意味している。なかでも，過疎化の進展や小売店舗展開の大型化が進展する状況を考えると，都市部に対して地方部において顕在化しやすく，買い物の場としての小売業の存在意義がクローズアップされると考えられる。

買い物機会が十分でないことは，健康な生活を維持する上で重要である生鮮食品などの確保に加え，わが国の食文化の基礎である季節性のある食料品の購入の困難度が高まることになりやすい。それらに加え，毎日の食生活の栄養が偏り，健康にマイナスを及ぼすことを，岩間信之を主体としたフードデザート問題研究グループのHPで指摘されている。さらに，わが国では手厚い医療制度や介護制度が整備されているものの，超高齢化社会にあるわが国において，買い物難民問題が社会的な課題として顕在化しており，その対応の必要性が高まっている。それらの背景もあり，「買い物」に関する行政における各種の支援策は，ここ数年において積極的に取り組まれているが，買い物難民問題が解消されるものではないのが実態である。

わが国における流通産業は，高度経済成長路線の推進策として大量生産体制推進の前提として大量流通の実現化のため，全国的に社会生活に関するインフラ整備として流通産業の規模拡大化と経営システムの高度化が進展してきた。それらの流通産業の発展を勘案すると，今日においてなぜ，買い物難民問題が顕在化するのかを確認する必要がある。それらは，2010年5月に取りまとめられた経済産業省の「地域生活インフラを支える流通のあり方研究会報告書（2010年5月）」（以下「経済産業省報告書」という）[注4]等に詳しい。本課題に対する先行研究や全国での先行的取組みによる課題解決に向けた先行ケースを確認すると，買い物難民への対応は通常の店舗運営の困難度が高い商圏であり，チェーン展開などを前提とした上場企業などの小売業は，店舗スクラップ対象となるような経営環境の中で，食料品を中心に高齢者を主体に提供し続けることを意味し，小売業としての事業継続性において難易度が高いと理解できる。しかも，地域における買い物難民への対応を考えると，食料品は地域特性に対応することの必要性が高いものの，全国展開型小売業などが品揃えや店舗運営面などから，エリアマーケティング的視点から商圏ごとに対応することの困難

度は高いものがある。その意味では，地域に密着した流通業における買い物難民への対応策の展開により適合性が高いと考えられるので，事業の継続性と適応性に関する検討を行うことの価値は高いものがあるといえる。

本論文においては，買い物難民に関する先行研究を踏まえ，買い物難民対応策へ取り組んでいる地域展開企業等で継続性のある事業展開事例を主体に，その可能とする要件を，先行取組企業と消費者との新たな関係性構築の視点から価値共創のフレームワークで分析することで，買い物難民対応における継続性を前提に分析する。なお，研究方法としては，価値共創，相互作用という主観的な動態的なプロセスを考察することもあり解釈的アプローチに依拠するとともに，サービス・ドミナント・ロジック（以下S-DLという）に依拠しながら買い物難民対応策の中でも移動販売車の先行事例を主体に検討する。

2．価値共創研究と示唆

2-1．価値共創の視点

近年のマーケティングや経営戦略において，顧客価値に注目し顧客価値を生み出す源泉やその構成要素などが検討されてきている（Payne, A. & Holt, S., 2001）。加えて，リレーションシップにおける顧客価値の位置づけに関しても検討がなされてきている（Palmatier, R., 2008）。このような議論の背景に，競争優位性を確保しようとする企業の志向性の中で，新たな視点として価値共創に焦点を当てて取り組んでいると考えられる。それは，物財の提供と購買という単純なわけでもなく，創造性をもたらすマーケティング手法や製品・サービスの提供が企業に求められていることを意味している。

顧客価値の定義は，顧客にとって得られる価値と定義することができる。言い換えれば，企業が想定して準備した価値にとどまることでなく，買い手である顧客が認識する価値と見做すことができる。買い手である顧客が，それらの価値を他企業から入手することができないと認識すると，提供する企業は顧客からの高い評価を得られることになる。

顧客価値が重視される背景には，物財のコモディティ化が進む現在の経営環境において各企業が価格競争を回避する方策を模索していることが背景にある。

さらに、Sheth, J. & Uslay, C. (2007) は、アメリカ・マーケティング協会（AMA）の定義を分析することで、マーケティングの焦点が交換から価値創造へと転換していると指摘している。その代表例として、AMAは2004年に定義を改訂し、「マーケティングは組織的な活動であり、顧客に対して価値を創造し、価値についてのコミュニケーションを行い、価値を届けるための一連のプロセスであり、さらにまた組織および組織のステークホルダーに恩恵をもたらす方法で顧客リレーションシップを管理するための一連のプロセスである」と定義した。加えて、Sheth, J. & Uslay, C. (2007) は、マーケティングにおいて1970年代以降、議論の中心にあった交換概念の比重が低下する一方で、価値創造概念が高まり、マーケティングの内容が変化してきているとの指摘をしている。マーケティングでは、需要創造を中心に議論してきており、マーケティングの遂行主体が企業であり、顧客の需要を生み出す手法の開発や製品製造が中心であり、AMAにおいても1960年の定義はそれを反映されているといえる。しかし1970年代において、マーケティング概念における拡張の議論が行われると同時に、交換概念がマーケティングに導入され、1985年の定義においては交換概念が強調されてきた。

2-2．リレーションシップにおける顧客との関係性の向上

企業にとっての顧客は、企業の外部に位置するとの認識から、従来のマーケティング戦略では、顧客は統制不可能要因とされ、Essentials of Marketingでは、顧客はマーケティング努力の対象であり、マーケティング・ミックスではないと指摘されている。顧客が、顧客の変化を期待するのではなく、企業における努力の対象としての位置づけである。そのため、従来では顧客ニーズを調査で得た欲求に適応する製品やサービスを創造するための諸活動の統合活動が求められている。そのために、伝統的なマーケティング・ミックスを中心とした場合には、顧客の欲求に適応するオファリングスを生成することで、顧客に提供する方策を検討してきた。言い換えれば、マーケティング戦略における企業において顧客は価値創造の外に位置していると認識していたと考えられる。

その一方で、企業経営や価値創造における顧客の重要性は、流通産業やサービス業において認識されてきた。1930年代に発達したセルフサービスにおいて、

ここ数年において価値の創造において注目を集めてきている。顧客が企業の価値を生み出す活動に関わることで、顧客の当該企業に対する顧客満足度が向上すると指摘されている。Prahalad & Ramaswamy（2004a）は顧客の役割が変化していることを指摘すると同時に、要因として5点[注5]を指摘している。

さらに、Prahalad（2008）らは企業と顧客とのかかわり合いが受け手としてのパートナーから共創パートナーへと変化していることを指摘しており、1990年代では受け手としての顧客であったが、2000年以降は共創パートナーとして位置づけられると指摘している。受け手としての顧客との位置づけであれば、取引の対象者としてあくまでも受け身の存在として見做すことになる。その一方で、共創パートナーとして顧客を位置づけるのであれば、コンピタンス確立に不可欠な存在として認識することが可能になるので、企業と協働する対象であると位置づけることが可能になる。

2-3．価値共創とS-DL

Vargo and Lusch（2008）が提唱するS-DLにおいては、価値創造はサービスで有効化されるとされ、サービスの間接的な交換を通じて企業と顧客が価値を共創できるとして、企業におけるマーケティング戦略の再検討の必要性を指摘している。留意すべきはVargo & Lusch（2008）での前提サービスは、取引の対象ではなくナレッジやスキルなどを自身や他者のために適用することをサービスであると定義していることである。間接的なサービスを交換する過程において、交換価値や文脈価値といった多様性のある価値が顕在化すると指摘されている。

リレーションシップの議論において、交換を促すことの重要性は言うまでもないことであるが、顧客側の行動をも重視する必要性が高いとの指摘である。購買者側によるサービスの活用度合いによって、提供される製品が同じであっても製品の価値が購買者によって変化することであり、この新たな価値が創出されるというのがS-DLの主要な主張になる。ここで、文脈価値は企業と顧客のリレーションシップの中で、ナレッジやスキルを適用することによって生み出される価値として定義されるものである。使用価値は製品を使用するということに限定されるものであるが、文脈価値は適応能力、生存能力などを高める

ものである。具体的に考えると、耐久消費財である自動車は、購買者が購入した段階で終了するものではなく、購入して初めて購買者にとっての価値が顕在化するものである。購買者が自らのために自動車利用を目指すことで、ナレッジやスキルの適用を活用する契機になる。

　Vargo & Lusch（2008）はG-DロジックとS-Dロジックを価値という点で、**図表11-1**のように6項目において相互に対比して説明している。これは、「企業と顧客が価値を創造する」というのがS-DLの考え方と理解できる。S-DLのフレームワークは、顧客の持つ価値創造への貢献、すなわち価値共創を明確化し、これを文脈価値として価値概念の多様化を図ったことであると考える。しかしながら、従来の価値共創の議論においては、製品開発の場面に消費者を取り込むことに主眼が置かれ、製品開発プロセスにおいて消費者モニターとか、リードユーザーを取り込むことによって、先駆的な製品や画期的な製品を開発

図表11-1　価値創造におけるG-DLとS-DL

	G-DL	S-DL
価値ドライバー	交換価値	使用価値もしくは文脈価値
価値の創造者	企業、まれにサプライチェーンの諸企業からのインプットを伴う	企業、ネットワークパートナー、顧客
価値創造のプロセス	企業は、グッズやサービシズで価値を具現化し、価値は属性を高めたり、増加させたりすることによって付加される	企業は市場オファリングを通じて価値を提言し、顧客は使用を通じて価値創造プロセスを継続する
価値の目的	企業にとっての富の増加	他者のサービス（ナレッジやスキルの適用）を通じた適応能力、生存能力、システム福祉の増加
価値の測定	名目上の価値の総額、交換において受け取る価格	受益システムの適応能力、生存能力
企業の役割	価値の生産と流通	価値の提案と共創、サービスの提供

（出所）　Vargo et al.（2008）p.148を抜粋。

するということに視点が置かれてきたといえる。

2-4．価値共創企業システムの概念

　本論では，藤岡（2012）の指摘する「価値共創企業システム」の展開に準拠して，価値を創るところを起点に，企業システムを構築することを目指すのが価値共創型企業システムであるとの認識に立脚して，価値共創がどのように行われているのかを確認したうえで移動販売車事業に関して検討する。その現状を知ることによって，持続性のある買い物難民問題事業構築に資することにしたい。なお，買い物難民問題対応としての移動販売車分析におけるフレームワークに関しては，藤岡（2012）において指摘している，企業と顧客の接点の場とその相互作用に焦点を絞り，買い物難民対応に関して確認していく。

　価値共創の実態を確認する上での基本構造を確認すると，S-DLの基本的前提に依拠すると「企業が顧客と相互作用を行い顧客が利用・消費するときの顧客が決める価値の実現を通して企業の交換価値の実現を目指すこと」とされている。また，価値共創のプロセスにおいては，村松・藤岡（2011）のフレームワークを前提に，**図表11-2**をもとに分析する。

図表11-2　事例考察のフレームワークの設定―価値共創のプロセス―

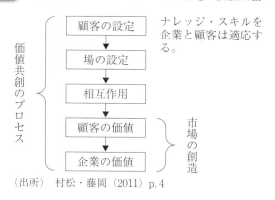

（出所）村松・藤岡（2011）p.4

3．買い物難民問題への対応策に関する分析と考察

　本節では，買い物難民問題に関する先行研究と実態調査から，その対応策に関して企業視点でその継続性確保に向けた方策に関して分析と考察を行う。

3-1．先行研究からの示唆と残された研究課題

　先行研究からの示唆として，買い物難民に関していくつかの研究の論点があると理解できるので，以下整理する。第1には，買い物難民問題が顕在化している背景を踏まえての現状に関する研究は，杉田（2008），木立（2011），岩間（2011，2013）等が買い物難民に関して多面的視点から示唆に富んだ考察がなされている。

　第2には，買い物難民への対応策としての提言であり，行政や公的機関をも含めた組織的連携化や地域のコミュニティの重要性に関しての提言である。それは，街づくりとしてのコンパクトシティといった都市計画という視点からのものであり，岩間（2011，2013）や小田切ら（2011）等が多面的な視点での考察がなされている。さらに買い物難民への対応として，商業的な対応策の視点での提言がなされており，経済産業省（2010）や工藤（2011）が具体的な対応策としての流通業者にとって示唆に富んだ考察がなされている。

　第3の視点は，買い物難民への対応策として，先行的に取り組んでいる事例の整理であり，経済産業省（2010，2011），工藤他（2011），農林水産省（2013）があり，地域の特性に対応した対応策にかんして，今後取り組もうとする企業において大変示唆に富んだケース分析としての考察である。

　以上の先行研究における，それぞれの視点による論述は，買い物難民問題への対応として示唆に富んだものである。しかしながら，小売業者として買い物難民対応を図るには，小売業の経営継続性の困難度が高い商圏を前提としている実態があることに加え，主として高齢者を主体に食料品を提供し続けることであり，小売業としての事業継続性の難易度が高いことは明らかである。

　その一方で，先行研究においては小売業経営やその継続性に関しての研究は，必ずしも十分な検討がなされているとは言えない。買い物難民問題への対応に

は継続性が重要な前提であると言える。なぜならば，行政からの支援が継続しなくなった場合や取組み企業や組織が撤退した場合には，再び買い物難民問題が顕在化すると共に，より解決の困難度が高まる問題になってしまうと言える。

そこで，本研究では先行研究において残された課題として，買い物難民問題への対応に当たっての継続性のある事業のあり方に関して検討していく。

3－2．買い物難民への流通業としての対応策の検討軸

ここで経済産業省（2010）「地域生活インフラを支える流通のあり方研究会報告書」から，流通業者としての買い物難民問題への対応方策を検討したい。検討の第1の視点は，流通業としての視点であり，「宅配サービス」，「移動販売」，「店舗への移動手段の提供」，「便利な店舗立地」の4つの軸を前提とする。第2の視点は，買い物難民問題への対応策としての買い物機会の提供を主体と考えるか，買い物提供の範囲を超えて地域との連携化（地域特性や地域住民の安否確認の提供など）への対応をも担うのかの検討が有効であると考える。第3の視点は，買い物難民である利用者の状況を主体に検討することが有効で，買い物のために外出することの難易度が高いか否かを軸とした検討が有効であると考える。

なお，ここで第3の視点である外出の難易度が高い場合には，第1の視点である流通業の提供サービスの対象外になっていることが現状である。ここでは，流通業を主体としての検討に絞ることを目的としているので，上記，第1と第2の視点を主体に検討する。その上で，第2の視点から考えると，流通業の主体はあくまでも買い物機会の提供であり，それら提供の実績に対応して買い物難民問題への取組みを図ることを目指して，地方自治体や公的法人などが活用を打診してくるケースが多いことが，各法人・組織への実態調査結果[注6]から明らかになっている。

第1の視点で確認すると，提供サービスでは移動販売対応が基本になり宅配サービスの提供や地域の見守り対応が可能になる。買い物移動手段の提供は，単独企業が企業経営的にも継続的に対応することの困難度が高いものであり，先進的取組み事例組織・企業を対象とした実態調査においても一組織のみの取組みでしかなかった。

次に住宅地などの近隣立地といったアクセスの利便性を考慮した店舗立地は，人口密度の高い都市部においては経営的に十分成立することもあり，近年増加傾向にある。しかし，買い物難民問題が顕在化した背景を考えると，店舗としての採算性の見込みが低いとの判断が店舗撤退の主要原因である状況においては，商圏的に経営継続性の困難度が高いことであり，買い物難民問題を一般化して検討することが困難である。

以上を整理すると，流通業における買い物難民対応に関して，上記分類軸の中でも第一の軸の中でも，移動販売を主体として，買い物難民への買い物機会の提供を主体に，事業継続性の可能性に関して実態調査をもとに検討することにする。

3-3．買い物難民への対応策の先行事例

企業業としての買い物難民対応策で先行的な取組み組織の中でも，本論で設定した類型視点に対応して，調査対象先の概要展開の歴史と規模において先行的である企業や組織を主体に，ヒアリング調査および移動販売車への同乗や追尾による利用者の実態などを調査し，類型視点に対応して概要を整理したものが**図表11-3**である。

調査対象企業・組織のなかで，安達商事における移動販売事業展開は，全国の先進的取組みとして多くの流通業者の移動販売事業推進の展開モデルとなっていることが，実態調査によって明らかになった。その背景には，同社社長の考えである移動販売車の普及促進のためには，可能な限りの情報を開示する方針によるものである。しかしながら，同社の移動販売車の取組みに関して事業継続性の視点から確認すると，人口減少地区を商圏としていることもあり，移動販売車事業を単独で展開することの困難性を明確に指摘[注7]している。

以上の点および先進的取組みの実態調査から考慮し事業継続性の視点から，とくし丸およびコープさっぽろの取組みが，事業継続性の高いものと判断できる。その中でも，2012年からの展開で従来にないビジネスモデルを構築した移動販売車事業単体の展開である「とくし丸」に焦点を当てて分析していく。

第11章 食品供給システムと価値共創　211

図表11-3　事例調査先と概要一覧（事業開始年順）

事業主体	宅配サービス対応	移動販売（名称）等	買い物移動手段提供	便利な店舗立地	特記事項	自立型事業継続可能性
サンプラザ	－	1985年から「ハッピーライナー号」	－	－	展開期間は長いものの継続は検討中，見守り協定	△：最古の展開も，困難な継続性
安達商事	要請で対応	2006年3月から「ひまわり号」	－	－	全国の先行事例，見守り協定締結	△：「超高齢社会」該当過疎地区展開
福井生協	班配・個配で展開	2009年10月から「ハーツ便」	－	－	組合員年齢層別に対応した事業展開，見守り協定	○：組合員サービスの一環での対応
コープさっぽろ	班配・個配で展開	1997年開始事業・2011年現在の形態に，全国最大規模「おまかせ便」	「お買物バス」運行等	大型店撤退後あかびら店居抜き出店等	社会貢献事業として買い物難民対応策全メニュー対応済み，見守り協定	◎：班配主体で，買い物難民対応策に対応
コープ大分	班配・個配で展開	2011年4月から「ふれあいコープ便」	－	－	九州地区個人経営以外の取組み，見守り協定締結	○：組合員サービスの一環での対応
とくし丸	－	2012年から「とくし丸」地域SMと連携化モデル確立	－	－	移動販売ビジネスモデルを全国展開，見守り協定	◎：継続性高いビジネスモデル確立

(出所)　移動販売車事業を主体に買い物困難者（難民）対応の先進事例に対するヒアリング調査（移動販売車への同乗や追尾による実態把握と利用者へのヒアリング調査）をもとに作成

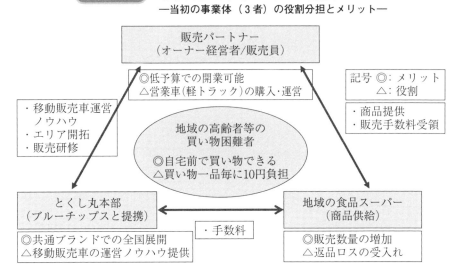

図表11-4 とくし丸のビジネスモデルの仕組み
―当初の事業体（3者）の役割分担とメリット―

(出所) 同社の住友社長へのヒアリング調査及び日経流通新聞記事などを基に作成

3-4．移動販売事業とくし丸の価値共創型事業

とくし丸は，徳島市内で2012年2月に発足しており，移動販売事業体の中でも歴史の浅い事業体である。代表者の住友氏(注8)は小売事業や物販事業に携わった経験がないものの，高齢者を買い物に連れて行った折に，「次にいつ買い物できるか分からない」と持ちきれないほど大量の買い物をする様子に「尋常ではない」と，新たな事業機会の可能性を見出したのが契機である。そこで，先行モデルとして，前述の安達商事から直接運営ノウハウを学び，同社が試行錯誤することで今日の「とくし丸モデル」として事業展開を図った。

とくし丸の事業目的は，買い物難民への支援が主たる目的であるが，それに加えて地域における食品の提供事業者としての食品スーパーが，全国展開型小売業の進出に対抗する中で，その存在と果たす役割の担い手として苦しい立場に置かれていることもあるので，それに対する支援である。また，販売パートナーはオーナー経営者として社会貢献としての職場の創出と確保の促進である。

同社が展開する移動販売車の特徴を，価値創出プロセスモデルのフレームワークで検討すると以下のように説明できる。

(1) 顧客の設定

同社の移動販売車事業は，買い物困難者を前提にした物販事業システムであり，移動販売対象先は，移動販売事業の利用意向がある対象先に絞り込むことが前提になる。その販売顧客の確保を図るために，事業開始前に対象エリア内を戸別訪問することで，個別に意思確認をすることで，顧客を明確化している。そのうえで，1日当たりの販売（訪問）件数は40件程度と設定し，1日当たりで採算割れしない販売金額の確保を目指している。

一度顧客になった先であっても，老齢者は入院などもあり，利用頻度が落ちる場合などもある。そのために，訪問件数変動に対応して弾力的に販売ルートの再設定をしている。

(2) 場の設定

本事業では，「とくし丸」が共通ブランドで移動販売事業のノウハウを提供し，「販売パートナー」は，移動販売車両を準備し設定された販売ルートを，食品などを積載し週2回巡回することで，買い物難民の購買機会を提供している。週2回の訪問により，利用者はとくし丸での購入でも食品在庫切れなどを回避することが可能になる。「地域食品小売業」はとくし丸の販売パートナーの販売する商品を提供することに加え，移動販売車の品揃え数量の確保と売れ残り品の返品商品の店舗などでの販売システムを構築していく。

他の事業体と異なるのは，4者目としての「買い物難民」の方々の役割として移動販売車事業の継続性に貢献すること，言い換えれば受益者負担の原則を明確化していることである。具体的には(3)として後述する，買い物機会を確保し続けるための見返りとして，購入品目ごと10円（＋10円ルール）の設定である。

(3) 4者による相互作用

とくし丸による，移動販売事業の推進により顧客である買い物難民の方々は，プラス10円ルールで従って購入品目1品につき10円を負担（5円を販売パートナーととくし丸本部に還元）するだけで，日常の買い物機会の確保を保証される。

日常の買い物を確保するために，これに対して，移動販売車の推進3者に関して確認する。まず，販売パートナーは，個人授業者として事業継続性の可能

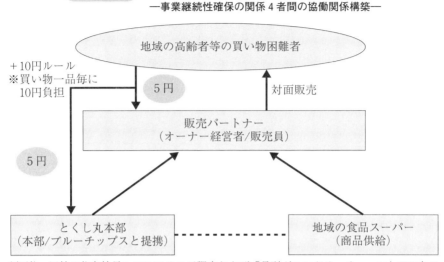

図表11-5 とくし丸の高継続性ビジネスモデル
―事業継続性確保の関係4者間の協働関係構築―

（出所） 同社の住友社長へのヒアリング調査および「月刊ボランタリーチェーン」2015年7月号の住友社長講演録ならびに日経流通新聞記事などを基に作成

性を高めることが可能になる。地域食品スーパーは低リスクで来店困難な高齢者などへの販売機会を確保することが可能になる。とくし丸本部においては，新たな継続性のあるビジネスモデルを確立すると共に，全国展開可能な独自ブランド化を図れる可能性を高めている。

(4) 顧客の価値

とくし丸の利用により，従来買い物難民状態であったものの，食品を主体にした購入機会を確保することを可能にしている。移動販売車は，全ての顧客に対して「生活コンシェルジェ」というコンセプトに立脚した対面販売であることに加え，週2回顔を合わせる信頼関係が構築できやすい場と機会を提供できている。これらのことから，高齢者中でも単身者の方々においても，馴染みの販売担当者との定期的な会話の場や機会を得ることができている。

さらに，とくし丸での買い物時に近隣の方々とのコミュニケーションの場を確保することを可能にしている。その結果，高齢者にありがちな引きこもりなどにはなることを予防するコミュニケーションの場や機会を提供できることになっている。

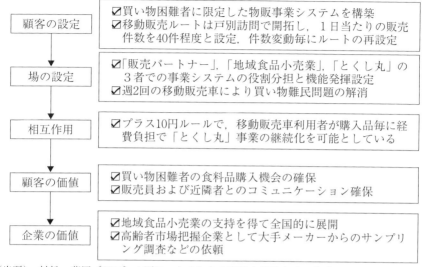

図表11-6　とくし丸における価値共創のプロセス

(出所)　村松・藤岡〔2011〕4頁に，とくし丸の実態を連動させて作成

(5) 企業の価値

　地域食品小売業の支持を得て，新たなビジネスモデルを創出することを可能とし，独自のブランド化により，全国的な展開可能性を高めることができる。また，地域の高齢者などと週2回の対面販売を行うことで，顧客との関係構築がなされており，顧客などへの提案販売やサンプリング調査を可能とする企業としての社会的価値提供企業になっている。

　これら価値共創のプロセスをまとめると，**図表11-6**のようになる。

4．おわりに

　本論文で，買い物難民問題に関する先行研究と実態調査から，その対応策に関して小売業視点でその継続性における方策に関して検討してきた。先行研究からは，買い物難民問題が経済化している背景を踏まえて実態に関する研究蓄積がなされていることが確認できたこともあり，買い物難民への対応策に関し

て行政も含めての有益な提言として，宅配サービス，移動販売，店舗への移動手段の提供，便利な店舗立地がなされていた。それらの提言を受けて，具体的な買い物難民対応に関する事例研究がなされていることが確認できた。先行研究では小売業経営のあり方やその継続性が重要な課題であるが，それらの視点に関しては必ずしも十分な研究や検討がなされていないことが示唆された。そこで，本研究では先行研究において残された課題として，買い物難民問題への対応に当たっての継続性のある事業のあり方に関して，移動販売事業を主体に検討してきた。先行事業の事例研究から，事業の継続性は収益性として考察すると，事業としての採算性が高まることであり，収益は販売額とコストの差で求められる。収益性を高めるには，販売額の増加とコスト削減のアプローチがあるが，本論文では受益者負担の視点から事業継続性の視点で先行事例をもとに考察した。

　今回の実態調査研究で，移動販売事業の継続性を前提に実態を理解するには，従来型の単なる販売者と購買者という関係では限界があるのが帰結である。そこでは，相互に生活インフラを堅持する関係者であるとの主体的な当事者であり，購買側も受益者としての販売組織を維持・発展させる役割があるとの意識変革と仕組みが必要になっている。言い換えれば，受益者が少なくても経済的面からの負担をすることである。わが国における，需要者側の構造変化と供給側の構造変化を俯瞰すれば，移動販売事業の必要性がいっそう高まることが容易に想像できるからである。そこで，それらを前提に考慮すると消費者を移動販売事業推進のための賛同者として，事業継続という価値の共創者としての役割を担いうる顧客として絞り込むことが必要な前提条件であるといえる。言い換えれば，受益者として事業者の継続性を確保するために経済的な面を前提にした協力者を確保することが継続性のある移動販売事業の前提条件と考える。

　最後に，今後の研究課題として次の点を指摘したい。今後の需要側における構造変化の進展を考えると，高齢化の進展による買い物難民への対応にとどまらず，介護福祉といった視点での検討も必要度が高まると考えられる。さらに，買い物難民対応策として，継続性の高い事業展開に当たっての詳細な取組みに関するノウハウに関わる研究蓄積が必要であると認識している。

　今回は価値共創のプロセスについて，数少ない持続性のある移動販売事業者

であるとくし丸をケースとして，価値共創事業システムの視点から分析した。顧客起点からシステムを考えるのであれば，今後は持続性のある事業体と単独では持続性が高くない事業体との差異を検討することで，価値共創型事業システムの体系化，理論化に関わる検討が課題であると理解している。

謝　辞

本論文は平成26年度および27年度井上円了記念助成の成果の一部であるので，審査に関わった方々および，各種実態調査に御協力を頂いた実務家の方々に加えて移動販売車利用者の方々に，この場をお借りして感謝申し上げます。

注

1. ここでは，杉田聡氏の指摘（2015年1月21日徳島新聞）に従って「買い物難民」と呼ぶ。主たる理由をまとめると以下の2点になる。第1点は，高齢化などにより買い物が不便になったのならば「買い物弱者」であるが，政治制度や大企業の経済力の影響による規制緩和などにより，大型小売業が郊外立地に積極的に取り組んできたことが，とくに高齢者に困難が強いられたという点がある。第2点は，難民という言葉で表現せざるを得ないほど買い物に困っている人がいることは「弱者」では理解できなくなる。
2. 総人口に対して65歳以上の高齢者人口が占める割合を高齢化率という。世界保健機構（WHO）や国連の定義によると，高齢化率が7％を超えた社会を「高齢化社会」，14％を超えた社会を「高齢社会」，21％を超えた社会を「超高齢社会」という。
3. 警視庁（2009）『平成21年警察白書』によると，高齢者は健康上の問題などさまざまな事情から車を手放すことが多く，平均免許取得率が73.6％に比べ，65～69歳は65.9％，70～74歳は50.2％，75歳以上は23.0％といずれも平均を下回っている。
4. 2009年11月経済産業省は，地域で買い物に不便を感じている人々が増加しているという地域の新たな課題へ対応するため「地域生活インフラを支える流通のあり方研究会」を設置し，わが国の流通のより大きな発展の方向性・あり方について検討し，2010年5月に報告書を取りまとめた。報告書では，地域生活のインフラを発展させていくため，国，地方自治体，民間事業者，地縁団体やNPO法人，地域住民それぞれの立場からの取組みの方向性について提言している。
5. 情報の入手（顧客が豊富な情報をもとに，進んで関わってきていること），グローバリゼーション（グローバル化によって豊富な情報を得てきていること），ネットワーキング（顧客コミュニティが大きな力を持ってきている），製品の試用（インターネットにおいて新製品を使用したりする顧客が増加していること），積極性（自ら求められていなくても，意見を伝える傾向が増えてきていること）という5点を挙げている。
6. 2015年度に井上円了研究助成プロジェクトにおいて，移動販売車事業を主体に買い物困難者（難民）対応の先進事例に対するヒアリング調査（移動販売車への同乗や追尾によ

7 同社社長へのヒアリング調査によると，人口約6千人の町において，65歳以上の年齢比率が38.6%を占めていると共に，毎年300人規模（人口の約5％）の人口自然減となっており，移動販売事業の継続性の困難度を明言している。現実的に，日野町から車両関係費用の一部を福祉事業予算として支援を受けることで継続性を保持している実態がある。
8 とくし丸のネーミングは，創業地の徳島と篤志家の「篤志」にかけたものである。住友達也社長は地元でタウン誌の創刊や吉野川の可動堰建設の反対運動などを手掛けた名物起業家でもある。

参考文献

Bendapudi, N. & Leone, R. (2003). Psychological implications of customer participation in co-production. *Journal of Marketing*, Vol. 67 (Jan.), 14-28.
Payne, A. & Holt, S., (2001). Diagnosing customer value. *British Journal of Management*, Vol. 12, No. 2, 159-182,.
Palmatier, R. (2008). Interfirm Relational Drivers of Customer Value. *Journal of Marketing*, Vol. 72 (Dec.), 76-89.
Prahalad, C.K. & Ramaswamy, V. (2004a). *The Future of Competition*, Harvard Business School Press.
Prahalad, C.K. & Ramaswamy, V. (2004b). Co-creation experiences. *Journal of Interactive Marketing*, Vol. 18, No. 3, 5-14.
Perreault, W. & McCarthy, E. (2005). *Essentials of Marketing*, McGraw-Hill.
Sheth, J. & Uslay, C., (2007). Implications of the Revised Definition of Marketing. *Journal of Public Policy & Marketing*, Vol. 26, No. 2, 302-307.
Vargo, S. Maglio, P. & Akaka, M. (2008). On value and value co-creation : A service systems and service logic perspective. *European Management Journal*, Vol. 26, No. 3, 145-152.
Vargo.S.L., Lusch.R.F., (2008). The Service-dominant Logic : continuing the evolution. *Journal of the Academy of Marketing Science*, 36, 1-10 .

O.E. ウイリアムソン著，浅沼萬里・岩崎晃訳（1980）『市場と企業組織』日本評論社。
青木幸弘（2013）「「ブランド価値共創」研究の視点と枠組：S-Dロジックの観点からみたブランド研究の整理と展望」関西学院大学リポジトリ。
石川和男（2012）「サービス・ドミナント・ロジックとこれまでのマーケティング思想―マーケターの日常哲学の変化を見据えて―」専修ビジネス・レビューVol. 7 No. 1：29-40頁。
石原武政，矢作敏行編（2004）『日本の流通100年』有斐閣。
岩間信之（2011）『フードデザート問題―無縁社会が生む「食の砂漠」』農林統計協会。
―――（2013）『改訂新版フードデザート問題―無縁社会が生む「食の砂漠」』農林統計協会。

宇野史郎（2005）『現代都市流通とまちづくり』中央経済社。
小田切徳美編著（2011）『農山村再生の実践』JA総研研究叢書。
小野裕二（2004）「小売店舗密度の地域間変動」三田商学研究。
小野譲二（2012）「価値供創時代の顧客戦略」ad studies vol. 39 29-35頁。
河内俊樹（2014）「S-Dロジックにおける価値共創に関する一考察」松山大学論集　第26巻第3号
菊池宏之（2011）「小売主導型流通システムへの転換と中間流通」『季刊マーケティングジャーナル』Vol. 121。
─── （2013a）「加工食品のサプライチェーンをめぐる対抗と協調」『製配販をめぐる対抗と協調』白桃書房。
─── （2013b）「食品スーパーにおける寡占化の進展」産業経済研究第15号。
─── （2015）「買物難民問題と小売経営」『経営論集』85号。
木立真直・辰馬信男編著（2006）『流通の理論・歴史・現代分析』中央大学出版会。
木立真直（2011）「フードデザートとは何か―社会インフラとしての食の供給―」『生活協同組合研究』）（公財）生協総合研究所　vol. 431。
工藤忠一・木村　淳ほか（2011）「買い物弱者を応援するサービス事例から得られる継続可能な協働への示唆」『流通情報』43(3)56-70頁。
経済産業省（2010）『地域生活インフラを支える流通のあり方研究会報告書』。
─── （2011）『買物弱者を支えていくために～24の事例と7つの工夫 ver2.0』。
警察庁（2009）『平成21年警察白書』。
近藤公彦（2013）「小売業における価値共創～経験価値のマネジメント～」マーケティングジャーナル vol. 32 No. 4. pp.50-62。
庄司真人（2011）「価値共創における顧客の役割と経営診断」日本経営診断学会論集11，63-68頁。
杉田　聡（2008）『買物難民』大月書店。
田村正紀（1990）『日本型流通システム』千倉書房。
─── （2001）『流通原理』千倉書房。
田島義博（2004）『歴史に学ぶ流通の進化』日経事業出版センター。
土屋　純，兼子　純（2013）『小商圏時代の流通システム』古今書院。
藤岡芳郎（2012）「価値共創型企業システムの展開の可能性と課題～プロジェクト研究と事例研究をもとに」『広島大学マネジメント研究』第12号，63-75頁。
藤岡芳郎・山口隆久（2012）「サービス・ドミナント・ロジックの理論化へ向けての一考察」『岡山理科大学社会情報研究』第10号，1-14頁。
マーケティング史研究会編（2001）『日本流通産業史』同文舘。
三村優美子著（1992）『現代日本の流通システム』有斐閣。
村松潤一（2009）『コーポレート・マーケティング：市場創造と企業システムの構築』同文舘出版。
村松潤一編著（2010）『顧客起点のマーケティング・システム』同文舘出版。
村松潤一・藤岡芳郎（2011）「価値共創型企業システムの概念化へ向けた一考察」『広島大学マネジメント研究』ディスカッションペーパー11-21頁。

薬師寺哲郎編著（2015）「超高齢社会における食料品アクセス問題」ハーベスト。
矢作敏行（2004）「チェーンストア―経営革新の連続的展開―」（石原武政・矢作敏行編『日本の流通100年』有斐閣）
――――（2005）『現代流通』有斐閣。

（菊池　宏之）

《執筆者紹介》

住谷　宏（すみや　ひろし）　　　　　　　　　　　　まえがき，第8章
東洋大学経営学部マーケティング学科教授

李　炅泰（イ　キョンテ）　　　　　　　　　　　　　第1章
東洋大学経営学部マーケティング学科准教授

石田　実（いしだ　みのる）　　　　　　　　　　　　第2章
東洋大学経営学部マーケティング学科講師

大瀬良　伸（おおせら　しん）　　　　　　　　　　　第3章
東洋大学経営学部マーケティング学科准教授

小川　純生（おがわ　すみお）　　　　　　　　　　　第4章
東洋大学経営学部マーケティング学科教授

鈴木　寛（すずき　かん）　　　　　　　　　　　　　第5章
東洋大学経営学部マーケティング学科講師

長島　広太（ながしま　こうた）　　　　　　　　　　第6章
東洋大学経営学部マーケティング学科教授

長島　直樹（ながしま　なおき）　　　　　　　　　　第7章
東洋大学経営学部マーケティング学科准教授

塚田　朋子（つかだ　ともこ）　　　　　　　　　　　第9章
東洋大学経営学部マーケティング学科教授

峰尾美也子（みねお　みやこ）　　　　　　　　　　　第10章
東洋大学経営学部マーケティング学科教授

菊池　宏之（きくち　ひろゆき）　　　　　　　　　　第11章
東洋大学経営学部マーケティング学科教授

《編者紹介》

東洋大学経営学部マーケティング学科

　東洋大学経営学部は，2001（平成13）年4月に日本で初のマーケティング学科を開設した。開設して今年が16年目である。募集定員は150人で，女子学生の比率が6割強という特徴がある。そんなマーケティング学科は，教育の特徴を3Sに求めている。3Sとは，①マーケティングセンス（Sense），②サイエンス（Science），③戦略（Strategy）である。現在，マーケティング学科では，ビッグデータ時代に合ったサイエンス教育の充実に力を入れている。

現代マーケティング研究の潮流

2016年11月1日　第1版第1刷発行

編　者	東洋大学経営学部マーケティング学科
発行者	山　本　　　継
発行所	㈱中央経済社
発売元	㈱中央経済グループパブリッシング

〒101-0051　東京都千代田区神田神保町1-31-2
　　　　　　電話　03（3293）3371（編集代表）
　　　　　　　　　03（3293）3381（営業代表）
　　　　　　http://www.chuokeizai.co.jp/
　　　　　　印刷／昭和情報プロセス㈱
　　　　　　製本／誠　製　本㈱

©2016
Printed in Japan

＊頁の「欠落」や「順序違い」などがありましたらお取り替えいたしますので発売元までご送付ください。（送料小社負担）

ISBN978-4-502-20001-4　C3034

JCOPY〈出版者著作権管理機構委託出版物〉本書を無断で複写複製（コピー）することは，著作権法上の例外を除き，禁じられています。本書をコピーされる場合は事前に出版者著作権管理機構（JCOPY）の許諾を受けてください。
JCOPY〈http://www.jcopy.or.jp　eメール：info@jcopy.or.jp　電話：03-3513-6969〉

東洋大学経営学部開設50周年記念出版

現　代
経営学研究の
潮　流

東洋大学経営学部経営学科　編

（A5判／ハードカバー／242頁）

現　代
マーケティング研究の
潮　流

東洋大学経営学部マーケティング学科　編

（A5判／ハードカバー／236頁）

現　代
会計ファイナンス研究の
潮　流

東洋大学経営学部会計ファイナンス学科　編

（A5判／ハードカバー／212頁）

中央経済社